Guevara: Misionero de la Violencia

PEDRO CORZO
Con la colaboración de Luis Guardia
y Francisco Lorenzo

**Dedicado a la memoria del doctor Armando Lago
y de María del Carmen Pino Vda. de Cañizares,
fundadores de Archivo Cuba,
pioneros en el rescate de nuestra historia**

**Instituto de la Memoria Histórica Cubana
contra el Totalitarismo**

Título original:
Guevara: Misionero de la Violencia

ISBN: 978-1508465195

Ediciones Memorias
Miami, E.U.A.

Impreso en Miami:
Talleres de Rodes Printing

Editado:
**Instituto de la Memoria Histórica Cubana
Contra el Totalitarismo (IMHICT)**

Cubierta:
Daniel Urdanivia

Ediciones
MEMORIAS

Guevara: Misionero de la Violencia, un nuevo proyecto del Instituto de la Memoria Histórica Cubana contra el Totalitarismo, que está basado en el documental: **Guevara: Anatomía de un Mito**, realizado por el Instituto y Caimán Production, bajo la dirección de Luis Guardia, la producción de Pedro Corzo y con la Coordinación General de Francisco Lorenzo.

Esta obra recoge la información obtenida de las entrevistas grabadas para el documental, que por lo limitado y particulares exigencias del arte cinematográfico, no fueron incorporadas al documental.

Posterior a la producción del documental, el autor del libro realizó varias entrevistas con el propósito de agregar nuevos testimonios que certificaran la verdadera naturaleza de Guevara.

En la elaboración del libro se ha tratado de conservar la manera de hablar de los entrevistados, para mantener en la medida de lo posible el lenguaje coloquial.

Amado Rodríguez
Director de Ediciones
Memorias

El Autor

Todas las obras, documentales, libros, conferencias y actividades en general, realizadas por el Instituto de la Memoria Histórica Cubana contra el Totalitarismo han contado con la colaboración de numerosas personas.

"Guevara: Misionero de la Violencia", no es una excepción y por eso reconocemos la destacada contribución, en la revisión y corrección del libro de Idolidia Darias y Maika Enríquez.

También agradecemos a Daniel Urdanivia, quien realizó todo el montaje del libro, incluyendo la portada, y a Luis Guardia, que facilitó parte de la información gráfica necesaria.

Para concluir, en nombre de nuestra Institución, agradecemos a Rogelio Cisneros, Presidente Honorario del Instituto y a María Cisneros, el apoyo prestado para la edición de este libro, así como a Rodes Printing por su constante apoyo.

Pedro Corzo

UNA TAREA PARA EL FUTURO

Alvaro Alba

Historiador y periodista.

Una de las labores más importantes e interesantes que ha desarrollado el Instituto de la Memoria Histórica contra el Totalitarismo ha sido la de mantener una permanente investigación, en múltiples áreas, en relación a páginas de la historia cubana que han sido poco o no estudiadas.

Otras tareas que Pedro Corzo, al frente del Instituto se ha lanzado con no menos ahínco, a pesar de lo difícil de ello, ha sido la de desmitificar a Ernesto "Che" Guevara. Primero fue un documental en el 2005. En medio de una orgía de recuerdos pintados ya con la inmensa propaganda que durante cuatro décadas La Habana ha desarrollado sobre el guerrillero argentino, la labor hubo de ser ardua, pero está dando frutos. Un inmenso debate ha provocado Corzo con sus artículos, con el documental, con la inclusión de fragmentos de las entrevistas en su libro "Perfiles del Poder".

Ahora, con un buen sentido de la preservación histórica, ha unido en esta obra, todas las entrevistas que realizó para el documental "Guevara: Anatomía de un Mito", producido por Pedro Corzo y dirigido por Luis Guardia. Aquel no fue el primer trabajo en conjunto y tienen muchos más todavía en proyecto. La finalidad no es para el momento, es para el futuro.

Las entrevistas fueron a Enrique Ross, quien plasmó en un libro el drama de Guevara en América Latina; Orlando de Cárdenas, quien desde la aparición de Guevara en México estuvo vinculado al proceso de lucha cubano; Lázaro Guerra, miembro de la expedición del yate Corintia, también relacionado con Guevara desde 1956. Exhaustivo el relato de Jaime Costa, ex Comandante del Ejército Rebelde, asaltante al Cuartel Moncada, miembro fundador del Movimiento 26 de Julio y expedicionario del Granma. Pocas personas en la historia de Cuba tienen esas credenciales. Con verdadera modestia, Costa va narrando su participación en esos eventos y la aparición de Guevara en el movimiento insurreccional cubano. Vienen entonces anécdotas que van descifrando al lector, y antes al espectador, la psicología de quien llegara a convertirse en uno de los más alcanzados mitos de la tragedia cubana, fuera de los cánones de la mitología marxista, más allá de una foto convertida en estampa religiosa. Otros testimonios de Luciano Medina, Capitán del Ejército Rebelde, conocedor de la imagen del Comandante Camilo Cienfuegos sobre Guevara, de Huber Matos, otro Comandante del Ejército Rebelde, quien tenía más estatura militar y política dentro de las huestes rebeldes que el propio Guevara. El testimonio de Agustín Alles Soberón, entonces periodista de la revista Bohemia, quien fue enviado a la Sierra Maestra y tuvo la oportunidad de ver de primera mano lo que acontecía en los campamentos rebeldes. El ex Coronel Dariel Alarcón (Benigno) es uno de los sobrevivientes de la aventura boliviana de Guevara, participando junto a Guevara desde 1957 hasta 1967, en los episodios de la Sierra Maestra y después en el Congo. Es uno de los más largos relatos, pero más esclarecedores.

El oficial de la fuerza aérea republicana, Carlos M. Lazo ofrece el ángulo de los que combatían contra las fuerzas de Fidel Castro y la percepción que ellos tenían del comandante argentino. Jaime Pérez Singla, agente del Buró de Represiones Anticomunistas, BRAC, fue asistente personal del Teniente José de Jesús Castaño y relata la labor realizada por ellos, para investigar y penetrar las actividades comunistas en la Isla y el juicio contra el oficial Castaño. Rolando Castaño y Beatriz Castaños, hijos del Teniente Castaño aportan el relato llegado hasta ellos del asesinato de su padre a manos del propio jefe militar de la Cabaña, Ernesto Guevara, a pesar de las gestiones para la clemencia realizada por varias representaciones diplomáticas. Margot Menéndez y Sergio García, son testigos del fusilamiento de su hermano, Rafael García Muñiz, por orden expresa de Guevara.

Joaquín Argüelles, quien fuera el coordinador de las finanzas del Movimiento 26 de Julio en la provincia de Las Villas narra la llegada de Guevara a esa provincia y los primeros planes de este para extorsionar a los dueños de centrales azucareros. Los juicios y amagos del proceso judicial en los primeros meses de 1959 son muy detallados en el largo relato, pero necesarios, del abogado José Vilasuso, y muy en especial los fusilamientos en la fortaleza de la Cabaña, que estaba bajo el mando de Ernesto Guevara. También hace énfasis en aquel proceso "judicial" de la Cabaña el abogado Napoleón Vilaboa.

La adversidad de Guevara con sus propios soldados, a quienes retiraba la comida como medida de castigo, en medio de la lucha, es relatada por el Teniente del Ejército Rebelde, Eduardo Pérez, quien combatió bajo las órdenes expresas de Guevara en la Columna 8 "Ciro Redondo" y antes de licenciarse de las fuerzas armadas apreció el método empleado para determinar los fusilamientos antes de realizar los juicios en la fortaleza de la Cabaña. Roberto Bissmark, miembro del Directorio Estudiantil y Capitán del Ejército Rebelde, presenció el asesinato a manos de Guevara de un sujeto acusado de colaborar con el gobierno de Batista, sin mediar juicio.

El Dr. Armando Fleites, estuvo involucrado en la creación del Segundo Frente Nacional del Escambray, fue Comandante del Ejército Rebelde. Fue el Segundo Frente del Escambray una poderosa fuerza política que desde la llegada de Guevara a la zona montañosa del país, se enfrentó a los métodos y tácticas del argentino. Víctima de la ira personal de Guevara, según el relato de Fleites, fue el Comandante Jesús Carrera, quien fuera involucrado en un proceso contra Castro, en el que no participó. El abogado y periodista, Lázaro Asensio, también formó parte de la dirección del Segundo Frente del Escambray y comparte muchas de las vivencias por ellos afrontadas contra Guevara. Nazario Sargent, Capitán del Ejército Rebelde, estuvo también en el Segundo Frente y fue escolta del Comandante Carrera y permaneció a su lado hasta que fue llevado ante el pelotón de fusilamiento en la Cabaña.

La ausencia total de conocimientos económicos por parte del que llegara a ser Presidente del Banco Nacional y Ministro de Industria es resaltada por el economista José M. Illán y González, quien fuera Viceministro de Hacienda en el primer gobierno tras la llegada a La Habana de Fidel Castro en Enero de 1959. Las órdenes para el sector económico las comenzó a dar tan temprana como en Abril de 1959, siendo todavía el jefe militar de La Cabaña. El arquitecto Nicolás Quintana, quien supo escoger la primera de las tres opciones que le ofreció Guevara: salir del país, treinta años de cárcel de fusilamiento o el paredón, recuerda la frialdad del comandante a la hora de juzgar el destino de un ser humano, enviándolo sin mucho pesar ante el pelotón de fusilamiento. El Dr. José Ignacio Rasco, José Pujol, Fernando Arias, aportan la vivencia de sus encuentros con Guevara, desde diferentes tonalidades, pero todas enriqueciendo la visión general.

Félix Ismael Rodríguez, ex oficial de la CIA y participante en el operativo militar contra la guerrilla de Guevara en Bolivia, cuyo relato tiene un puntal obligado en la obra, pues fue el último cubano que vio con vida a Guevara. Aunque ya ha contado en sendos libros su versión del fracaso de la aventura guevarista en Bolivia, no deja de tener importancia histórica. Describe con exactitud y extensamente las maniobras para la captura y los últimos instantes de vida del guerrillero. Destaca el carácter personal de los relatos, la impresión personal, de primera mano, que como documento de referencia, de apuntes para el conocimiento de la personalidad de Guevara, convirtiendo a la obra en cita futura obligada. Muchas de esas entrevistas ayudan a dar la verdadera imagen de Ernesto Guevara, antes de que se convirtiera en el símbolo de la violencia (que llaman en ocasiones revolucionaria para ser menos criticada). En diferentes ocasiones he debatido con el autor el tema de la figura de Guevara en el contexto político actual, el uso que el régimen de La Habana le ha dado para promover lo que llaman "justicia social" (no importa que venga acompañado de miles de muertos inocentes o de un cataclismo social que ponga a la nación al borde del precipicio) y el adormecimiento de los adolescentes y jóvenes con la mitología contestataria usada para identificar al fracasado guerrillero. Ernesto Guevara es el más importante y occidental icono de la "violencia revolucionaria" del siglo XX. Hoy día se ha transformado en un verdadero éxito comercial. Che es sinónimo de mercadeo triunfante. He argumentado con Corzo la urgencia de repasar otras páginas nunca escritas de la historia cubana, figuras de la oposición, de los cubanos que se lanzaron a las armas para combatir la implantación del comunismo en Cuba, pero con tranquilidad y sólidos argumentos Pedro Corzo insiste en la titánica tarea de quitarle el brillo a Guevara, de poner en su verdadera dimensión, en bajarlo con la verdad histórica de ese pedestal que le han levantado y del que pretenden seguir utilizando en América Latina.

Coincidimos que es muy difícil la tarea, a veces parece imposible, cuando por todo el planeta aparecen en las imágenes de la televisión cientos de adolescentes paseándose con la esfinge de Guevara estampada en las camisas o en las playeras. Te aparece la imagen de Guevara a cada momento que procuras saber la hora, pues está dentro de la esfera de un reloj Swatch (lo mismo de pulsera que de pared). Lo tienes cuando va delante un joven estudiante con una mochila o el bolso verde oliva, lleno de libros para la universidad. En medio de una estación de esquí, lo mismo en los Alpes, que en los Andes, está Guevara en los esquíes Fischer o en las tablas de esquiar. Lo vemos tatuado lo mismo en los brazos del astro del balompié Diego Armando Maradona que en los músculos del boxeador Mike Tyson. En cualquier restaurante argentino puedes degustar una copa de vino Chévere, y no falta la cerveza inglesa. En la ex república yugoslava de Eslovenia se puede comprar una marca de tabaco Che, y descansar y comer en una taberna llamada Che en su capital Ljubljana. Es un "Che" globalizado y solamente una campaña constante y con verdades es capaz de ir abriéndose paso para derrotar un mito. Es una tarea quijotesca, pero honrada, titánica, verdadera, de soñadores y Pedro Corzo une en sí todas esas cualidades.

Lo aquí expuesto es para esos que no conocen la historia verdadera y se pasean con la esfinge de Guevara, de la cabeza a los pies, en el sentido literal de la expresión. Desde los esquís hasta la boina o la gorra. Guevara, como señalara Corzo en su libro "Perfiles del Poder" es una imagen pública que no se corresponde con la realidad y este tipo de trabajo es lo único capaz de ponerlo en su genuina realidad.

Agradece el lector los pies de notas, que ayudan a entender la trama, la situación que va describiendo el entrevistado, muchas veces con el conocimiento necesario para obviar un dato histórico, que no tiene precisamente que conocer el lector. Corzo ayuda con esos cientos de notas a que las entrevistas no sean solo la erudición o el recuerdo del entrevistado, pone ante el lector la información que da fuerza al argumento y en este caso está muy bien justificada la cantidad de notas.

Ahí están las entrevistas, para otros proyectos, nada de lanzar a la hoguera o poner dentro de una gaveta, esas miles de palabras lanzadas al aire o cientos de horas de entrevistas para una cámara, que pudo después editar solo unos pocos minutos para la pantalla. El interesado, el conocedor, el curioso, puede venir aquí a encontrar, la entrevista íntegra. El espíritu de la letra permanece en estas páginas, esto es una muestra de archivo. Primero con un documental sobre la anatomía del mito y ahora con mayor extensión en estas entrevistas, Corzo busca exponer los argumentos para las nuevas generaciones, para que los jóvenes del futuro saquen sus propias conclusiones sobre la personalidad del autor de sendos llamados a la "lucha de clases" expresadas a través del "odio". Las futuras generaciones serán las beneficiarias de estos trabajos. Se encargaran otros cubanos, y de muchas otras nacionalidades, aún por nacer, de hacer el veredicto final sobre la figura de Ernesto Guevara. Aquí están las pruebas, aquí están los argumentos del debate y la reflexión.

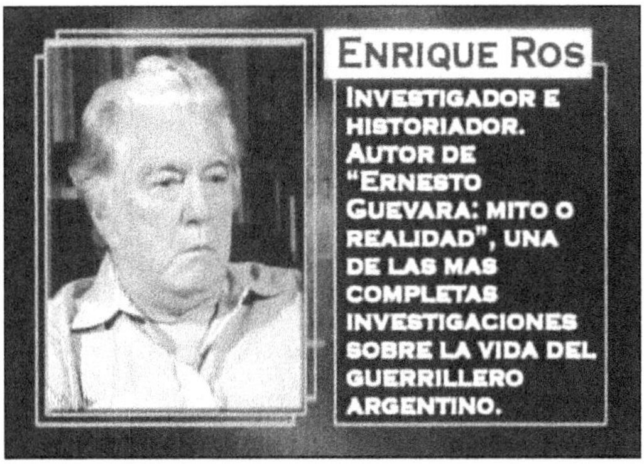

Enrique Ros

Historiador.

Pregunta: UD. realizó una profunda investigación sobre la vida de Ernesto Guevara de la Serna, esa investigación le llevó a publicar un libro que muchos consideran el más exhaustivo que se ha hecho sobre la personalidad de un hombre, que más allá de nuestras simpatías o antipatías, ocupa un lugar destacado en la vida política latinoamericana.

Sus investigaciones y su percepción como historiador sobre Guevara a qué conclusiones lo condujeron. ¿Fue un individuo con preocupaciones sociales y políticas en su juventud?; ¿Tenía esas preocupaciones antes de viajar a México, había demostrado voluntad de luchar por los desposeídos, había realizado alguna actividad pública o privada más allá de comentarios y críticas?

Respuesta: Guevara nunca tuvo preocupación de carácter social en su juventud, era un tipo indiferente, un bohemio, un aventurero, que no se preocupaba por los problemas de su país o de Latinoamérica. Y lo probó en los dos viajes que hizo por Sudamérica. Se ha querido ofrecer la imagen de un Guevara preocupado, un redentor de América Latina. Tan es así, que cuando hace el primer viaje con su amigo Alberto Granado, que sí era médico, cuando Guevara era un simple estudiante de medicina y llegan a Chile, donde hay una campaña electoral para reelegir como presidente a Gabriel González Videla[1], en ningún momento muestra interés por lo que está ocurriendo en ese país y no muestra interés por la situación.

Mas tarde viaja a Perú. En ese país en aquel momento la situación era mucho más complicada. La nación andina estaba siendo gobernada por Manuel Odria[2], que había derrocado la administración que presidía José Luis Pablo Bustamante y Rivero[3]. Manuel Odria estaba aplastando a la oposición con mucha violencia, usaba a la Guardia Nacional como un ejército privado que era dirigida por Manuel Rodríguez.

Miren si la indiferencia de Guevara y su falta de sensibilidad eran grande que cuando llega a Perú se va a vivir a un cuartel de esa guardia nacional que reprimía a la población, al campamento de unos militares que estaban destruyendo y matando, golpeando a obreros y estudiantes. Cuando realiza su segundo viaje, pasa nuevamente por Perú y retorna a los cuarteles de la Guardia Nacional que seguía asesinando y abusando de la población. Guevara estuvo dos veces en Perú, específicamente en Lima, la capital. Víctor Raúl Haya de la Torre[4], se había tenido que asilar en la sede diplomática de Colombia porque era perseguido por los militares. Llevaba mas de dos años en esas condiciones, una situación realmente escandalosa para una persona que había fundado uno de los movimientos políticos mas importantes del hemisferio, el APRA[5] y Guevara en ningún momento mostró interés por la situación de Haya de la Torre, ni la menciona en sus escritos.

Ernesto Guevara, era en esta época y siempre lo fue, un individuo totalmente indiferente a los problemas que sucedían

1 *Presidente de Chile de 1946-1952.*

2 *Gobernante peruano. 1948-1956.*

3 *Presidente de Perú de 1945-1948.*

4 *Dirigente político peruano, creó un proyecto político y social de carácter continental.*

5 *Alianza Popular Revolucionaria Americana, también conocida como APRA un movimiento continental, de centro izquierda, fundado por Víctor Raúl Haya de la Torre.*

en América Latina.

En ese segundo viaje visitó Bolivia. En el país del altiplano estaba cuando tienen lugar en Cuba los hechos del 26 de Julio de 1953[6], el ataque al cuarte Moncada por las huestes de Fidel Castro.

Guevara en esta época llevaba también un diario pero no menciona lo que estaba ocurriendo en Cuba, tampoco lo que sucedía en Bolivia[7], acontecimientos que para una persona de sensibilidad social revestían gran importancia.

El presidente de Bolivia, Víctor Paz Estensoro[8] estaba realizando una Reforma Agraria, asunto que no le llamó la atención ni mereció el más mínimo comentario de su parte. Si hubiera estado al tanto de lo que sucedía en el país, años más tarde, cuando llevó la subversión a Bolivia, se habría dado cuenta que la reforma agraria no era lo que más necesitaban los campesinos. En ese país lo que sobraba eran tierras.

Distintos gobiernos bolivianos habían entregado parcelas de tierra a los campesinos. También se habían facilitado algunos financiamientos. La Reforma Agraria en Bolivia fue una de las grandes noticias de la época pero pasó inadvertida para Ernesto Guevara.

Nunca expresó preocupación por la situación de los países que visitó en esos viajes. También estuvo en Ecuador y no mostró interés por la situación de ese país.

Quiero destacar algo que considero importante, Guevara realizó dos recorridos por América Latina antes de vincularse con los cubanos en México y en esos viajes siempre estuvo presente su deseo de visitar Estados Unidos, conocer los Estados Unidos. Esa realidad se puede constatar cuando se leen

---

6 *Un grupo de combatientes al mando de Fidel Castro atacan el Cuartel Moncada en Santiago de Cuba.*

7 *Bajo la presidencia de Víctor Paz Estensoro el gobierno de Bolivia emprendió un amplio programa de reformas económicas, decretó la nacionalización de las minas y el monopolio en la exportación del estaño.*

8 *Paz Estensoro fue cuatro veces Presidente de la República de Bolivia, líder histórico de la Revolución Nacional de 1952.*

sus diarios de la época, las cartas que le dirige a sus padres y a una tía con la que mantenía una correspondencia muy regular.

Hay mucha correspondencia entre Guevara y Alberto Granados donde también se puede constatar ese interés por visitar el país del norte. Entre Guevara y Granado hubo mucha correspondencia, por ejemplo en una ocasión le dice a Granado, "¿Bueno y por qué no vamos a Norte América, a los Estados Unidos?" y le plantea que pueden hacer el recorrido en la motorcicleta que él llamaba, La Poderosa.

Su amigo Granados decide quedarse en Venezuela, y él toma la decisión de regresar a Argentina en un avión carguero que transportaba caballos de carreras, pero que antes debía hacer escala en un aeropuerto estadounidense. La nave permanece en el aeropuerto de la ciudad de Miami por varios días porque sufrió una avería y tuvo que esperar por la reparación.

Retomando el tema de su falta de despreocupación por los problemas sociales, en el segundo viaje al que me referí hace un momento y durante su estancia en La Paz, esta vez acompañado de Galica Ferrer, le dirige una carta a su padre en la que le dice que se está dando una vida de millonario, que le pagan todos los gastos, que no tiene que gastar ni un solo centavo de su peculio y que la vida que lleva es de "vacan".

Paradójicamente esa es la vida con la que se siente satisfecho en momentos en que en Cuba se están produciendo hechos sangrientos y el resto de América Latina está sufriendo momentos muy convulsos. La propia Argentina tenía serios problemas. Lo que sucedió en Cuba el 26 de Julio de 1953 hizo titulares en la prensa de América Latina y Estados Unidos, pero por lo visto, si se toman en cuenta sus cartas de la época, el hombre de las grandes inquietudes no se enteró o no le concedió ninguna importancia a que un grupo de jóvenes en Cuba[9] hubiesen atacado un cuartel militar.

---

[9] *Fidel Castro comanda un ataque al Cuartel Moncada en la ciudad de Santiago de Cuba, provincia de Oriente. La acción militar fracasa con el resultado de decenas de muertos.*

P: ¿Por qué viaja Ernesto Guevara a Guatemala?

R: Cuando hace el segundo viaje que, como he dicho antes, tenía como destino final los Estados Unidos, hizo una escala en Ecuador. Durante su estancia en Guayaquil, el importante puerto ecuatoriano, se encuentra con un amigo y otros tres jóvenes argentinos que también eran estudiantes. Juntos se ponen a hacer planes, eso está escrito en su diario, deciden irse para Guatemala para buscar dinero. A Guatemala[10], que ese momento está padeciendo una severa crisis política, va por asuntos financieros no políticos.

En una de las cartas que dirigió a su padre le dice que va a Colombia y a Venezuela y con un tono más personal le recomienda a su padre que "debe venir a estas tierras porque son las tierras para ganar plata". Ese tema reaparece en su diario, en uno de los diarios que escribió durante sus viajes. Guevara siempre escribía un diario en los muchos viajes que realizó.

Es de Ecuador de donde viaja a Guatemala, y aquí viene una pregunta importante. ¿Quién le paga el viaje a Ernesto Guevara a Guatemala? Pues nada menos que la United Fruit[11], la gran empresa que él calificaba de imperialista y que por medio de su otro amigo Ricardo Rojo, unos años mayor que él y militante de la agrupación argentina Unión Cívica Radical, le concede pasaje en uno de sus barcos. Así es cómo este personaje, que se transformó en el símbolo de odio a las trasnacionales, viaja a Guatemala.

El barco tiene que atracar en varios puertos de la ruta. Uno de esos ancladeros corresponde a Costa Rica, de ahí sigue para

---

10 Guatemala, presidida por Jacobo Arbenz Guzmán, 1951-1954, está enfrentando un proceso político muy particular. Las reformas de Arbenz, a quien se acusaba de estar bajo control de los comunistas, genera una crisis de carácter nacional que desestabiliza el estado, lo que termina con un golpe militar encabezado por oficiales de la derecha política.

11 La United Fruit Company (UFC), una multinacional estadounidense que se destacó en la producción y el comercio de frutas tropicales en plantaciones en Latinoamérica. Sus intereses comerciales abarcaban grandes extensiones de Centroamérica y el Caribe, donde la empresa era conocida como Mamá Yunay .

Guatemala y cuando llega a ese país no se le aprecia ningún interés por lo que estaba sucediendo.

El país centroamericano estaba siendo gobernado por Jacobo Arbenz, un dirigente político de la izquierda que dirigía un gobierno de la misma tendencia pero que estaba infiltrado por grupos del comunismo internacional. En el país había mucha tensión, muchos problemas y serios conflictos sociales.

El gobierno de Arbenz vive en un ambiente de amenazas de invasión militar, de problemas políticos que se reflejan en toda la vida nacional pero Guevara continúa por un período de tiempo con su vida normal. Le gustaba ir a los montes, explorar, tomar fotos, etc. Llevaba su cámara fotográfica a todas partes y por supuesto viajó con ella a Guatemala.

Guevara se encontraba en el país centroamericano cuando se produce la invasión del coronel Castillo de Armas[12].

Ernesto Guevara no lucha por defender el gobierno de Arbenz, un régimen con el que supuestamente debía coincidir ideológicamente y es que Guevara vino a adquirir alguna formación ideológica después de arribar a Guatemala, la política y los conflictos sociales en ese período de su vida le eran poco menos que indiferentes. Era un simple aventurero, le interesaba el fútbol que había practicado durante su primer viaje por Sudamérica y que había enseñado a colombianos y venezolanos. Lo otro que le interesaba era hacer fotos, era totalmente insensible a los problemas que le rodeaban.

Cuando empieza la invasión a Guatemala le escribe a su tía una carta y esto es textual: "**Me estoy muriendo de la risa...**", no dice muriendo, sino una grosería que no quiero repetir, **"viendo la gente correr por las bombitas que están tirando estos aviones**", o sea era un espectador de una lucha en la que estaba participando el pueblo de Guatemala, la parte que respalda a Jacobo Arbenz y la que apoya a las tropas que comanda

---

12 Carlos Castillo de Armas. Militar y político guatemalteco. Presidente del 8 de julio de 1954 hasta su asesinato en Julio de 1957. Fue conocido por liderar el movimiento contra Jacobo Arbenz en 1954

Castillo Armas que al fin dominan la situación y derrocan el gobierno de Jacobo Arbenz.

En ese momento, Ernesto Guevara, sin haber participado en la lucha, sin haber hecho nada contra los que derrocaron al régimen de izquierda decide buscar refugio en la embajada de Argentina. Toma esta decisión porque el embajador argentino en Guatemala era peronista. El gobernante argentino de aquel entonces era el general Juan Domingo Perón[13] y Guevara siempre fue peronista. Fue atendido y de nuevo lo escribe en su diario, que recibió de parte de los funcionarios de la embajada muchas atenciones, que le trataron con extrema cortesía. También anota que lo que mas quería eran los periódicos que recibían de Argentina, y por supuesto los bifes.

Esa es la razón por la que se va para la embajada, no lo estaban persiguiendo, no estaba sindicado por el nuevo gobierno como partidario de Arbenz.

El gobierno de Juan Domingo Perón envía a Guatemala un avión para sacar a hondureños, guatemaltecos, argentinos, en fin todos los que estaban asilados en la embajada. El único que no quiere salir del país es Guevara. En ese vuelo viaja Antonio "Ñico" López, el primer cubano con quien hace contacto Ernesto Guevara en Guatemala. Se van todos los que estaban exiliados en la sede y que podían correr algún riesgo con el nuevo gobierno, pero como Guevara no era revolucionario sabía que no tenía problemas y decide por lo tanto permanecer en el país.

Como no peleó en defensa del gobierno de Arbenz, no tenía problemas. Unos días después abandona la embajada de Argentina para permanecer en el país donde desarrolla una vida normal.

Semanas más tarde viaja a El Salvador, en ese país se dedica a su mayor entretenimiento, la fotografía, en fin, lleva la vida de

13 (1895-1974), militar y político argentino, presidente de la República (1946-1955; 1973-1974), fundador del peronismo y una de las figuras latinoamericanas más destacadas del siglo. Influyó decisivamente en la historia política de Argentina.

un turista que sabe que no corre peligros y que ni le afecta ni le preocupa lo que ocurra en su entorno.

De nuevo regresa a Guatemala, no para luchar sino para seguir siendo lo que realmente era, un viajero despreocupado. Permaneció muchos días más en el país sin tener problema con las autoridades, visitó los alrededores de la capital para sacar fotos como era su afición.

Guevara había conocido en Guatemala a Hilda Gadea[14], una peruana miembro del partido Aprista, que ya estaba en proceso de separación de esa organización política. Es Hilda Gadea la que empieza a formar ideológica y políticamente a Guevara y quien hace posible que conozca a una serie de figuras del gobierno de Jacobo Arbenz.

Fue la señora Gadea, la que le presentó al revolucionario cubano Antonio "Ñico" López, que les repito se fue en el avión que trasladó a los asilados de la embajada de Argentina a Buenos Aires.

Un tiempo antes, posterior a la caída de Arbenz, su amiga Hilda Gadea marchó para México. Cuando él decide pasar la frontera, otra aventura, no lo hace con ningún proyecto político. Viaja con intención de conocer nuevos países y regiones y allí se encuentra de nuevo con la Gadea. Tengamos presente que ambos sostenían una relación sentimental.

En el país azteca también estaba "Ñico" López quien había viajado de Argentina para encontrarse con sus compañeros del Movimiento 26 de Julio. López había sido uno de los asaltantes al Cuartel de Bayamo[15], acción militar contra el régimen de Fulgencio Batista que Fidel Castro nunca menciona. López no había sido hecho prisionero por las fuerzas del gobierno y por eso había podido viajar hasta Guatemala.

---

14 Hilda Gadea. Primera esposa de Ernesto Guevara. Militante del APRA había buscado refugio en el exterior después del golpe militar de Manuel Odria. Conoció a Guevara en Guatemala en los días del gobierno de Jacobo Arbenz.

15 Ciudad de la provincia más oriental de Cuba. Fue atacada por miembros del 26 de Julio cuando tenía lugar el Asalto al Cuartel Moncada. Los líderes de esta acción desintieron del liderazgo de Fidel Castro aún antes del triunfo de la Revolución.

Poco después, arriba a la capital azteca Raúl Castro que había cumplido sólo 18 meses de cárcel de la condena que le habían impuesto por atacar un cuartel militar donde perecieron decenas de personas. Quisiera destacar que la prisión de estos hombres fue muy fácil, escuchaban radio, podían recibir visitas, las cartas y los libros que quisieran y por supuesto no tenían problemas con la alimentación porque ellos mismo se podían cocinar.

A los 18 meses de estar presos son amnistiados todos los atacantes del Cuartel Moncada, el primero de los hermanos Castro que llega a México, como dije antes, es Raúl. Fidel Castro fue para Estados Unidos a recaudar fondos para preparar un grupo de hombres y regresar a Cuba para proseguir la lucha contra el gobierno de Batista.

El primer cubano que conoce Guevara en México es Raúl Castro. Hay una identificación entre ellos, y a los pocos días cuando llega Fidel Castro de Estados Unidos, se produce una identificación más grande todavía entre Ernesto Guevara, Fidel y Raúl Castro. En esta época ya existían los planes para preparar la expedición a Cuba, que meses después va a concretarse con la salida del yate Gramma para la isla.

Es interesante mencionar que el entrenamiento militar que se está realizando en México se desarrolla en un rancho que se llama Santa Rosa. En ese lugar hay dos entrenadores militares, uno conocido como "El Coreano[16]", un cubano que combatió en Corea contra los comunistas del norte y el coronel Alberto Bayo[17], un individuo que por accidente nació en Cuba porque su padre era un militar español que estaba destacado en la isla en la época de la colonia. El coronel Bayo se educó en España, su formación era española, ese fue uno de los instructores que preparó a los hombres que viajaron con los Castro en el barco

---

16 *Miguel Sánchez, apodado "El Coreano" por haber participado en la Guerra de Corea. Cubano de nacimiento fue el primer entrenador militar que tuvieron los expedicionarios del Granma.*

17 *Alberto Bayo Giroud, 1892-1971, militar y aviador hispano cubano que participó en la Guerra Civil de España y posteriormente, en la insurrección que llevó a Fidel Castro al poder.*

Granma.

El gobierno de Batista conocía las actividades de los revolucionarios en México y en consecuencia pone presión sobre las autoridades mexicanas para que persiga a los subversivos que están preparando la invasión.

En ese contexto Fidel Castro es detenido en una de las avenidas de la capital azteca. Las autoridades tenían conocimiento que en un rancho, no sabían el nombre del rancho, ni el lugar donde estaba ubicado, se estaban entrenando militarmente personas que tenían proyectado ir a Cuba con el propósito de derrocar al gobierno.

Las autoridades mexicanas conocen el nombre y el lugar de la finca cuando arrestan a Fidel Castro, es Castro quien le da toda la información que necesitan. Esto está bien confirmado, no son rumores ni nada que se le parezca. Ernesto Guevara es el que está en el campamento que delata Fidel Castro. Esta información proviene de la esposa de Guevara en aquella época, la peruana Hilda Gadea con la que había contraído nupcias.

Fidel Castro lleva a las autoridades mejicanas al rancho. Ernesto Guevara estaba encaramado en un árbol en función de centinela cuando ve acercarse a las fuerzas policiales. En ese momento cuenta Guevara se preocupó por la situación, pensó huir y avisarle a sus compañeros pero se dió cuenta que a la vanguardia de los que avanzaban, a unos cien metros, estaba Fidel Castro.

Según la mitología que se ha creado en torno a Fidel Castro y Guevara, éste último se dió cuenta que Castro estaba a la vanguardia porque quería evitar un enfrentamiento entre la policía azteca y los revolucionarios, porque Fidel había dicho que la Revolución había que hacerla en Cuba y no en México. Después de esta reflexión, sigue el mito, Guevara decidió bajar del árbol sin ofrecer resistencia a las autoridades.

Después del arresto vienen los interrogatorios. Todo esto lo confirma nuevamente Hilda Gadea.

Ernesto Guevara colaboró con las autoridades en los

interrogatorios a los que fue sometido. A la pregunta de quiénes estaban participando en los entrenamientos mencionó, entre otros, a Universo Sánchez, después fue comandante del Ejército Rebelde, en fin, mencionó a todos los complotados que participaban en la preparación militar.

Para confirmar las declaraciones de Ernesto Guevara la policía mejicana, y de esto hay un acta oficial así que no es ningún invento, le pregunta al coronel español Alberto Bayo que le diga quienes estaban involucrados en la revolución y Bayo contesta con una carta dirigida a la Procuraduría y a los fiscales, de la siguiente manera: **"No, yo soy un individuo que he preparado a estos muchachos que son cubanos que quieren ir a luchar en su patria para liberar a su patria de una tiranía, yo no soy aquí delator, yo no estoy aquí para informar, si alguien es responsable soy yo, Alberto Bayo y pueden detenerme a mi que soy el único responsable".** Miren que contraste tan grande entre la delación que hace Ernesto Guevara que menciona a todos los que estaban allí, y este hombre que se negó a dar un solo nombre. Eso demuestra la debilidad moral de Ernesto Guevara.

P: Hasta este momento, en lo que usted nos ha contado, no hay ningún acto de violencia por parte de Guevara. ¿Hay información de actos violentos cometidos por Guevara? ¿Alguna acción militar o de otro tipo en la que haya participado y que haya resultado en un acto de violencia?

R: Sí, diría que la primera sangre derramada en Cuba después del desembarco del yate Granma la hizo derramar Ernesto Guevara. Poco después del desembarco del Granma tiene lugar un encuentro con fuerzas del gobierno en un lugar conocido como Alegría de Pío, las fuerzas del ejército hacen que los insurrectos se desbanden, situación comprensible si recordamos que lo del Granma más que un desembarco fue un naufragio.

Se dispersan y luego se agrupan y quien los ayuda a evadir

los efectivos militares y buscar puntos de refugio en la Sierra Maestra es un individuo de nombre Eutimio Guerra.

Este personaje tenía algunas propiedades en la zona montañosa pero vivía en el llano, y como era lógico tenía pase, salvoconducto, para circular por zonas donde supuestamente podían operar grupos de guerrilleros. Las autoridades le conocían y por eso es que puede ayudar a Fidel Castro y a los que habían sobrevivido al fracaso del desembarco.

Lo que sucede es que por una serie de situaciones que sería muy complicado narrar, un día cualquiera a Fidel Castro se le ocurre señalar a Eutimio Guerra como un traidor a la Revolución, como un individuo que estaba cooperando con las fuerzas militares que les estaban persiguiendo. Por esta supuesta o verdadera traición Castro determina que Eutimio debe ser ejecutado.

La situación fue difícil porque muchos de los jóvenes que integraban las fuerzas insurgentes venían de combatir a Batista de las calles de sus ciudades y calificaban a Batista como un asesino. Ellos habían estado en el movimiento clandestino y consideraban que Batista era un criminal, que asesinaba a los presos sin que mediaran causas ni que fueran procesados. No entendían cómo iban a participar en el asesinato de un hombre sin haber visto prueba alguna de su culpabilidad. En toda la guerrilla no hubo un solo cubano, ni un solo cubano de la guerrilla se atrevió matar a sangre fría a aquel hombre, sólo porque Castro lo acusaba de traición sin haber presentado pruebas.

Cuando la discusión está en su punto culminante Ernesto Guevara toma una pistola, lo describe en uno de sus diarios, se acerca a Eutimio Guerra, el hombre que los había acogido y dado protección en los momentos de mayor peligro y le pega un tiro en la cabeza. Guevara, como les dije, escribió sobre ésto: **"en ese momento me consideraron como un revolucionario, ya yo no era el médico de la expedición ahora yo era un revolucionario".** En una palabra, era un revolucionario porque había cometido un asesinato a sangre fría, no era revolucionario por sus ideas o actuaciones, sino por matar a otro ser humano.

El que tenga duda sobre lo que cuento que busque la revista Verde Olivo[18], órgano oficial del Ejército Rebelde y que busque un artículo titulado, "La Muerte de un Traidor". Este artículo también ha sido publicado en otras obras de Guevara, aquí no hay difamación de carácter, Guevara escribió sobre este crimen y lo confesó en sus escritos.

P: ¿Era Guevara un hombre de gatillo alegre como también se ha calificado a Fidel Castro?

R: No diría que Guevara fuera un hombre de gatillo alegre, lo que si le faltaba era sensibilidad. Era un individuo insensible ante el dolor de los demás. No sé si directamente participó en otro asesinato pero sí está confirmado que no tenía escrúpulos en ordenar el asesinato de cualquier persona, siempre y cuando esa muerte beneficiase sus proyectos. Eso lo demostró en los meses en que estuvo al frente de la Fortaleza de la Cabaña. En ese fatídico lugar fusilaron en los primeros meses del triunfo revolucionario cientos de personas y Ernesto Guevara fue el responsable de la mayoría de estos crímenes.

En La Cabaña no se celebraban juicios, los procesos eran amañados y muchos testigos aseguran que las condenas estaban dictadas antes de iniciarse los falsos procesos judiciales. En aquellos procesos muchos tribunales fueron integrados por personas analfabetas. Campesinos y obreros de poca cultura, que no tenían la más remota idea de la ley ni como debe procederse en un juicio, que estaban influenciados por las diatribas y los discursos incendiarios de verdaderos verdugos que tenían una infinita sed de sangre.

Muchos no contaron con abogados para su defensa y los pocos que se arriesgaban a defender a un acusado eran sindicados por los fiscales como cómplices de los crímenes que

---

18 Revista oficial del Ejército Rebelde. Guevara publicó en estos medios varios artículos y relatos.

supuestamente había cometido el imputado.

Ernesto Guevara era un hombre sin sensibilidad humana, pero afortunadamente al tipo le gustaba escribir, escribió mucho y lo hacía bien. Muchos de sus escritos fundamentan las cosas que se dicen de él, más de lo que puedan decir sus enemigos sobre sus crímenes, lo describe, lo cuenta todo en sus escritos y lo relata de diferentes formas.

P: La conocida frase de Ernesto Guevara, "Ante la duda, Mátalo", ¿podría describir el verdadero carácter de este personaje?

R: Yo diría que la expresión define, permite apreciar su verdadera naturaleza, además la expresión concuerda con la tesis Guevarista de eliminar también al débil, sistema que también aplicó en su momento el periodista convertido en guerrillero Jorge Ricardo Masseti[19], que dirigió una guerrilla en Argentina que al igual que la del "Che" fue un completo fracaso.

Jorge Ricardo Masseti, el comandante "Segundo" y fundador de la agencia Prensa Latina[20], mata a dos miembros de su propia guerrilla cuando se encuentra en Salta, Argentina. Por cierto se suponía que Guevara iba a operar en esa región para iniciar la guerra revolucionaria. Ellos habían preparado esa expedición, primero debía llegar "Segundo" y más tarde Guevara que sería conocido como el "Comandante Primero".

El tema de los asesinatos lo conversé con el hijo de Masseti. La conversación la tengo grabada. Le pregunté, ¿Cómo es posible que tu padre asesinara a dos jóvenes que él mismo había incorporado a la guerrilla? Uno de ellos conocido como "Pupy", era asmático como Guevara, a ese lo mató a sangre fría. Después ordenó a un guerrillero que recién se había incorporado a las fuerzas que matara al otro. Todo esto sin juicio, sin inves-

19 *Periodista argentino. Visitó Cuba en el período insurreccional, fue fundador de Prensa Latina y cayó en combate dirigiendo una guerrilla en su país.*

20 *Prensa Latina cuyo nombre oficial es Agencia de Noticias Latinoamericana S. A., es una agencia de noticias cubana fundada en 1959 poco después del triunfo de la revolución cubana. Jorge Ricardo Masseti fue su primer director.*

tigación y sin personas capacitadas moral e intelectualmente para procesar de manera marcial a otro individuo.

El hijo de Masseti ante mi pregunta me contestó, **"Es que mi padre estaba embebido de la mentalidad guevarista de que había que eliminar a los mas débiles".** En mi opinión esto demuestra en gran medida la insensibilidad de esos hombres.

La otra prueba es la primera carta que Ernesto Guevara le escribe a su esposa Hilda Gadea después de llegar a Cuba. Prácticamente eran una pareja de recién casados, habían contraído nupcias en México. En la carta, la que escribe en un lugar de la Sierra Maestra, le dice a su mujer: **"he llegado aquí sediento de sangre",** esa frase retrata a ese hombre, "he llegado a Cuba sediento de sangre", y sin duda sacia esa sed en Cuba, y con la vida de cientos de cubanos.

P: Ernesto Guevara se ha convertido para un sector de la población de América Latina en una especie de símbolo de la paz, de la no violencia, sin embargo hay elementos suficientes para que se pueda afirmar que Guevara era un hombre violento e inclinado a practicar la guerra por tal que se establecieran los preceptos y los puntos de vista que él defendía. ¿Sus investigaciones le han dado elementos para responder estas interrogantes?

R: Guevara era un individuo que se sobrestimaba a si mismo y subestimaba a los demás, en consecuencia se puede asegurar que siempre sus planes fueron fantásticos. Creía que porque lo había pensado él tenía que ser perfecto y nada podía salir mal.

Su plan de ayudar en la guerra del Congo es una especie de manual del fracaso, de lo que no se debe hacer, de lo que está mal hecho. Allí fue severamente castigado por sus enemigos, sobrevivió de puro milagro. Por cierto me gustaría más tarde abordar con más detalles la situación del Congo, cuando Guevara incursionó en ese país.

Durante años Guevara había sostenido una posición

favorable al tipo de comunismo que propugnaba Mao Tse Tung. Su posición era maoísta, pro china, mientras que Fidel Castro esa considerado favorable al modelo comunista del Kremlin. Conocemos que Castro dependía económicamente de Moscú, la Unión Soviética le apoyó y le respaldó a pesar de lo que ocurrió durante la Crisis de los Misiles del año 1962[21]. Castro estaba conciente que dependía económicamente de la Unión Soviética.

El recorrido de Ernesto Guevara por África en el año 1964 fue muy difundido por el periódico Revolución, en aquel momento el vocero oficial del régimen cubano. Los titulares del diario reseñaban: "Guevara llega a Marruecos, a Ghana", etc. En este recorrido participa en la Conferencia de países afro-asiáticos que se celebra en Argel, capital de Argelia. En esa conferencia, en la que se han reunidos representantes de todas las naciones del continente africano y algunas de Asia, Guevara plantea que los países socialistas desarrollados que no ayuden a los países socialistas en vías de desarrollo eran cómplices del imperialismo americano. Este planteamiento era una clara alusión a la Unión Soviética y a los países del Este de Europa que estaban asociados con Moscú.

El individuo planteó casi abiertamente que la Unión Soviética no estaba ayudando al gobierno de Cuba y que por lo tanto era un cómplice de Estados Unidos. Ante ese tanteo Fidel Castro, que sabe que la sobrevivencia de su proyecto está en juego y que sin el respaldo en todos los sentidos del Kremlin no puede hacer nada, determina que el perfil político de Ernesto Guevara sea disminuido radicalmente. De hecho lo elimina de la primera página del periódico "Revolución" que dirigía Carlos Franqui[22].

---

21 *Importante confrontación de la Guerra fría entre Estados Unidos y la Unión de Repúblicas Socialistas Soviéticas, por instalaciones de misiles nucleares proporcionadas por los soviéticos a Cuba a solicitud de Fidel Castro. Guevara y Raúl Castro cumplieron rol importante en el establecimiento de las bases y los cohetes con capacidad nuclear.*

22 *Periodista cubano. Estuvo en las guerrillas de la Sierra Maestra con Fidel Castro y fue director del primer periódico oficial de la Revolución. Se asiló años después del triunfo de la Revolución.*

Les digo ésto y al que tenga dudas le invito que vaya a las bibliotecas y que revisen, que busquen atentamente en los diarios de la época, quiero recordar que todavía no había sido fundado el periódico Granma.

Cuando Guevara retorna a Cuba, los diarios de la época reseñan el suceso con mucha modestia, lejos del triunfalismo con el que los medios informativos del Gobierno cubrían los viajes y regreso de los líderes del proceso. Cuando regresa el diario sólo comenta escuetamente que ha vuelto el compañero Ernesto Guevara de su viaje por África.

Debo señalar que estando en Argelia, Guevara comete otro error y es que viaja a la República Popular China sin el consentimiento de Fidel Castro. En China se entrevista con Mao Tse Tung y otros líderes del comunismo en ese país, pueden ustedes imaginar como repercutió esto dentro del poder castrista. En este momento son ya dos los factores que en cierta medida determinan que Guevara se convierta en una especie de proscrito.

P: Es de suponer que en esa época Fidel Castro hubiese alertado a Moscú de las verdaderas inclinaciones ideológicas de Ernesto "Che" Guevara.

R: Ellos ya lo sabían. Guevara había sostenido varios enfrentamientos con dirigentes del comunismo cubano. Hubo un ataque muy serio contra Guevara por parte de Carlos Rafael Rodríguez[23], un dirigente del Partido Socialista Popular que había estado alzado por pocos meses en la Sierra Maestra[24]. Rodríguez, ocupó muchos de los puestos más importantes del gobierno revolucionario mientras vivió.

---

23 *Carlos Rafael Rodríguez (1913-1997), político cubano, dirigente del Partido Socialista Popular (Comunista). En 1944, fue ministro sin cartera del gobierno de Fulgencio Batista. Estuvo en la Sierra Maestra con el 26 de Julio. Ocupó altas posiciones en el gobierno revolucionario.*

24 *Montañas en el oriente de Cuba donde operó el Movimiento 26 de Julio comandado por Fidel Castro.*

Es seguro que Rodríguez no habría confrontado a Guevara si no hubiese caído éste en desgracia, había consciencia que eso había pasado y era conveniente atacarlo. Guevara fue acusado de Lasallista[25], acusado de ser la negación de Carlos Marx. Carlos Rafael Rodríguez lo acusó y de nuevo remito a los interesados a los periódicos cubanos de la época, no dudo que en la revista Verde Olivo, órgano del Ejército Rebelde, aparecieran artículos del mismo tenor.

Esas acusaciones sólo podían tener lugar si estaban seguros que el individuo había perdido el favor de Fidel Castro, con el favor de Castro nadie se habría atrevido a atacarlo directamente.

Guevara se convierte en un problema para Castro una vez que hace esas declaraciones, por eso cuando retorna a Cuba al aeropuerto lo va a recibir el presidente de dedo, Osvaldo Dorticós Torrado[26] y no Fidel Castro y sólo refiere su llegada una breve nota en el periódico a la que hice referencia con anterioridad.

Siete u ocho días después de haber llegado Guevara, regresa de la Unión Soviética Raúl Castro que ya era ministro de la Defensa y segundo jefe de las Fuerzas Armadas de Cuba.

Es interesante apreciar que el arribo de Raúl Castro sí está en la primera plana y una vez más le digo a los interesados en el tema, que busquen los diarios cubanos de la época para que confirmen lo que digo.

La conferencia en Argelia[27] había tenido lugar en el mes de marzo aunque se había estado preparando desde mucho tiempo antes. Desde el mes de enero se había empezado a preparar

---

25 *Ferdinand Lassalle (1825-1864), político y pensador alemán cuyos escritos constituyen la base de la filosofía política conocida como socialismo de Estado. Nació en Breslau (actual Wroclaw, Polonia). En 1848, colaboró en Alemania con Karl Marx y Friedrich Engels en la organización de actividades revolucionarias y actos propagandísticos, por lo que fue encarcelado durante un breve período. Posteriormente, elaboró una doctrina socioeconómica que difería de la elaborada por Marx y Engels en muchos aspectos.*

26 *Presidente nominal de Cuba desde 1959-1976. Cometió suicidio en 1983.*

27 *Segundo Seminario Económico de Solidaridad Afroasiática de Argel. Conferencia internacional en Argel, capital de Argelia. El 25 de febrero el Che ataca duramente a la Unión Soviética en un discurso por estar en total desacuerdo con su visión del socialismo.*

también una expedición al Congo[28] que en aquella época era colonia de Bélgica.

Esta expedición iba a estar integrada por negros cubanos para no llamar la atención, en esto no había, según cuentan los participantes, ningún problema discriminatorio. El que tenga dudas al respecto puede ver que en el libro "Secretos de Generales[29]" escrito por el periodista castrista Luis Báez, publicado hace unos 8 o 10 años, por primera vez se hace mención de esa operación en el Congo.

En los relatos de ese libro está el comandante Víctor Dreke, un negro cubano que siempre se destacó por su fidelidad al castrismo. Dreke que era quien iba a dirigir la operación se identifica con el nombre de "Moja" que en el dialecto que se hablaba en el Congo quiere decir Uno. Esto cambia cuando llega Guevara a quien ordenan viajar al Congo con los negros cubanos.

En verdad Guevara estaba sufriendo una especie de castigo porque el escenario natural para que él combatiera era América Latina, pero lo mandan al África, lo que evidencia un cambio radical en la estrategia original. Otros oficiales son José María Martines Tamayo y Valdez Ricardo.

Guevara participó en El Congo en una serie de encuentros militares que pierde en su totalidad. Por otra parte los dirigentes congoleños no le prestaron la más mínima atención. Realmente su presencia fue poco valorada. Algunos estudiosos de estos

---

28 *Viaja clandestinamente al Congo encabezando a un grupo de cubanos para apoyar al Movimiento de Liberación del Congo. El 19 de abril llegó bajo la identidad falsa de Ramón Benítez a la ciudad de Dar es Salaam, en Tanzania, presidida entonces por el líder anticolonialista Julios Nyerere es de donde se organizaría el apoyo cubano a los rebeldes congoleños. Fidel Castro había decidido apoyar la lucha del Comité Nacional de Liberación (CNL) del Congo. Guevara mantuvo contacto directo con Laurent Desiré Kabila por entonces un líder militar de segundo rango. En diciembre, luego del fracaso del movimiento congolés, viaja a Europa del Este.*

29 *El libro recoge entrevistas a varios generales cubanos que participaron en las contiendas militares auspiciadas por el castrismo.*

hechos plantean que Kabila[30], el jefe de los insurgentes, lo trataba como a un becario, en una palabra, como un cero a la izquierda.

Un aspecto interesante a destacar es que, en un momento determinado, los países que rodean el Congo exigieron que las tropas extranjeras que operaban en el área la abandonaran. Las tropas extranjeras que se encontraban en ese país eran grupos mercenarios[31] y las fuerzas que comandaba Guevara también funcionaban como perros de la guerra, como se acostumbra llamar a los soldados de fortuna.

Los cubanos con Guevara a la cabeza se vieron obligados a salir del Congo pero el "Che" no quería regresar a Cuba porque estaba consciente de la enemistad que se había forjado entre él y los Castro. Permaneció unas semanas en la capital de Tanzania con su grupo cubano. Allí lo visitó su esposa, la ex guerrillera Aleida March[32]. También lo visitó Emilio Aragonés[33].

Algunos allegados lo visitaron para persuadirlo de que regresara a Cuba. De Tanzania viajó a la República de Checoslovaquia donde permaneció por varias semanas más y según otras informaciones, también viajó a la República Democrática Alemana.

Regresó a Cuba. En esa época se ignoraba donde se encontraba Guevara o qué había sido de él. Algunos especulaban que había muerto en la República Dominicana comandando una invasión, otros decían que había caído combatiendo en Viet Nam. La mayoría del pueblo cubano y muchos de sus dirigentes desconocían su situación. Sobre su figura se esparció un gran

---

30 *Laurente Desiré Kabila. Presidente de la República Democrática del Congo durante el período de 1997 a 2001. Murió asesinado. Guevara tenía una mala opinión de Kabila sin embargo, éste conquistó el poder después de décadas de lucha y Guevara fracasó en todos sus intentos.*

31 *El Congo fue un área de intensos conflictos durante la década de 1960. Allí operaron efectivos cubanos que estaban a favor del comunismo y otros numerosos cubanos que rechazaban esa ideología. También actuaron muchos soldados de fortuna que hacían la guerra en condición de mercenarios, uno de los más renombrados fue el irlandés Mike Hoare.*

32 *Conoció a Guevara en las montañas del Escambray en 1958. Posteriormente se casaron.*

33 *Emilio Aragonés. Dirigente comunista cubano, uno de los miembros del secretariado del Partido Unido de la revolución Socialista de Cuba.*

silencio. Me atrevo a decir que internacionalmente pocos sabían en que condiciones se encontraba. La participación de Guevara en una de las primeras guerras africanas de Fidel Castro se ocultó por muchos años como un secreto de estado.

Cuando Guevara arribó a Cuba, según investigaciones, ya se estaba preparando la guerrilla que iba a operar en Bolivia. José María Martines Tamayo y otros subversivos profesionales estaban en el desarrollo de ese proyecto, pero todo parece indicar que Guevara se aferró a la idea de ir a Bolivia porque ya no cabía en Cuba.

Fidel Castro facilitó todos los recursos para la expedición al país sudamericano, contaban con el apoyo de los militantes disidentes del Partido Comunista boliviano. El secretario general del partido comunista de Bolivia en aquel momento era Mario Monje.

Ese personaje había estado en Cuba en tres o cuatro ocasiones y se había opuesto abiertamente a que en su país se experimentase con el famoso foco guerrillero que propiciaban Guevara y Debray.

Fidel Castro le comunicó a Mario Monje, Guevara estaba presente, que se estaba preparando una fuerza subversiva que operaría en Latinoamérica para llevar a cabo la revolución latinoamericana y que Bolivia iba a ser simplemente el puente para continuar con la guerrilla hacia Argentina y Brasil y que en el proyecto de hacer la guerra estaban comprometidos todos los grupos de la izquierda política latinoamericana. Esto fue aprobado y respaldado por Mario Monje.

A Bolivia viajó Henry Villegas, hoy general de Brigada y cuyo seudónimo es "Pombo". Otro que viajó a Bolivia fue Dariel "Benigno" Alarcón, que también había estado en el Congo con Guevara. Alarcón al igual que "Pombo" pudo escapar de Bolivia cuando la guerrilla que comandaba el "Che" fue destruida por las fuerzas gubernamentales.

Esos hombres son enviados a preparar la llegada del "Che"

con la colaboración de los hermanos Coco e Inti Peredo[34]. A esto se suma Moisés Guevara, un dirigente minero miembro del partido comunista.

Guevara y Fidel Castro le hicieron creer a Mario Monje que la expedición a Bolivia era parte de un proyecto que abarcaba todo el continente, no que el proyecto tuviera como objetivo principal ese país sudamericano.

Mario Monje se da cuenta de la patraña antes de que Guevara llegue a su país y como consecuencia de esto tiene enfrentamientos con "Pombo" y con José María Martines Tamayo, estos hechos los puede verificar cualquiera que lo desee en el libro que escribió el propio "Pombo". Describe como discutió con Monje cuando éste le dijo las cosas que estaban haciendo a sus espaldas.

La avanzada llegó a Bolivia entre los meses de junio y julio, eran unos seis o siete cubanos, Guevara arribó en el mes de noviembre. La mayoría de las personas involucradas en el proceso desconocían la presencia de Ernesto Guevara.

El 31 de diciembre tuvo lugar un enfrentamiento entre Ernesto Guevara y Mario Monje y según el prólogo del diario del "Che" Guevara en Bolivia hecho por Fidel Castro **"el chauvinista, seso hueco de Mario Monje",** esas son las palabras de Castro para referirse a Monje **"quería tomar la dirección de la lucha militar frente a este gran internacionalista que es Ernesto Guevara".**

Así es como lo planteó Fidel Castro y eso es falso y de esa mentira se ha difundido la información de que el Partido Comunista de Bolivia había traicionado a Guevara. No señor, Guevara y Castro traicionaron al Partido Comunista y a su secretario general Mario Monje. No es que yo los defienda, es que esa es la verdad histórica, ambos dirigentes a pesar de sus diferencias habían montado una guerra a espaldas del líder

---

34 Dos militantes del comunismo boliviano que se incorporaron a la guerrilla de Guevara. Coco Peredo murió en 1967 con la guerrilla de Guevara, Inti sobrevivió hasta 1969 cuando cayó en un enfrentamiento con las fuerzas policiales.

político del país que iban a invadir, al extremo que cuando alquilaron la finca de Ñancahuatzu, que es donde situaron el campamento, lo hicieron por medio de un dirigente que se había separado del partido comunista.

El que hizo potable, digamos así, la constitución de un foco guerrillero fue Regis Debray[35], un francés que desarrolló una teoría muy particular sobre cómo debería gestarse y organizarse la lucha guerrillera. Esa fórmula de Debray, que era un hombre sin experiencia en la lucha irregular y en ninguna otra forma de hacer la guerra, es la que aplicó Ernesto Guevara en Bolivia.

Hay una verdad histórica que Guevara no reconoció y que Debray no valoró, y es que si en Cuba triunfó un proceso insurreccional, no fue sólo porque Fidel Castro se hubiera alzado en la zona más montañosa de la isla, que por supuesto era un factor de suma importancia, sino porque esos alzados contaron siempre con una red de suministro que procedía de la lucha clandestina, de la red de colaboradores que desde las ciudades hacían llegar a los insurrectos todo tipo de vituallas.

El movimiento clandestino era muy poderoso, actuaba en todo el país y no temía correr riesgos. En Bolivia no existió nunca esa red tan necesaria en un proceso insurreccional. Tampoco otros movimientos guerrilleros latinoamericanos contaron con ese tipo de apoyo y soy de la opinión que junto a otros factores, la ausencia de una fuerza clandestina bien organizada repercutió negativamente en todos los esfuerzos subversivos del régimen totalitario cubano y sus acólitos.

Hay otros elementos que agregar al fracaso de Guevara. Cuando el hombre que ya había fracasado en el Congo y alrededor del cuál se había creado una leyenda con la historieta del "tren blindado" llegó a Bolivia, Fidel Castro ordenó que la persona que estaba a cargo de la organización de la resistencia y de los suministros a los guerrilleros viaje a La Habana,

---

35 Autor de numerosos libros, entre ellos el manual Revolución en la Revolución. Fue arrestado en Bolivia. Participó en el movimiento guerrillero que encabezó Ernesto Guevara en ese país.

tengamos presente que esa era la conexión directa que tenía el "Che" con "Manila", que era el nombre clave de La Habana.

Al faltar este contacto, Guevara se quedó huérfano del necesario vínculo con el exterior, porque si la guerrilla se hubiese organizado fundamentada en la sociedad boliviana, la pérdida de contacto no habría sido tan grave, pero como era una fuerza importada, su final era sólo cuestión de tiempo.

Como he referido, en más de una oportunidad, Guevara escribía prácticamente sobre todo lo que hacía. No pensaba en las consecuencias que podía tener que las autoridades capturasen algunas de esas notas, lo que demuestra su falta de preparación para el tipo de acción que había convertido en su objetivo de vida.

Las notas de Guevara incluían los nombres de las personas con las que sostenía entrevistas y las de aquellos que colaboraban con la insurgencia. Era una lista que había empezado a elaborar desde el momento que Fidel Castro retiró su principal contacto de La Paz, ordenándole que regresase a La Habana.

Esas notas fueron ocupadas por el ejército boliviano en una cueva que había servido de escondite a la guerrilla. Dos de los tres o cuatro campesinos que había captado el dirigente minero comunista Moisés Guevara, ningún parentesco con el "Che", desertaron en la primera oportunidad y son arrestados por las Fuerzas Armadas. Estos hombres colaboran con las autoridades. Denunciaron donde estaba la cueva por lo que los documentos de Guevara fueron ocupados, entre ellos la ya mencionada lista de los colaboradores de la insurgencia.

Uno de los nombres es el de una joven de apellido Guzmán. Esa muchacha fue arrestada e interrogada por el ministro del Interior que en Bolivia viene siendo como Jefe de la Policía, la joven para no hablar aprovechó el descuido de sus captores y se lanzó por la ventana de un tercer piso sufriendo lesiones graves. Esta joven es todavía dirigente del Partido Comunista en Bolivia.

Retomando el tema del encuentro entre Ernesto Guevara y

Mario Monje en el que el dirigente comunista boliviano pide que le entregue la dirección de la insurgencia, Monje en la discusión le dice: **“si esto es una lucha iberoamericana contra el imperialismo deben formar parte de la dirección de esta lucha elementos latinoamericanos que están en contacto con nosotros, peruanos, chilenos, brasileros, argentinos, etc. , y que sean esos dirigentes de extrema izquierda los que decidan quién debe dirigir la lucha, no que venga una persona como usted de una isla del caribe, sin asociación ninguna, a tomar la dirección de la lucha, la dirección debe estar en manos de quienes decidan los grupos latinoamericanos”.**

P. ¿Tenía Fidel Castro medios para ayudar a Guevara?

R: La preparación de la insurrección le había resultado fácil a Fidel Castro porque había convocado a todos los grupos extremistas del hemisferio, a todas las organizaciones de la izquierda, recuerden las reuniones de las OLAS, OSSSPAL, en La Habana. Castro tenía los contactos y hubiera podido ayudar a Guevara si lo hubiera deseado pero sencillamente no quiso, no quiso ayudarle y lo dejó totalmente desconectado.

P: Usted ha hecho una investigación a fondo sobre la personalidad de Ernesto Guevara y creemos que sería conveniente para este trabajo que nos destacara algunos de los aspectos más importantes de su personalidad, tanto en el período de la Sierra Maestra como en las etapas posteriores de su vida.

R: Defino a Guevara usando las propias palabras que le escribió a su esposa Hilda Gadea a los pocos días de llegar a Cuba. En uno de los párrafos de su misiva dice: **“vengo sediento de sangre”,** y no hay dudas que ese sentir fue el que guió a Ernesto Guevara desde el primer momento. Su baño de sangre fue asesinando a Eutimio Guerra, más tarde aplicó la pena de muerte por las cosas más insignificantes y cuando triunfó la Revolución y llegó a La Cabaña no tuvo una pizca de sensibilidad, asesinó con crueldad. Sencillamente no sentía el más mínimo respeto por la vida humana.

Quiero destacar aquí la experiencia de un amigo con el que estudié bachillerato. Cuenta que cuando Guevara llegó a Santa Clara, provincia de Las Villas, un grupo de agentes del gobierno se hizo fuerte en un hotel, el edificio más alto de la ciudad. La resistencia era enconada, vencer a aquellos hombres que aparentemente estaban decididos a todo iba a ser muy costoso, por eso las partes en conflictos estuvieron dispuestas a una mediación que concluyó con la rendición, a cambio de que la vida de los resistentes fuese respetada. Si mal no recuerdo el lugar se llamaba el Gran Hotel y estaba situado frente al parque Leoncio Vidal.

El hombre que consigue la rendición y dirigió las negociaciones fue mi amigo Ruiz de Zárate, Serafín Ruiz de Zárate, que después del triunfo de la Revolución llegó a ser el segundo secretario de Salubridad del régimen de Fidel Castro. Ruiz de Zarate es el que convence a esos hombres a que se rindan, les asegura que les van a respetar la vida y ellos confiando se entregan a las fuerzas del Ejército Rebelde. Después de la rendición mi amigo fue a ver a Guevara para asegurar las cosas y el "Che" le dijo: **"No Serafín, no vamos a respetarles la vida, vamos a fusilarlos y después le celebramos el juicio".**

Esa es la insensibilidad de Guevara, "fusílalos y después le vamos a celebrar el juicio", palabras de Serafín Ruíz de Zárate quien murió siendo partidario del régimen, él no era un anticastrista, era un dirigente del Movimiento 26 de julio, esas fueron las declaraciones que me hizo personalmente.

P: Usted ha hecho muchas investigaciones sobre Guevara, ¿se aprecia en Guevara un hombre fracasado a pesar de la leyenda que se ha tejido a su alrededor?

R: Te diría que estaba consciente que había fracasado, estaba consciente porque admitió su fracaso en el Congo. Hay una cosa digna de tener en cuenta, cuando habló de la retirada del Congo y es cuando escribió: **"más que una derrota es una desgracia, es una traición",** porque sabía que había fracasado, que había perdido y que se estaban retirando los cubanos del Congo dejando indefensos a los congoleses que en alguna medida le habían ayudado.

La gente que tenía cierta importancia no contó con él, lo abandonaron en el lago Tanganika y eso lo describe Guevara que estaba consciente de la derrota, del fracaso que había sufrido.

Por otra parte su empecinamiento de dirigir una lucha guerrillera estando consciente de sus problemas de salud demuestra su falta de juicio crítico. (Algunos de los enfrentamientos con el ejército de Bolivia fueron como consecuencias de que necesitaba medicinas para controlar los severos ataques de asma que padecía). Por ejemplo, hay un asalto a una farmacia de un pequeño pueblo de campo, esto está reseñado en un diario, no en el diario de Guevara, que tenía como único objetivo conseguirle medicina para el asma. Por supuesto que esto lo describen como una gran batalla cuando fue una simple escaramuza.

Ernesto Guevara sintió que su gesta en Bolivia fue un fracaso porque a la guerrilla no se incorporaron los campesinos de la región en que operaban. Lo dice en su diario cuando destaca que se acercó a una señora para pedirle ayuda y la señora sencillamente lo abandonó sin siquiera responderle, la mujer se fue, no le hizo caso. Se sintió aislado, estaba consciente de que nadie del pueblo se le había incorporado.

Guevara cometió todos los errores que en su libro "Manual del Guerrillero" decía que un guerrillero no debía incurrir. Uno de ellos es operar en un territorio desconocido, lo segundo es no conocer personas de la comunidad en la que va a desarrollar sus operaciones. Guevara cometió todos los errores posibles.

Guevara sabía que había fracasado tanto en el Congo como en Bolivia.

P: Guevara ocupó en Cuba dos posiciones importantes. Fue presidente del Banco Nacional de Cuba y ministro de Industrias. ¿Sus investigaciones en torno a esas dos actividades administrativas qué resultados tuvieron? ¿Se puede decir que fue una gestión efectiva, o una gestión que también fracasó?

R: Fracasó en su gestión en el Banco Nacional. No hizo nada que fortaleciera la moneda nacional. El peso cubano antes del triunfo de la Revolución se encontraba a la par del dólar. A un cubano antes de 1959 le daba igual tener diez dólares en el bolsillo que diez pesos cubanos. Ambas monedas circulaban sin problema y en algunos períodos la moneda nacional cubana estuvo un poquito por encima del dólar, creo que un 1%, o algo así. Cuando presidió el Banco Nacional la moneda perdió valor, es más, firmó la moneda de Cuba con un sobrenombre.

En su posición de ministro de Industrias no desarrolló ninguna actividad que resultara en beneficio de la industrialización del país. Al contrario, durante los meses que ocupó el cargo las industrias fueron perdiendo capacidad de producción, rentabilidad, las inversiones cayeron etc., fue otro fracaso como ministro de Industrias.

Cuando fue para el Congo todavía era ministro de Industrias y comandante del Ejército Rebelde. Precisamente se enteró en una carta que Fidel Castro leyó en público, que ya no era ministro de Industrias. Esa carta la había escrito antes de salir de Cuba rumbo al Congo, la misiva la había escrito pero no le había puesto fecha. Su partida para África solo la conocía Castro y algunos de los más allegados a la cúpula del poder.

No tengo dudas que fue Guevara, quien escribió la carta que Fidel Castro leyó públicamente, lo admitió en su libro sobre el proceso insurreccional en el Congo, el diario que en ese país escribió porque no cabe dudas que el individuo tenía obsesión por escribir sus aventuras, un afán enfermizo por la posteridad, que le costó la vida a muchos de sus compañeros.

Bien, el asunto es que cuando Fidel Castro leyó el mensaje quedó imposibilitado de regresar a Cuba, de realizar en ese país una vida normal porque públicamente había optado por la lucha armada en otras partes del mundo. Por otra parte había perdido todas sus jerarquías, había renunciado a ellas para participar en otros procesos políticos, a esto hay que sumar que también había perdido su condición de ciudadano cubano.

P: La Cabaña es un hito en la vida de Guevara. Marca un punto importante en sus actividades, en este caso por su inclinación por las ejecuciones con pretextos políticos. ¿Qué responsabilidad tenía Guevara en la decisión final para ejecutar una persona?

R: Mira, no tengo dudas que la persona que decidía a quien se ejecutaba, quien moría en el paredón de fusilamiento en la prisión de La Cabaña era únicamente Ernesto Guevara, al igual que la decisión, la determinación de los numerosos fusilamientos que tuvieron lugar en Santiago de Cuba fue exclusiva responsabilidad de Raúl Castro.

Los que estaban al frente de cada provincia fueron los responsables de los asesinatos que allí se cometieron. Eso es así, no podemos quitarle responsabilidad ninguna a Ernesto Guevara por los crímenes cometidos en aquellos fusilamientos de los primeros meses.

MIGUEL SANCHEZ
"EL COREANO"
VETERANO DE LA GUERRA DE COREA.
FIDEL CASTRO LO RECLUTA COMO INSTRUCTOR MILITAR DEL GRUPO DE GUERRILLEROS QUE ESTABAN EN MEXICO.

Miguel Sánchez

"El Coreano". Luchó en la Guerra de Corea. Entrenó en México a las fuerzas irregulares que comandó Fidel Castro.

Me dicen "El Coreano" porque combatí con el ejército americano en la guerra de Corea, sirviendo en esa contienda me incorporé al batallón de infantería que Colombia envió a la guerra. Quiero decir que aquella fue una de las unidades que mejor combatió, y es una pena que el heroísmo y el sacrificio de esos soldados no hayan tenido una mayor divulgación.

A mi regreso de la guerra de Corea supe que Fulgencio Batista había dado un golpe de estado en Cuba y que se estaban preparando grupos dentro del país y en el exterior para rescatar la libertad y poner de nuevo en vigencia la Constitución de 1940.

Mi primera decisión fue incorporarme a las fuerzas que dirigía el presidente Carlos Prío Socarras[36] que había sido depuesto por Batista aquel 10 de marzo de 1952. De todos los líderes de la oposición, era el presidente Prío el que más posibi-

---

36 Presidente constitucional. 1948/1952. Depuesto el 10 de marzo de 1952 por el golpe militar que dirigió Fulgencio Batista y Zaldívar.

lidades de éxitos tenía porque contaba con una buena cantidad de dinero, Prío era el único que podía financiar una insurrección.

Al cabo de cierto tiempo Prío descartó la lucha armada y nos dejó como se dice en el aire y los planes se derritieron como un pedazo de hielo. Por que lo hizo, no lo sé pero nos llamó, nos entregó 100. 00 dólares a cada uno y nos dijo que a partir de ese momento quien tenía la batuta, el mando, era Fidel Castro. Nos exhortó a que nos uniéramos a sus fuerzas para poder luchar con eficiencia por la libertad de Cuba.

Viajé a la ciudad de Miami donde conocí a Fidel Castro en una casa de piedra que todavía existe que está por la calle Flagler o la calle Siete del North West. Me le presenté. Le dije que me decían "El Coreano" y que quería unirme a las fuerzas que comandaba. Rápidamente me contestó que había escuchado hablar de mí pero que no había dinero para pagarme, ni para costearme ningún gasto. Me dijo: **"búscate el dinero y te vienes conmigo para México para que me entrenes allí la futura guerrilla".**

No lo pensé dos veces y busqué el dinero. Mi hija tenía en un depósito de la ciudad unos muebles de su propiedad, los saqué y los vendí, me presenté ante Fidel Castro y juntos viajamos para México en un avión de la compañía Aerovías Q, que hace muchos años dejó de existir.

Arribamos a México el 10 de diciembre de 1955, y nos encontramos en la casa de la calle Emparan 49 Letras C, con Raúl Castro, Montaner Oropeza, Melba Hernández y Juan Almeida Bosques. Fidel me los presentó y les dijo quien yo era, y que iba a ser el instructor militar de toda la guerrilla. Recuerdo que Raúl Castro me miró con cierta roña y dijo: **"así que vamos a tener como instructor a un invasor yanqui",** le contesté, con mucha tranquilidad pero muy firmemente, que estaba muy poco enterado de lo que había sido la Guerra de Corea, que habían sido los norcoreanos los que habían invadido a Corea del Sur, que los Estados Unidos no habían iniciado la guerra. Mi respuesta provocó una fuerte discusión en la que Fidel Castro intervino diciendo que las discusiones ideológicas no eran para ese momento, que Cuba estaba primera que todas las otras cosas.

Después de eso Fidel empezó a hablar y no se sabía cuando iba a terminar, eran como las dos de la mañana y el tipo no se callaba, cuando le pregunté qué íbamos a comer, contestó que no me preocupara si había o no comida, que en un año había que tener cien hombres entrenados y armados dispuestos a combatir, a lo que agregó su hermano Raúl "y a morir si es necesario". Después que escuché aquello me dije a mí mismo que la cosa iba en serio.

En aquellos tiempos no teníamos armas de ningún tipo. Recuerdo que empezamos en el campo de tiro de "Los Ramitos".

Fue en casa de María Antonia, una cubana que vivía en México y que ayudó mucho al movimiento de Fidel Castro, donde conocí a Ernesto Guevara de la Serna, al que después todos le decíamos "Che". Al principio la gente le decía "El Chancho", porque al hombre no le gustaba bañarse, no me gusta hablar de cosas personales pero el hombre tenía siempre un olor a riñón hervido que le rompía las narices a cualquiera. Era un hombre simpático pero la cosa cambiaba cuando le empezaba un ataque de asma.

La primera vez que fuimos al campo de tiro de "Los Ramitos", Fidel llegó en una automóvil americano viejo de la marca Packard que ya no se fabrican. Abrió el maletero y con un gesto muy teatral dijo mirándonos a todos, **"Este es el comienzo de la revolución de Cuba",** con el show que había montado yo creía que iba a sacar un tanque Sherman del baúl y lo que sacó fue un fusil mosquetón mexicano de 7mm. Nos lo mostró a todos, todos aplaudieron y por supuesto que también aplaudí porque de acuerdo al sapo así es la pedrada. Desde el principio me di cuenta que había que aplaudir y estar de acuerdo.

De inmediato empezamos el entrenamiento militar. Fue en

esa etapa en la que conocí mejor a Ernesto Guevara de la Serna. Al principio quiso entrar en indisciplina y lo paré, le llamé la atención sin ningún miramiento y le dije: **"yo estoy a cargo del entrenamiento militar y tú no eres más que un soldado**. " Se puso a echar una sonrisa como para burlarse y le dije: **"veinte planchas Ernesto Guevara de la Serna"** y dió las veinte planchas, parece que se dió cuenta que había cometido un grave error y la verdad es que era un hombre muy disciplinado. La persona que me diga que Guevara era un cobarde le digo que no.

Entre la gente que abordaron el Granma no había ningún cobarde, tenían otra ideología y la conducta de muchos de ellos en la vida ha sido muy negativa pero la gente que subió a aquel barquito tenía que tener valor, había que ser valiente para montarse en aquel barquito.

El problema de Ernesto Guevara de la Serna era que en el fondo no era más que un atorrante, aunque también era simpático como dije antes. Era dogmático, creía que se lo sabía todo, que era el más "leído y escribido" como decimos los cubanos y por supuesto se creía que sabía más que Fidel y que, por sus supuestos conocimientos, podía hacer lo que le viniera en gana.

Un día Fidel decidió que por asuntos de relaciones públicas, en una palabra para ganarse todo lo más posible la simpatía de los mexicanos, era conveniente que todos visitáramos la basílica de la Virgen de Guadalupe, que fuéramos con banderitas cubanas en la solapa y con una ofrenda para la Virgen.

Fidel Castro me designó a cargo del grupo que debía ir a la basílica y cuando se lo dije a Guevara éste se puso como un búfalo de agua herido, me dijo que no iba a rendirle ningún tributo a la Virgen de Guadalupe, que no participaba en esa farsa porque no era más que un invento español para dominar las mentes analfabetas de la indiada mexicana, todo muy enfurecido y con desprecio, agregando que le pusieron Juan Diego al indígena, que en realidad se llamaba Clacogualt.

Ante tantas expresiones, críticas y todo lo que ustedes se puedan imaginar le dije en tono conciliatorio: "Chancho, Chancho, baja la voz que necesitamos la buena voluntad de los mejicanos", e Hildita Gadea, su esposa, le dijo también, **"Chanchito, Chanchito, hazle caso al Coreano que es verdad que necesitamos a los mejicanos".** Su reacción fue muy mala, muy machista y hasta grosera porque le contestó a su mujer con mucha dureza que se callara la boca, que ella no tenía que decirle nada sobre eso. El trataba muy mal a su mujer, no se cuidaba para hacerlo, sin embargo ella lo adoraba tremendamente y agrego que en esa época su esposa estaba embarazada.

Creo que en este período el "Che" se había desilusionado de los soviéticos y se estaba inclinando a los maoístas. Fíjense que cuando nace su hijita le decía **"mi pequeña mao"**, y es que se sentía mas maoísta que marxista-leninista.

Guevara era racista, no solo se percibía que no le gustaban los mejicanos porque los creía personas inferiores, sino que tampoco apreciaba a los negros. Muchísimas veces tuvo problemas con Juan Almeida Bosques al que le decía el Negrito y no en términos cariñoso. Almeida se insultaba cuando le decía así y yo en más de una oportunidad le dije: **Juan, cuando te diga negrito le dices, "y tu eres Chancho porque no te bañas",** y así le decía Juan Almeida Bosques. Pienso que allí empezó a desarrollar sus sentimientos psicópatas.

Quiero destacar que hacía experimentos con gatas preñadas para averiguar el sexo de las criaturas que llevaban en sus vientres. El hombre usaba una especie de red para atrapar las gatas que merodeaban por los callejones de la capital mexicana. Después de atraparlas las anestesiaba, las diseccionaba y hacía sus experimentos. Después de esto a las gatas que todavía vivían las introducía en un saco, esto que estoy contando fue en mi presencia, nadie me lo contó. Cuando Guevara llegaba a un lugar que consideraba apropiado las sacaba del saco por el rabo y las tiraba contra el pavimento. Aquello lo pude presenciar una sola vez, sentí una repugnancia que no puedo describir, era algo horrible, de una crueldad que nunca había visto, incluyendo mis dolorosas experiencias de la Guerra de Corea.

Después de eso no me quedó dudas de su crueldad, de su sadismo. Era un tipo sin compasión. Primero desarrolló sus instintos criminales con animales que no podían defenderse y después todos conocemos las historias que se cuentan de las cosas que hizo en Cuba. Tengo la convicción de que las personas que son crules con los animales lo son también con las personas, con los seres humanos.

Juan Almeida Bosques, hoy Comandante de la Revolución, me dijo que Ernesto Guevara de la Serna, el "Che", "Chancho", había colaborado con la policía mexicana cuando arrestaron al grupo que se estaba preparando militarmente en México. Según Almeida, estos hombres fueron arrestados, fueron conducidos a las cárceles de inmigración por culpa de Guevara.

Según el comandante Juan Almeida, el "Che" se puso en contacto con las autoridades de México para entregar todas las armas del Rancho de Santa Rosa de Charco donde se entrenaban una parte de los insurgentes y no creo que lo hizo por miedo sino para resolver su problema migratorio, el no quería ser deportado a Argentina.

Otro aspecto que debemos destacar de ese personaje es que no tenía la más simple idea de cómo organizar nada. Cuando lo pusieron a trabajar directamente con el general Bayo la gente se le sublevó y fue Juan Almeida Bosques quien le dió la información a Fidel Castro, quien lo destituyó por dos semanas del mando que tenía en el campamento, porque Fidel se dió cuenta que Guevara no tenía capacidad organizativa de ninguna clase.

Esto que voy a contar no está directamente relacionado con el "Che" pero ofrece una visión de la verdadera personalidad de los hombres que estaban al frente del movimiento insurreccional contra el régimen de Batista.

Cuando se sublevaron los hombres de Santa Rosa de Charco, viajamos al lugar Fidel, Raúl y yo. Nada más que llegamos Fidel me pidió la pistola que yo portaba y me entregó la de él y por supuesto que no entendí el por qué lo hacía, de inmediato me dijo que ordenara a los hombres que se formaran en un área determinada.

Después que esto pasó, se paró frente al grupo y preguntó en tono amenazador: **"¿quién es el responsable, quién es el comandante de esta insurrección contra Cuba?"**, una pregunta que con el tiempo me di cuenta que estaba mal hecha porque ninguno de aquellos hombres había protestado contra Cuba ni habían renegado de sus compromisos, simplemente tenían reparos con la manera que se conducían las cosas, pero Fidel desde esa época se creía que era Cuba y todo lo que se enfrentaba a sus proyectos lo hacía contra el país.

Recuerdo con tristeza que salió un hombre flaquito, un cubano que había acabado de llegar y al que yo no conocía, nada más que salir de la fila, pobrecito, Fidel sacó la pistola que yo le había dado y le pegó cuatro balazos en el pecho, como si fuera poco, estando ya en el suelo y de seguro cadáver le pegó dos balazos más en la cabeza.

Amigos míos, soy veterano de guerra, he visto muchos cuerpos destrozados por la metralla pero siempre recuerdo aquella la masa encefálica de aquel cubano anónimo reptando desde su cabeza al suelo y unas hormigas rojas que de inmediato se mezclaron con la sangre y empezaron a transportar los restos de masa encefálica.

Después de este crimen sin nombre y sin esperar a que la gente respirara, Fidel, grito: **"¿quién es el segundo comandante de esta insurrección contra Cuba?"**, ya Fidel había nombrado al occiso como jefe de una conspiración que no existía y demandaba que algunos de los presentes en un acto de locura, después de lo que había pasado sólo un loco abría la boca, asumiese alguna responsabilidad. Por supuesto que nadie se adjudicó el supuesto puesto de segundo comandante. Fidel sabía organizar, sabía ordenar, y no tenía escrúpulos de ninguna clase cuando tenía que acabar con una vida humana si esto lo acercara a la consecución de sus planes.

Pero volvamos a Ernesto Guevara de la Serna. Uno de los problemas de este hombre es que se creyó que era un excelente guerrillerote, es evidente que tenía alguna capacidad de mando pero como dije antes ninguna habilidad para organizar lo más insignificante. Te aseguro que cualquiera de ustedes paraba al "Che" en una puerta y le decía **"dale un palo por la cabeza a todo el que pase"** y todo el que pasara recibía un palo por la cabeza, pero si en cambio le decías, **"interrógalo, dale un palo al malo pero al bueno no",** ya lo confundías.

Ejemplos de todo ésto sobran. Fue a África y aquello fue un fracaso completo. También fue uno de los organizadores en al año 1959 de la invasión a la República Dominicana en la que participaron unos cientos de hombres, allí, esos infelices fueron masacrados por los soldados del dictador Rafael Leónidas Trujillo.

No prepararon un aparato civil, una organización que respaldara a los expedicionarios y eso fue parte fundamental para que fracasaran. Todo lo que hizo, en todo lo que participó resultó en fracaso. Falló como esposo, como padre de familia, como guerrillero y hasta como revolucionario porque no fue capaz de dejar un proyecto terminado, todo lo que empezó lo dejó inconcluso.

Si hay algo que quiero destacar y es que Fidel Castro sabía que no era un buen guerrillero y que era un incompetente en todo lo que emprendía y creo que si Fidel eliminó a Guevara fue por el temor de que si le sucedía algo el "Che" iba a agarrar el poder en Cuba, ya que estaba seguro que en aquella época Raúl no iba a poder manejar, dominar los muchos factores que se le pondrían en contra.

Creo que fue por eso que no le dejó crear una base de poder en Cuba, siempre lo tenía de un lugar para otro y después, estoy completamente seguro, lo llamó y le dijo: **"¿por qué te vas a conformar con ser "Che" Guevara, cuando tú puedes ser "Che" Bolívar?** y estoy seguro que Ernesto Guevara se vio a sí mismo con la bandera que en la actualidad enarbola Hugo Chávez en Venezuela.

Otro punto importante es que los trabajos teóricos sobre la

guerra de guerrillas que elaboró Guevara son copias de otros libros publicados sobre el tema. Si se estudian los apuntes del Generalísimo Máximo Gómez[37] sobre la guerra de guerrillas que desarrolló en Cuba y se aprecia en su justa medida la gesta del general Antonio Maceo[38], usted se da cuenta que lo que Guevara hizo fue implementar la experiencia de esos dos grandes patriotas del siglo XIX.

De ellos extrajo Guevara sus conocimientos, que contrariamente a lo que lograron los dos generales, no los pudo concretar con éxito. Se creyó que era un gran guerrillero, tengo que decirlo muchas veces porque algunas personas como consecuencia de la inmensa propaganda, y la imagen que se vende de Guevara por sus propios enemigos ideológicos, piensan que el hombre sabía lo que hacía.

Como era un ignorante en cuestiones militares, Fidel lo mandó a hacer Revolución para que fracasara, le prometió todo tipo de ayuda y no cumplió sus promesas como ha hecho durante toda su vida. El más favorecido con el mito del guerrillero de la boina, la melena y la estrella de comandante ha sido el dictador cubano.

Ernesto Guevara de la Serna no compartía, no socializaba con los compañeros. Se mantenía aislado, yo conservo una fotografía que se tomó en el cumpleaños de Raúl Castro en México y él, que era uno de sus allegados no está en el retrato.

El se sentía superior a todos nosotros incluyendo a Fidel Castro. Se creía el más culto del grupo. Fíjate que cuando lo designaron jefe de los hombres que ocupaban una de las casas de seguridad, la gente se le sublevó porque se dedicaba a leer y a tomar mate y no se ocupaba de la alimentación de la tropa que tenía a su cargo. En el ejército o en una unidad de combate, el jefe tiene que preocuparse por el bienestar de su tropa y un

---

37 *Jefe del ejército libertador de Cuba en la lucha por la independencia. Nació en Santo Domingo. . .*

38 *Lugarteniente general del ejército libertador. La historia de Cuba lo identifica como el Titán de Bronce.*

punto importante es la comida y el agua.

Era un aventurero y el destino lo llevó a México, quien lea biografías sobre su vida se da cuenta que participó en la expedición del Granma de puro milagro. En esos tiempos tenía muchos planes, hasta de viajar China, Europa, mil planes, lo que pasa es que creo que ni él mismo sabe por qué se metió en ese rollo.

Conoció a Raúl Castro en la sede del Instituto Mexicano-Soviético, era un centro cultural donde los comunistas distribuían toda su propaganda. Los que lo trajeron al Movimiento 26 de Julio fueron Pedro Baranda, Edison y Raúl Castro. Es justo decir que él había conocido a Antonio "Ñico" López que había estado a cargo del asalto al cuartel de Bayamo. Lo conoció en Guatemala en los días de la caída del gobierno de Jacobo Arbenz. Se unió al grupo y como en verdad hacía falta una persona que tuviera conocimientos de medicina, él le había dicho a Fidel que se había graduado de médico; a la guerrilla le vino de maravillas un hombre con esos conocimientos.

A partir de ese momento Guevara se sintió a sus anchas, aquella era la aventura que había estado buscando y si a eso le sumas el carisma de Fidel Castro, la capacidad de convencimiento del dictador, pues Guevara se sintió en una especie de paraíso.

Recuerdo que un día en el que se estaba tomando uno de sus acostumbrados mates, me trató de convencer de las ventajas del comunismo y del maoísmo en particular, yo que no sabía nada de eso, le dije con tranquilidad que no me tratara de convencer, que yo había acabado de partipar en la Guerra de Corea y que los comunistas habían matado a muchos norteamericanos y colombianos. Le dije que mi misión allí era únicamente de instructor militar, que no me interesaba que fuera maoísta-leninista pero que ni tratara el tema militar y ni intentara convencerme. En otra ocasión me prestó un libro sobre "La Nueva China" que le acepté y le comenté que cuando lo leyera se lo devolvería.

Orlando de Cárdenas

Periodista. Escritor.

El día 10 de marzo escuché por la radio la noticia que el general Fulgencio Batista había dado un golpe de estado y había derrocado al presidente Carlos Prío Socarrás.

A mi aquello me deprimió y al grupo de amigos que estaba conmigo también les hizo muy mal efecto porque Cuba perdía el ritmo constitucional y volvía a tomar el poder un señor que había sido funesto para el país.

Yo me había tenido que ir de Cuba en el año 1935 cuando estando el general Batista en el poder las fuerzas represivas ponían en práctica la receta del "Palmacristi", que era una especie de aceite que provocaba unas diarreas y vómitos de mil demonios. Me acuerdo que el capitán Belisario Hernández, un esbirro de Batista, junto con otros dos pistoleros le hacía ingerir a la fuerza el "palmacristi" a quienes se les antojase. Era un aceite bien malo, a veces los efectos que causaba no desaparecían nunca y las personas quedaban muy mal.

A un amigo de la casa le hicieron ingerir dos litros de aceite ricino, otro mejunje, el individuo quedó mal del estómago y cuando protestó lo amenazaron y cuando no se calló, se pueden imaginar lo que pasó.

Yo vivía en México en esa época y cuando Fidel Castro llegó al país fue enseguida a pedirme ayuda. En una ocasión fue a la casa con Miguel Antonio Sánchez, "El Coreano" y un tal Arroyo. En esa ocasión Fidel habló largo y tendido conmigo. Yo tenía ciertas reservas porque había tenido malos informes de Fidel por medio de Raúl Rojas, quien después, en el gobierno revolucionario fue viceministro de Relaciones Exteriores.

En verdad al principio me mostré poco receptivo a su solicitud de ayuda. Me dijo en la conversación que había once cubanos durmiendo en el suelo en la casa de María Antonia González, una mujer que conocía y que su bondad la había hecho meter en un apartamentito chiquito a todas esas personas. Aquello me tocó el alma y sin pensarlo mucho le dije mándame 7 u 8 para acá que yo les daré una comida al día y alojamiento mientras se pueda.

Por esta conversación fueron a vivir a mi casa, entre otros, Gustavo Arcos Bergnes, Arnaldo Mestre y René Verdia. Así fue que vivieron en mi casa y así los fui ayudando a todos. Hasta que llegó el momento, después de casi un año es que salió el Granma para Cuba. Eso ocurrió el 25 de noviembre de 1956 a la 1 y 20 de la mañana.

P: ¿Cómo fueron sus relaciones con Ernesto Guevara?

R: Yo traté poco a Ernesto Guevara. Fue a mi casa en cuatro o cinco ocasiones, unas veces con Hilda Gadea, su mujer, y otras él solo. Al principio era un tipo muy hermético, se podría decir que altanero. Después su trato con los cubanos se fue humanizando, cambiando en alguna medida su manera de ser y al final de las jornadas estaba más sensibilizado, había perdido algo de su altanería, sin embargo había algo en su personalidad que no me agradaba, hablando claro, que me disgustaba mucho.

Pero la mujer era peor. Hilda Gadea, una india inca marxista, que en mi opinión fue la que lo convirtió al marxismo.

En dos o tres ocasiones noté que cuando él hablaba y ella le tocaba la rodilla, o en el hombro, el tipo callaba. Creo que le tenía miedo, o un respeto muy especial. No entiendo que un hombre como él que en la guerra fue valiente le tuviese miedo a su mujer. Aunque en verdad no lo culpo, si yo hubiera sido marido de ella también le habría tenido miedo porque la tipa estaba vieja y fea.

P: ¿Cómo eran las relaciones con Guevara?

R: Al principio se le llamó doctor Guevara o Ernesto Guevara pero cuando vimos que él hacia burla de nuestra manera de hablar, en represalia ya no le dijimos nunca más Guevara ni Ernesto, sino “Che”. A partir de ese momento todos le decíamos “Che” y el sobrenombre se le quedó. En poco tiempo hasta los mismos Fidel y Raúl Castro le decían “Che”. Al principio con un poco de sorna, como para restregarle en la cara lo que él nos había hecho a nosotros cuando se reía por nuestra manera de hablar.

P: ¿Qué más puede decir de Guevara?

R: Estuve presente en algunas ocasiones en las que se sentó a escribir cartas en mi casa. Me pedía papel y lápiz y se ponía a escribir sin que mediaran más palabras. Las cartas no las encabezaba respetuosamente, nada de estimado señor, señor tal, etc. , ponía directamente “fulano de tal”, nada más el nombre. No ponía ningún encabezamiento, ni en la despedida expresaba sentimientos de respeto o de cualquier otra clase. Era un tipo seco por completo, sin sentimientos, se comportaba con las otras personas como si fuesen sus enemigos y no sus amigos o compañeros.

En el trato con los demás al principio era muy áspero, muy rudo. Después, te repito, fue humanizándose un poco pero nunca llegó a tener sentido del humor. Nunca nos vio completamente como compañeros, nunca se sintió verdaderamente camarada o compañero de los demás. Se sentía siempre superior al resto y los demás nunca le perdonaron esa actitud. Inclusive a veces no nos trataba de tú sino de usted. No se acercaba a nosotros, no había intimidad, no había familiaridad. Se relacionaba con nosotros con mucha distancia, evitaba todo tipo de intimidad.

Se mofaba de nuestra manera de hablar pero por otra parte se le notaba admiración por la gesta del ataque al Cuartel Moncada. A él le impresionaba eso y Ramirito Valdés, Raúl Castro y "Ñico" López que eran los más radicales y los que más a la izquierda estaban políticamente del grupo, lo fueron convenciendo y atrayéndolo a la causa.

P: Ud. hizo referencia a Hilda Gadea en parte de esta conversación, ¿qué más sucedió entre ellos?

R: Lo que sé es que cuando Hilda Gadea llegó a Cuba y quiso reanudar su relación con Guevara éste le dijo: **"ya no más, ya estoy casado con otra mujer"**. Él se había casado con Aleida March para el momento que la Gadea llegó a Cuba. Cuentan que la Gadea quedó desolada pero ella era muy dura, tal vez más seca y áspera que él. En una palabra me atrevo a decir que la desolación de ella era una desolación muy poco dolorosa y muy poco femenina. El matrimonio de ellos era muy adusto, muy duro, muy duro, muy duro, muy poco expresivo y no se apreciaba afecto entre los dos.

P: ¿Qué opina Ud. de Guevara?

R: Creo que algunas personas y organizaciones interesadas han desarrollado una campaña para convertirlo en una especie de mito. Su muerte temprana, las condiciones en que murió favorecen la imagen que quieren dar de él, pero los que lo conocimos sabemos que lo han transformado por completo.

Quieren vendernos otra personalidad. Él nunca fue una persona cordial, humana. No sabía hacer amigos, tampoco era un tipo afable, nunca lo fue. Era déspota e irreverente hasta la grosería. Por lo menos en el trato que tuve con él. Las veces que lo ví con otros compañeros nunca se comportó como en la actualidad describen.

Quizás con el único de todos nosotros con el que tuvo una gran intimidad fue con "Ñico" López. A López lo conoció en Guatemala, también aparentemente hizo buenas migas con Ramirito y quizás con otras personas que tenían sus mismos pensamientos políticos, porque eso era lo más importante para él.

P: ¿Tenía alguna simpatía en particular hacia los cubanos?

R: Pude notar que Guevara no era amigo de los cubanos, que no sentía hacia nosotros ninguna simpatía en particular. Más bien en cierta forma nos repudiaba, se reía de nosotros y en represalia a esa actitud fue que nunca más le dijimos ni Guevara, ni doctor, ni Ernesto, sólo "Che". Eso se lo decíamos con cierto desdén, nos molestaba su trato y nos dolía cuando se mofaba de nuestro acento.

Lázaro Guerra

Expedicionario del Corinthia[39].

Conocí a Guevara a mediado del año 1956 en Ciudad México, en una cafetería, una especie de bar, que estaba pegado a la Plaza del Zócalo. Me lo presentó Antonio "Ñico" López, quien lo había conocido en Guatemala. A ese lugar íbamos muchos revolucionarios cubanos, de diferentes grupos, de distintas tendencias. Allí nos encontrábamos gentes del Movimiento 26 de Julio[40], de la Triple A[41], de la Organización Auténtica[42], del Directorio[43]. A ese lugar concurríamos la gente que estaba dispuesta a luchar contra la dictadura de Batista. Muchos de los que nos encontrábamos allí se sumaron a la expedición del barco Granma.

---

39 Expedición dirigida por la Organización Auténtica y que comandó Calixto Sánchez. Veinte de los expedicionarios fueron asesinados por las fuerzas del régimen de Fulgencio Batista.

40 Fuerza irregular fundada por Fidel Castro que tomó el nombre de la fecha del ataque al Cuartel Moncada.

41 Organización de la lucha clandestina en Cuba fundada por Aureliano Sánchez Arango

42 Agrupación política vinculada al Partido Auténtico, la fuerza partidaria más importante de Cuba en el período republicano.

43 Organización clandestina que luchó contra todos los gobiernos de fuerza en Cuba. Básicamente integrada por estudiantes. El primer Directorio Revolucionario se fundó en la década del 20 del pasado siglo.

Un par de días después me encontraba con otros amigos tomando café en el mismo lugar y "Ñico" López se me acercó y me dijo, sin mencionar el nombre, el fulano que te presenté el otro día no sirve para nada, no es como muchos de nosotros, es un hombre maquiavélico, con mucha trastienda y no se sincera con nadie. "Ñico" fue el primero que me dijo que el "Che" se lo contaba todo a Fidel, hasta lo más insignificante, y que Fidel lo usaba cuando quería decirle algo a alguien de manera indirecta. Esto me lo comentó "Ñico" porque en México habíamos varios grupos conspirando contra Batista y cada uno de esos grupos tenía sus secretos.

Poco después dejé de visitar la cafetería del Zócalo. Fidel no dejaba de pedirme que me enrolara en su expedición pero como me había enterado que se habían producido varias deserciones por su manera de ser, de dirigir, de mandar, me dije que por ese lugar no iba más para evitar una confrontación con gente que demostraban ser más gangster que revolucionarios.

Comprobé en muy poco tiempo que Guevara era un tipo repugnante, no era un hombre en el que tú ves firmeza, garantía de que se va a comportar correctamente. En más de una ocasión vi que cuando llegaba Fidel salía corriendo y dejaba a la persona con la que estaba hablando con la palabra en la boca como decimos nosotros. Te puedes imaginar como su adulación era disfrutada por Castro, porque Castro es un dictador que le gusta estar rodeado de incondicionales, de guatacas. Eso es parte de su personalidad.

P: Las personas que se relacionaban con Guevara, ¿qué comentaban sobre su carácter y conducta?

R: Con Guevara conversé en varias ocasiones, teníamos cierta relación, pero en verdad era un tipo raro. Muy reservado, distante de las personas. También se apreciaba cierta dosis de cinismo y de irrespeto a las personas que no le simpatizaban o con aquellas que tenían ideas que no compartía.

No era un tipo con concepto de la amistad, durante el tiempo que lo traté aprecié que ese sentimiento no existía para él, era un fanático político a la vez que un incondicional, en todos los sentidos de Fidel Castro.

Muchos compañeros que eran muy allegados a Fidel me decían que Guevara todo se lo contaba a Fidel, que cualquier comentario que se hiciera en el grupo, Castro se enteraba por medio de Guevara.

Varias personas habían manifestado su deseo de irse del campamento que Guevara dirigía. En mas de una ocasión consideré la posibilidad de entrar al campamento pero vi que compañeros como los Ferrer lo habían abandonado, que "El Coreano", un cubano que había combatido en la Guerra de Corea en el ejército de Estados Unidos y que era entrenador, al igual que Rafael del Pino, también se habían marchado y me dije para mí mismo que en ese lugar no hacía nada.

Mira, considero que Guevara era un tipo sin sentimientos, sin piedad. Fui testigo de un caso que me conmovió y que he reflexionado varias veces sobre el mismo, particularmente después que triunfó la Revolución.

En una ocasión estábamos tomándonos un café en un lugar que no recuerdo de Ciudad México, ten presente que han pasado muchos años.

Estaba una mujer con un niño cargado en los brazos que se nos acercó para pedir limosnas y saqué, como es lógico, unas monedas, nosotros tampoco teníamos mucho y el hombre que después se destapó como humanista, el tipo que quería resolver los problemas y que sentía pena por los que sufrían, me ha dicho a cara destemplada y creo que recuerdo con precisión las palabras: **"que se joda, ¿para qué tiene hijos?".**

Aquella expresión me dio un nivel sobre la personalidad del "Che" Guevara, un personaje al que le han creado una aureola de hombre bueno y solidario. Te aseguro que era un perfecto canalla y un criminal.

P: ¿Presenció durante la estancia de ambos en México algún gesto por su parte en el que se pudiera apreciar alguna cobardía, falta de valor personal?

R: El cayó preso junto con otros compañeros del Movimiento 26 de Julio en Ciudad México en la etapa en la que estábamos conspirando allí. Uno de los que estuvo detenido con él me contó que había confesado a las autoridades todas las actividades del grupo, que hasta había dicho que él era argentino y que nada tenía que ver con los cubanos.

Lo que sucede es que como era uña y carne de Raúl Castro y un incondicional de Fidel no tuvo ningún tipo de problemas. Recuerdo que en el grupo nuestro había un mejicano que tampoco lo soportaba.

P: ¿Por qué usted cree que Ernesto Guevara estableció una relación tan estrecha con Fidel Castro?

R: Me parece que la amistad entre los dos, o relación, como cada uno lo califique, porque no creo que ninguno de esos dos tipos tengan sentido de la amistad, se fundamentó en las ideas comunes que sustentaban porque ellos eran marxistas, trotskistas, compartían una mezcla de pensamientos que resultó en el desastre que es Cuba hoy. Pero con quien mejor ligaba Guevara era con Raúl Castro, aunque de hecho era un incondicional de los dos Castro. Todo lo que dijeran los Castro él lo aceptaba. Por eso y porque tenían ideas comunes, aunque no lo confesasen, Castro los designó a los dos a cargo de los asuntos políticos del campamento y de la expedición.

Fuí en una ocasión a la casa donde ellos vivían. Era la casa de María Antonia, la mujer que Guevara menciona en una carta que dirigió a Fidel Castro. Esa era una mujer ejemplar, una gran luchadora y colaboraba con todas las cosas que hubiera que hacer por la libertad de Cuba. Simpatizamos y nos pusimos a conversar sobre muchas cosas, en particular el carácter y la manera de ser de los combatientes que estaban viviendo en su casa. En ese momento el "Che" se paró en la puerta para conversar con otra mujer que no supe quien era y María Antonia me dijo que el tipo era un descarado, un tipo irrespetuoso que no agradecía nada de lo que se hiciese a su favor. Mas o menos estas fueron sus palabras: **"mira la mierda que ha traído Fidel para acá"**, cuando oí aquello le pregunté, qué pasaba, por qué hablaba así y me dijo señalando al "Che" **"que éste no sirve, éste es un descarado, éste es un bribón".**

Les aseguro que me sorprendió mucho cuando al triunfo de la Revolución pude apreciar que uno de los comandantes de más confianza de Fidel Castro era Ernesto Guevara. Guevara era un hombre que siempre estaba dispuesto para matar, no preguntaba, simplemente estaba dispuesto a quitarle la vida a cualquier persona.

El fue el primer guerrillero que cometió asesinato en la Sierra, todo el mundo lo sabe. También se vanagloriaba de esas acciones, nunca se le notó remordimiento o planteó que aquella había sido una decisión dolorosa pero necesaria.

Guevara era el brazo armado de Fidel Castro. Su asesino particular. Cuando ellos estaban en la Sierra, yo estaba preso en el Reclusorio Nacional de Isla de Pinos y comenté con otro amigo que estaba preso también, que Guevara era un canalla, que su personalidad era la de un matarife que no creía en nadie.

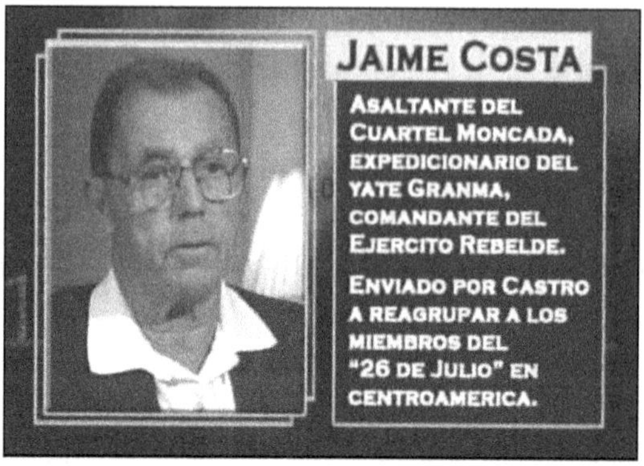

JAIME COSTA
ASALTANTE DEL CUARTEL MONCADA, EXPEDICIONARIO DEL YATE GRANMA, COMANDANTE DEL EJERCITO REBELDE.
ENVIADO POR CASTRO A REAGRUPAR A LOS MIEMBROS DEL "26 DE JULIO" EN CENTROAMERICA.

Jaime Costa

Comandante del Ejército Rebelde. Miembro del Movimiento 26 de Julio. Atacante al Cuartel Moncada y Expedicionario del Granma.

Mi nombre es Jaime Costa, participé en al ataque al Cuartel Moncada solo con 19 años. Cuando me sumé a la expedición del Granma en México tenía 22 años. Luché en la Sierra Maestra y llegué a ostentar los grados de comandante del Ejército Rebelde y renuncié a esa posición a los seis meses del triunfo de la Revolución. Mientras estuve alzado en armas partipé en la mayoría de las campañas que orquestó el Ejército Rebelde.

Después del fracaso del ataque al Cuartel Moncada se me asignó hacer un recorrido por toda Centroamérica para buscar a los compañeros del Movimiento 26 de Julio que estaban dispersos por Honduras y Guatemala, éstos habían viajado a esa zona después de la amnistía que había dado Fulgencio Batista por el año 1955.

Fue Fidel quien me ordenó que viajara a esa zona y que buscara a los compañeros que se habían asilado en los países del área. Todo esto se hacía con muy pocos recursos económicos y los exiliados vivían en condiciones muy modestas.

En Guatemala había una estación de radio, creo que todavía existe, se llama radio América, era de un cubano, Don Silvio Pena, una de las mejores personas que he conocido en el mundo. Allí estaban también Gerardo Granados y Raúl Pérez Puelles, quienes regresaron directamente a Cuba. No viajaron a México como estaba indicado.

En Guatemala estaba Antonio "Nico" López, a quienes le decíamos el "Flaco" y Darmao Ibrahim que vivía en una casa de huéspedes. Mi viaje y encuentro con ellos coincidió con la caída del gobierno de Jacobo Arbenz.

Los cubanos habían conocido en la casa de huésped en la que vivían, a un argentino de nombre Ernesto Guevara y una señora que en ese momento era su compañera, la peruana Hilda Gadea.

"Ñico", discutía muchos temas con Guevara, fundamentalmente los relacionados con asuntos sociales. Recuerdo que en una ocasión se puso a criticar a Juan Domingo Perón que en aquel momento era el presidente de Argentina. Guevara decía que había que matarlo, que había que organizar una guerrilla para luchar contra su gobierno. Yo que lo había visto caer en muchas contradicciones le dije: **"Mira, el problema de nosotros es Batista, no Perón, nosotros tenemos bastante lío con ese tipo".**

Don Silvio Pena tenía muy buena relación con el gobierno de Carlos Castillo de Armas por la propaganda que había hecho contra el gobierno del depuesto presidente Arbenz. Don Silvio le pidió que fuera indulgente con los cubanos y le hicieron entrega de un certificado que le autorizaba sacarlos del país. Sin embargo algunos cubanos se asilaron en la embajada de Argentina.

Discutimos para qué lugar íbamos a ir. Yo propuse que nos fuéramos para Honduras pero "Ñico" López planteó que se iba para México o Argentina. Dalman, explicó que se había casado con una argentina hacia una semana y que quería buscar a su mujer para entre los dos, decidir cual sería el destino que iban a tomar. Después de eso acordamos que cada uno hiciera lo que creía mejor y el grupo que integrábamos Ibrahim Sosa, "Nico" López y yo decidimos ir para México.

De los tres, el único que tenía el pasaporte actualizado era yo porque el de "Ñico" se había vencido al igual que el de Hibrahin pero podrían viajar con el pasaporte de exiliado que era igual que un pasaporte común y corriente, sólo que de color rojo. Pasé la frontera legalmente por Chiapas y no tuve problema. Ellos a pesar del pasaporte rojo tuvieron que pasar nadando el río y pagarle a unos traficantes que se dedicaban a pasar personas en la frontera.

Nos separamos para poder entrar a México individualmente, en ese momento sólo me quedaban unos $100. 00 dólares, por lo que Don Silvio en el momento en que se despedía en el puente por el que se entraba a México, en el punto de la aduana, me entregó otros $200. 00 dólares para que pudiera llegar hasta la capital azteca. Don Silvio me dijo que también a él se le estaba acabando el dinero.

Para ir hacia la capital había por lo menos dos maneras, por carretera o por ferrocarril. El viaje por carretera era mucho mas barato porque nos subían en los camiones que transportaban la mercancía, no era viajar en un autobús o algo parecido, el viaje era duro porque había que ir a la intemperie y por eso sólo se pagaba dos o tres pesos por persona. Uno llegaba a la plaza y preguntaba, qué camión va para tal lugar y allí te decían, hacías la transacción y asunto resuelto. Viajar en guagua (autobús) te costaba entre 30 o 40 pesos y el tren era igual de caro.

Llegamos a Tepilli, una zona de la capital bastante complicada, era realmente un lugar peligroso. Averiguamos donde había una casa de huésped o un hostal barato donde pudiéramos hospedarnos y alguien nos dijo, después de preguntarnos quiénes éramos y de dónde veníamos, que al lado del monumento a la Revolución, por la avenida Insurgentes, había un hotel que se llamaba Galveston y que en ese lugar se hospedaban los cubanos.

Recuerdo que fue muy amplia la explicación porque dijo que era un hotel de tercera o cuarta categoría, cuando aquello, creo yo, no existía eso de cuatro o cinco estrellas. Nos recomendó qué camión teníamos que coger y en qué lugar pararnos para subir al mismo.

Llegamos al hotel Galveston. Entramos a la habitación y lo primero que hicimos fue bañarnos. Como me quedaba algo de dinero salimos en busca de una tienda de ropa y nos compramos una camisa y un pantalón cada uno. Prácticamente el dinero que quedaba alcanzaba malamente para una comida, pero en ese momento llegó a donde estábamos María Antonia González, averiguando por los cubanos que se habían acabado de instalar en el hotel. Esa señora fue el alma de todos nosotros, nos llevó para su apartamento, nos mantenía, nos cuidaba y por supuesto en su momento Guevara también se hospedó en la vivienda de María Antonia.

En su casa armábamos grandes discusiones, los escándalos eran horribles y ella no se molestaba con ninguno de nosotros, pero recuerdo que una vez le dijo a Guevara que tratara de no ir más a su casa sin prohibírselo por completo, pero para sorpresa de todos nosotros el "Che" no se molestó, siguió visitando la casa.

Tengo entendido que Hilda Gadea también estuvo unos días en la casa de María Antonia. Recuerdo que el apartamento de María Antonia tenía solo dos habitaciones. En una dormíamos como diez personas, justo es decir que no había cama, todos dormíamos sobre el piso porque no había espacio para poner una cama.

Ahora que mencioné a la peruana Hilda Gadea, quiero decir que era una persona muy decente. Una persona que se hacía respetar. Era una mujer muy dulce, muy buena persona, pero también tengo que decir que era fea. Tenía el cuerpo de una diosa pero una cara, vaya que a mi me recordaba a Rosario la de

Popeye.

Nosotros en confianza le preguntábamos al "Che", "¿oye que le encontraste a esta mujer?" También le decíamos que de seguro cuando se despertaba en la media noche y la veía, le darían ganas de salir corriendo. A todo esto Guevara respondía: **"bueno, aparte de que es muy cariñosa y muy dulce, acuérdate que cuando tengo un problema llamamos a Perú y al otro día está resuelto"**. Guevara resolvía así las dificultades económicas en las que siempre estuvo envuelto, en una palabra tenía a aquella buena mujer como un medio para resolver problemas de diversos tipos pero no porque la amara. ¿Se dan cuenta?

Llegaron Fidel y Raúl Castro, y en poco tiempo empezamos los entrenamientos. En pocos días se sumaron mas personas y a mí me enviaron a Costa Rica a cumplir una misión, pero antes de partir me sucedió algo que me desagradó mucho.

Estábamos en "Los Gamitos", una finca muy cercana a los volcanes. El general Bayo, un oficial de la Guerra Civil de España, ¿lo han oído mentar?, fue uno de los primeros que nos empezó a entrenar y un día trajo como diez o doce perros callejeros, los soltó y los agitó para que corriesen y nosotros caerles detrás y matarlos. Por supuesto que nos negamos a hacerlo, le dijimos que él sería todo un general pero que no cometeríamos ese crimen, a lo que Bayo respondía que los comandos tenían que aprender.

De veras que estábamos molestos y le planteamos que no íbamos a degollar ningún perro, que eso de cortarle el cuello a la gente eran cosas de películas que no sucedían en la vida real, y cuando estábamos en plena discusión Guevara se paró y dijo: **"Yo lo voy a practicar"**, lo miramos y nos quedamos sorprendidos y exclamé sin pensarlo: "¡coño!", les aseguro que aquello se me quedó impreso para siempre.

Me fui para Ciudad México y de ahí seguí rumbo a Costa Rica donde iba a recibir un entrenamiento especial con un excoronel de la legión extranjera. Permanecí como cinco meses en Costa Rica y perdí de vista el grupo. Acompañé a Fidel a una entrevista que tuvo con José Figueres[44], presidente del país, también estaba Gustavo Arcos Bergnes[45], que había sido herido cuando el ataque al cuartel Moncada. Arcos Bergnes era el jefe del grupo del que yo formaba parte.

En Costa Rica había muchos exiliados integrados a diferentes grupos revolucionarios. Entre otros recuerdo a Ramón Guin[46] y Eufemio Fernández[47]. Éramos un grupo como de setenta personas. Unos pertenecían a la Triple A, otros al Directorio Revolucionario y al Movimiento 26 de Julio, que éramos la mayoría, pero todos recibíamos el mismo entrenamiento.

Cuando se acabó lo de Costa Rica regresé a México y me enteré por las discusiones que se producían entre mis compañeros, que dentro del Movimiento había fricciones. Por ejemplo, la gente que habíamos participado en el ataque al Cuartel Moncada pertenecíamos a la Dirección Nacional, los que habían ingresado para participar en la expedición del Granma tenían grados pero no pertenecían a la dirección, lo que causaba cierto resquemor. Como en todos los grupos, tu haces tu trabajo y te llevas bien con todo el mundo, pero siempre hay su celo y su cosa. Siempre hay un grupo que se llevan mejor unos con otros, y otros con otros, eso es inevitable. Por lo menos yo a mis 71 años estoy acostumbrado a eso.

P: ¿Guevara estaba en el grupo que sentía cierto celo por la posición que ocupaban los que habían atacado al Moncada?

R: Sí, él lo sentía y era eso lo que quería comentar. Después de mi retorno de Costa Rica no fui a más campamentos. Me quedé en la capital con Ramiro Valdés, Ciro Redondo, Ponce y Juan

44 *Tres veces presidente de Costa Rica.*

45 *Ex prisionero político del régimen totalitario. Fundador junto a Ricardo Bofil, del Comité Cubano Pro Derechos Humanos.*

46 *Comandante del Ejército Rebelde. Prisionero del régimen totalitario por 21 años.*

47 *Revolucionario. Dirigente del Partido Auténtico. Enfrentó al régimen de Batista y fue fusilado por Fidel Castro en abril de 1961.*

Almeida. En la calle Insurgente No. 5, apartamento #5, donde estaba ubicada la jefatura del Movimiento 26 de Julio en Ciudad México.

Estando en Ciudad México fui arrestado y estuve como una semana en prisión de la que me sacó el general mexicano y ex presidente Lázaro Cárdenas. Después que me soltaron empecé a ir junto a varios compañeros a un campo de tiro para practicar. No sé si ustedes saben de eso pero hay días que disparas muy bien, le das a todos los blancos pero en otros estás fatal y no atinas por mucho que te esfuerces. Cuando eso le ocurría a alguno de nosotros el "Che" decía con mucha prepotencia "yo tiro mejor que ustedes", y como en ese grupo todos habíamos estado en el Moncada, estaba Enrique Cámaras, que discutía mucho con él y Cámaras o Ponce, que en paz descanse, le decían: **"Mira argentino, cuando tu estabas comiendo basura en el Rosario, haciendo los cuentos de cuando tu abuelo fue vicepresidente de Argentina, nosotros estábamos fajados en Santiago de Cuba y huyendo por las montañas, así que no vengas a enseñarnos a nosotros. ¿Cuál es tu historia? ¿Haber enamorado a una peruana?"** Contestaba con unas palabras que no puedo decir para que ustedes las graben. Esas discusiones eran prácticamente todos los días.

Pasó el tiempo y nos embarcamos en el yate Granma. El noventa y nueve por ciento de la gente que iba en la embarcación se mareó, unos por el fuerte movimiento del mar y otros por el olor del petróleo y también por el olor de los vómitos y de las diarreas de los que no podían controlarse. Mi profesión es marinero y conozco bien esos síntomas y qué los producen.

Guevara supo escoger un espacio donde le daba el aire de frente y eso le favorecía. Estaba mareado pero muy poco y por eso se reía de nosotros, nos ridiculizaba, decía, **"mira los cubanos como se marean**" y los compañeros le miraban y le decían enfadados, **"Sí, los cubanos nos mareamos, pero tu ni te bañas",** esas discusiones eran día y noche, día y noche, mientras duró la travesía a Cuba.

Desembarcamos, digo, si es que aquello fue un desembarco. En Alegría de Pío[48] Guevara fue herido en el cuello a sedal, estaba chorreando sangre pero se estaba curando a sí mismo debajo de un frondoso árbol en él que nos habíamos refugiado en la huída. Mientras se estaba curando Juan Almeida se le acercó y medio en broma le dijo: **"Vamos a ver si con ese balazo en el cuello dejas de hablar un poco de porquerías y nos dejas descansar"**, a lo que Guevara contestó "**pues no, fíjate que aquí el único herido soy yo"**, y Ponce o Cámaras, no me acuerdo precisamente quien fue, le dijo: **"No chico, te hirieron porque te vieron los guardias y dijeron, ahí viene un argentino, viene un argentino y vamos a eliminarlo para que no siga hablando"**. Siempre había diferencias con él, a veces eran bromas pero en otras ocasiones eras cosas serias. Era su carácter prepotente y despectivo el que generaba que la gente le cogiera antipatía.

Con Raúl, contrario a lo que mucha gente cree y me refiero a los primeros tiempos, después no sé, no se llevaba muy bien. Discutían en todo momento, con Fidel también tenía fuertes discusiones y hasta diferencias ideológicas. Entre ellos había muchas diferencias pero se soportaban porque eran tiempos donde todo el mundo era necesario.

Recuerdo que en una ocasión apresamos un guajiro[49], como decimos los cubanos, que según las informaciones que nos habían suministrado era un chivato del ejército pero en verdad no era algo seguro, las informaciones no eran muy precisas.

Por lo regular a la gente que nos inspiraba dudas o que teníamos información no confirmada que podían estar colaborando con el enemigo, la enviábamos a una especie de cárcel, en realidad una cueva, que le habíamos puesto el nombre de Puerto Malanga. Ahí los trancábamos. Si confirmábamos que era chivato sin ningún miramiento le hacíamos un juicio y lo fusilábamos.

---

48 *Primer enfrentamiento entre las fuerzas del régimen de Batista y los expedicionarios del Granma.*

49 *Eutimio Guerra.*

En esta ocasión el hombre no fue remitido a Puerto Malanga y se decidió nombrar un tribunal para analizar la situación. Los que lo integraron llegaron a la conclusión de que no había certeza de que el tipo fuera un delator y que por lo tanto no se podía matar, en medio del debate el "Che" se paró y dijo: **"Bueno, si no lo hacen ustedes, lo hago yo".** Todos nos quedamos mirándole y uno del grupo le preguntó "**¿y por qué tú lo vas a matar chico?, él no ha confesado que es delator.**

Por experiencia les digo que generalmente los chivatos, los delatores, terminaban confesando sus crímenes y para justificarse y buscando el perdón inventaban cualquier pretexto, decían que lo habían hecho porque la familia necesitaba una medicina, porque los había obligado el ejército, en fin, un cuento chino que ni ellos mismo se creían, pero éste no había admitido absolutamente ninguna de las acusaciones que le habíamos hecho, no hubo manera de que reconociera que era culpable.

El asunto es que en medio de la discusión, cuando la cosa estaba verdaderamente caliente, el "Che" sacó el revólver y le metió un tiro en la cabeza, todos nos quedamos espantados.

P: ¿Lo mató a sangre fría?

R: Sí, delante de todos nosotros. Seguimos mirándolo sin hablar. Nos tomó de sorpresa, nadie dijo nada, todos callamos y es que cuando tú estás en guerra una vida no tiene mayor importancia, discutes, debates, expones tus ideas pero cuando los sucesos se producen, tu atención y tu preocupación se van para otra cosa.

P: Pero, ¿ninguno de ustedes le preguntó por qué lo había hecho? Eso fue un asesinato en cualquier lugar del mundo y en cualquier condición.

R: No, esa es la verdad. Allí estaba Cámaras, Ciro Redondo, Julito Díaz, Juan Almeida, me falta alguien que no recuerdo, y yo.

Ramiro Valdés presidía el tribunal, estábamos en guerra, aquello era un tribunal de emergencia, que se había creado porque una operación había sido delatada y habíamos perdido varios de nuestros hombres. Después del fracaso acordamos que si cogíamos al chivato, lo haríamos pasar a mejor vida, ¿de acuerdo?

La situación era realmente confusa. Este hombre colaboraba con nosotros, nos abandonó y tuvimos que hacer un cerco para capturarlo. Pero en honor a la verdad, no estábamos seguros que fuera el chivato porque había otro guajiro que estaba en el candelero y no lo pudimos atrapar. Por esa inseguridad es que se acuerda no matarlo, mantenerlo preso hasta que capturásemos al otro tipo, confrontarlos y después tomar una decisión. Fue el mismo Ramiro Valdés, que presidía el tribunal, quien determinó que no se podía fusilar.

Miren, yo era amigo de Ramiro desde niño, pero él tenía más grados que yo y tenía que respetarlo, aquello no era el ejército de Pancho Villa. Nosotros respetábamos la jerarquía, si el que más autoridad tenía daba una orden, había que obedecerla y si luego lo hacía mal le decíamos: **"fallaste"**, y la persona decía: **"sí, fallé, mala suerte"**, pero en este caso Guevara se adelanta, saca su arma y *¡bacata!,* mata al hombre y todo termina, de ese hecho es que surge la famosa frase de Guevara, **"Ante la duda, mátalo".**

Guevara decía que en la guerra no se podía tener contemplaciones con nadie, que si tú creías que tu hermano era un traidor tenías que matarlo.

Por ejemplo, no voy a decir el nombre de un expedicionario del Granma porque está muerto y fue una gran persona. El hermano de este hombre se alza y como era hermano de un expedicionario del Granma se le confiere el grado de teniente. Resulta que se dedicó a asaltar lugares y robar vacas. Lo que obtenía de sus fechorías lo vendía en los poblados. También en ese tiempo violó a una joven, el asunto es que el ejército de Batista lo agarra y se convierte en chivato para salvar su vida.

Un día sin esperar capturar a este individuo, ni mucho menos, montamos una emboscada a las fuerzas del ejército y capturamos varios soldados y entre ellos se encontraba el hermano del expedicionario del Granma, que como ustedes saben se había convertido en un delincuente y después colaborador del gobierno. Llevamos al tipo preso y se designó un tribunal que en esta ocasión estuvo presidido por el propio "Che" Guevara.

El tipo se defendía de las acusaciones, decía que él no podía ser chivato porque desconocía dónde operaban los rebeldes, en fin, un montón de cosas que creía que lo iban a amparar, a lo que Guevara de nuevo planteó que como tenía dudas de lo que decía no le quedaba mas remedio que matarlo, para evitar futuras complicaciones.

Yo no integré ese tribunal pero no lo digo para defenderme, si hubiese formado parte del mismo habría compartido sin dudas la sentencia que dictó el "Che", yo también le habría dado candela, porque el tipo, aparte de ser un delator, era un asaltante. Todo lo hacía atenido a quien había sido su hermano. No quiero dar el nombre porque respeto a mi compañero que murió peleando como un valiente. Él era de los que estaban con Camilo y lo capturaron como a los tres días de nuestra llegada a Cuba.

P: ¿Cómo definiría usted el carácter de Guevara? Hay muchos que lo tildan de asesino, violento, ¿cómo era en realidad?

R: No era un hombre violento, en el sentido clásico de la palabra. Tenía una sangre fría muy grande y no le importaba mucho matar a una persona, le tenía poco amor a la vida en general, no era un individuo que contemplaba a nadie pero tampoco era particularmente violento, se podría decir que era un individuo muy tranquilo. Es que en verdad no sabías cuándo estaba furioso o molesto y cuándo podía hacer uso de toda la crueldad de que podía ser capaz y te aseguro que era mucha.

P: Por su experiencia personal en la Sierra Maestra o en cualquier otro lugar, ¿recuerda alguna anécdota en la que haya puesto de manifiesto algunas de estas características?

R: Sí, por ejemplo, Ramiro Valdés sale de México con la responsabilidad de formar un equipo que se encargue de la Seguridad. A Guevara no le habían otorgado ningún cargo en particular, tenía el grado de teniente y es, que de hecho, todos los que nos enrolamos en la expedición éramos teniente, al igual que se nos podía haber nombrado almirantes o generales, lo que significa que todos éramos iguales a la hora de desembarcar, los grados que nos diferenciaban vendrían después, habría que ganárselos.

Él, al igual que la mayoría de nosotros, no tenía otro cargo, pero eso aparentemente no le afectaba, para él era lo mismo ser comandante que sargento, era un tipo bastante controlado, frío.

Pero el hombre mas frío que había en toda la Sierra Maestra era Ramiro Valdés, las bombas que caían y que no explotaban las desarmaba. Se sentaba sobre ellas con un pico loro viejo y se ponía a desmontarlas con mucha tranquilidad, si aquello llegaba a explotar no habría aparecido ni en los centros espiritistas. Cuando hacía aquellos le decíamos al "Che": **"Oye, tu que dices ser tan valiente ¿porque no te montas en la otra bomba y la desarmas?".** Él se ponía a farfullar, a decir que si era valiente, que había hecho esto y lo otro y nosotros le insistíamos que fuera a ayudar a Ramiro y cuando se quedaba sin argumentos nos decía: **"No, eso es una locura".**

Guevara en principio no hacía uso de la fuerza para resolver los problemas, pero sí quería hacer siempre su voluntad. Te ponías a discutir con él sobre algo y si no llegabas a su misma conclusión se ponía muy violento, recurría entonces a la violencia verbal o lo que fuera, pero si las cosas resultaban como él quería, no recurría a la violencia.

La ocasión que más violento lo ví en la Sierra, porque mataba a la gente sin alterarse, era como si aquello no tuviera mayor importancia, fue cuando el dirigente comunista Carlos Rafael Rodríguez se incorporó a las guerrillas en las montañas. El "Che" enseguida sacó bronca con Carlos Rafael, tuvieron una discusión muy fuerte. El tenía muchos problemas con los comunistas cubanos, no los soportaba, cuando discutía con ellos perdía la tabla y si podía recurrir a la violencia para resolver la disputa lo hacía. El amenazaba a los comunistas con frecuencia.

La reacción de Guevara ante la presencia de los comunistas, yo creo que él era realmente de tendencia troskista, fue tratar de que todos los amigos que pensaban como él, dispersos por América, se incorporasen a las fuerzas rebeldes.

Cuando la toma de Santa Clara había tres columnas. Nada más que se mientan dos. La del "Che" y la de Camilo Cienfuegos, pero hay otra columna en el medio que comandaba Ramiro Valdés, que era el tipo de la inteligencia, del espionaje, que en su momento llegó a tener mas gente que la que tenían las otras dos columnas.

El primero que entra en Santa Clara, a la ciudad me refiero, fue el "Che" en compañía de Félix Torres, un viejo comunista de Las Villas a quien tuve la desgracia de conocer. Este personaje le fue informando a Guevara sobre quienes eran los chivatos de Batista y quienes los asesinos del SIM[50] en Santa Clara.

El "Che", nada lento, los fue cogiendo presos rápidamente y sin proceder a interrogatorio y menos a llevarlos a juicio, los va matando a todos. Los primeros no fueron fusilamientos, eran simples ejecuciones al estilo de los chinos, un tiro en la nuca.

El segundo hombre importante del Movimiento 26 de Julio que entró a Santa Clara fue Camilo Cienfuegos quien al enterarse de lo que estaba pasando exclamó: **"¡Coño, esto es un baño de sangre, ha habido una pila de muertos!, ¿donde están los papeles de los juicios?"**

Cienfuegos ordenó a Ramiro a hacer una especie de investigación y confeccionar documentos como si hubieran tenido

50 *Servicio de Inteligencia Militar. Organismo vinculado a las Fuerzas Armadas de Cuba.*

lugar los juicios en los que habían sido condenados los fusilados. Ramiro fue identificando a los muertos y es por eso que los que no están enterados dicen que los fusilados de Santa Clara fueron muertos de Ramiro Valdés.

Les aseguro que no fue así, Ramiro no fusiló a nadie en Santa Clara, no por buena gente sino que cuando arribó a la ciudad ya estaban fusilados casi todos y no tuvo posibilidad de hacerlo. Lo que hizo fue las actas de las ejecuciones. Juicios que armaban en una oficina con una maquinita de escribir, se dedicó a hacer el papeleo de la gente que había ejecutado Guevara, pero como Ramiro venía ya como responsable de la Inteligencia y de la Seguridad, a la gente le fue fácil decir que Ramiro era el asesino.

Cuando esos hechos tuvieron lugar en Santa Clara, Ramiro Valdés estaba enfrascado en una conversación con los comandantes Faure Chaumont y William Morgan, del Directorio y del Segundo Frente Nacional del Escambray, respectivamente. Estaban poniéndose de acuerdo en cómo reunirse todos los grupos en la ciudad de Santa Clara para avanzar hacia Matanzas y continuar hasta la capital de la república.

Todo el mundo le atribuyó a Ramiro Valdés las ejecuciones de Santa Clara y en más de una de las reuniones de amigos y compañeros que teníamos, en las que festejábamos el triunfo con lechón asado, cerveza y mil cosas mas, así como en reuniones que teníamos para tratar temas políticos, los compañeros decían lo que había hecho Ramiro en Santa Clara y Camilo Cienfuegos intervenía diciendo y dirigiéndose al "Che", cuando éste estaba presente: **"Oye, quítale el lastre ese a Ramiro que el que mató a la gente allí fuiste tú con Félix Torres. Ustedes dos fueron los que lo hicieron, le han puesto ese San Benito a Ramiro que no tiene nada que ver con eso".**

Recuerdo que en una ocasión el "Che" le respondió: **"Pero es que yo soy argentino"** y Camilo que no se quedaba callado le dijo: **"Sí, ya me doy cuenta que eres argentino, no te calmaste un minuto para matar toda esa gente, porque si**

llegó a ser yo el que agarra a esa gente como hice en Yaguajay, no fusilo a nadie. Yo los llevé para Santa Clara y los culpables fueron condenados a cadena perpetua o a fusilamientos pero se les hizo un juicio decente, no como tú que ejecutaste toda esa gente. No dudo que entre algunos de los muertos había más de un bodeguero al que Félix Torres le debía dinero". Les aclaro, porque ustedes son jóvenes, que eso pasó, muchas personas fueron muertas por problemas personales y no por haber cometido algún crimen.

Guevara le respondía a Camilo que para hacer ciertas cosas había tenido que valerse de personas que habían sido dirigentes, de personas que había sido humilladas por las autoridades. El asunto es que esas discusiones a veces terminaban con las fiestas, la situación a veces se ponía muy caliente.

Les pongo un ejemplo, los hermanos Casillas Lumpuy, oficiales del ejército de Batistas nunca fueron juzgados. Uno de ellos trató de desarmar un escolta en el camión que era conducido para ser ejecutado y en el mismo camión lo mataron. Ellos no pasaron por un tribunal y los hermanos Casillas no se distinguieron por ser asesinos y eso lo discutimos varias veces entre nosotros, pero el "Che" ni sabía quienes eran los Casillas.

Sobre La Cabaña la gente habla mucho y a veces sin fundamento. El otro día oí a alguien decir en la televisión que el "Che" iba a la escuela, cogía a los alumnos y los llevaba a La Cabaña para que los alumnos vieran como fusilaban la gente, yo les digo a ustedes que eso no es verdad, hay bastante sangre y mucha culpabilidad y no es necesario decir mentiras.

Por ejemplo, mira el libro mio, allí puedes ver la fotografía esa en la que Guevara dice en Naciones Unidas en diciembre de 1964: **"¡hemos fusilado, estamos fusilando y seguiremos fusilando"!** Ese mismo día fusilaron en La Cabaña a dos cubanos, Gilberto Pino, otro de apellido Martínez y a un extranjero con el único propósito de demostrar que lo que decía el "Che" en un foro internacional se cumplía en Cuba a cabalidad.

Yo conocí a Guevara y estoy seguro que antes de salir de

viaje dijo: **"vamos a fusilar a estos tipos con nombre y apellido y en tal oportunidad".** Aquellos dos cubanos eran oficiales de la marina de Cuba, habían sido revolucionarios pero no eran comunistas. Guevara no vacilaba en fusilar, en matar si tal acción le convenía a sus propósitos.

Miren, yo tuve problemas con él, con Fidel, Raúl, Ramiro y Camilo por negarme a pertenecer a un tribunal. Nunca quise hacerlo y no lo hice, les decía que no sabía nada de leyes. Todos ellos me decían que no hacía falta, que estábamos en un proceso revolucionario, pero como yo no estaba de acuerdo nunca me sumé a esos tribunales.

El juicio más escandaloso de todos fue el que le celebraron a Jesús Sosa Blanco[51], un oficial del ejército de la dictadura de Batista en el Palacio de los Deportes en Rancho Boyeros.

Me encontraba junto con el "Che" y le dije que me parecía que todo el proceso era vergonzoso, que la gente iba a ver aquello como una pantomima, una especie de coliseo romano, que me avergonzaba lo que estaba pasando. Yo no sé si algunos de ustedes estuvo allí pero recuerdo que trajeron unos guajiros para que identificaran a Sosa Blanco, podían haberme puesto a mi en lugar del individuo y me habrían identificado porque en sus vidas ni una fotografía del tipo habían visto.

Allí estaba buena parte de la prensa mundial viendo aquel espectáculo. Los dos fuimos a encontrarnos con Fidel para exponerle nuestro descontento y éste con una cara del carajo nos dijo que ya todo estaba terminando que lo mejor era dejarlo y no interrumpirlo. Guevara discutió muy fuertemente con Fidel y éste molesto le preguntó: **"Bueno ¿y que harías en este caso?,** Guevara le contestó: **"Yo lo mató y ya, se acabó la fiesta, pero no doy ese show internacional que estamos dando".**

Yo, que lo conocía, me quedé espantado, no estaba molesto

---

51 Reinol González. Revista Cuba Encuentro. "El juicio fue celebrado en la Ciudad Deportiva, radiado y televisado en cadena nacional, en presencia de 15,000 espectadores que, a todo pulmón, gritaban ¡Paredón!, ¡Paredón!, y aderezado con concesiones de puestos de venta de helados, refrescos y perros calientes, como si fuera una más de las habituales peleas de boxeo que se celebraban allí".

por el proceso, porque un hombre iba a perder la vida en un juicio donde no había la mas mínima garantía, simplemente le molestaba el show, no olvido aquel, **"yo lo mato".** No le importaba que no hubiese un juicio normal, en una sala, una audiencia sin garantías procesales, para él, el problema estaba en que se había llenado la Ciudad Deportiva de gente que no sabía ni lo que hablaban y señalaban con el dedo a cualquiera como culpable. Le molestaba el espectáculo, no le preocupaba la falta de justicia.

P: Hay que señalar que a Guevara le achacan ser responsable de cientos de fusilamientos en La Cabaña. Allí los juicios al parecer no se ajustaban a derecho, prácticamente no existían, el proceso, dicen, era una parodia y en la mayoría de los casos el que dictaba la condena a muerte de esas personas era el propio Ernesto Guevara. Hay testigo, compañeros de Guevara, que lo acusan de esos crímenes. Usted un momento antes de la entrevista nos contó una anécdota con Guevara en África. ¿Qué sucedió?

R: Primero quiero aclarar lo que, en mi opinión, es un período muy interesante de la historia de Cuba. A los seis meses del triunfo de la insurrección yo ocupaba la posición de Jefe de la Contrainteligencia de las Fuerzas Armadas Revolucionarias, pero me ví obligado a renunciar porque me querían mandar a prepararme técnicamente a la Unión Soviética. En esa época ya La Habana era visitada por agentes encubiertos de la KGB soviética, que entrenaban a los que integraban los cuerpos de la Seguridad del Estado, G-2.

Fidel Castro, les estoy hablando del primer año de gobierno, me manda a buscar y me ordena que le entregue mi puesto al comandante Sergio del Valle porque tenía que irme a estudiar a Alemania o la Unión Soviética y le contesté que no, que no iría a ninguno de esos países, que si las cosas eran así me regresaba a trabajar en los talleres que tenía mi padre.

Entre nosotros había una gran confianza y eran tiempos muy diferentes a los que vinieron después. Les dije **"que yo no había hecho Revolución para eso, que ni el salario de oficial lo cobraba porque se lo entregaba a la Institución Varona de los Ciegos"**. En realidad yo no podía aceptar aquello, vengo de una familia católica y republicana española, mis padres, mi abuelo fue coronel o general de una de las guerras de independencia de Cuba, vengo de una familia que ha luchado siempre para la democracia pero nunca para las dictaduras.

Después de eso no tuve mayores problemas, sí alguna que otra discusión y el consabido consejo de **"piénsalo"**, **"todo esto es para tu bien"**. Me tomé un mes de vacaciones. Como yo había sido Guardiamarina me permitieron ingresar a la Escuela Naval como Tercer Oficial. Cuando me gradué me asignaron al Estado Mayor y al parecer la intención de ellos era tenerme, como a esos médicos que se gradúan y no ponen una inyección más nunca en su vida.

Estuve como tres meses trabajando en la oficina del "Che" Guevara con Duque Estrada, que era en aquel momento su ayudante principal. La verdad que nunca hice nada, Duque Estrada era mi amigo y sólo iba a saludar y recoger los vales de gasolina. Ya en esta época cobraba mi salario y también lo recogía.

Todo ese tiempo, aunque estaba muy cómodo, les decía que lo que realmente yo quería era que me dejaran salir a navegar, que yo quería trabajar en lo que había estudiado. En fin, después de mucha insistencia me permitieron navegar.

En mi condición de oficial de la marina cubana hice varios viajes a Europa y a Asia. En una ocasión me mandaron al puerto español de Cádiz y de ahí seguir rumbo a Rotterdam, Holanda con unas 3500 toneladas de azúcar refinada que había cargado en Cárdenas. El barco se llamaba "El Matanzas", nosotros le decíamos el Mat. Este buque de fabricación inglesa había cogido candela y aunque lo habían reparado, realmente estaba en malas condiciones. Otra característica era que sus máquinas no eran marineras, sino de locomotoras de ferrocarril.

Cuando arribé a Rótterdam encontré un telegrama que indicaba que debía seguir rumbo a Agadir, pero que primero entrara al puerto de Cádiz. En Cádiz me repitieron que debía ir a Agadir, para recoger una carga que tenía como destino final Cuba. Les pregunté qué era y es que sólo veía en el mapa el desierto de Sahara y no sabía de ninguna industria o punto de carga importante en esa zona, a excepción de la industria de la sardina, creo que si no la más grande, una de las mayores en todo el mundo. La cuestión era que tenía que cargar 250 toneladas de sardinas pero como estoy navegando un barco de 3500 toneladas, si me cogía una galerna en el Atlántico, por mucho lastre que embarcase, me iba hundir de todas maneras.

Cuando arribé a Agadir me estaba esperando un viejo amigo del Directorio de nombre Amauro Saúl, de ascendencia mora. Enseguida me brindó un trago en aquella ciudad que parecía que se la había tragado la tierra. Nos fuimos para un restaurante francés que estaba alejado de donde nos habíamos encontrado porque allí había una peste terrible, parecía que había un animal muerto por los alrededores. Después de charlar un rato le pregunté que hacía yo allí y me dijo que esperara.

Charlamos otro rato más y se aparecieron unos marroquíes en dos vehículos y me soltó de pronto: **"vamos a buscar al Che".** Recuerdo que estuvimos en la carretera, si es que a aquello se le podía decir así, como dos días, al fin llegamos a un punto donde nos estaba esperando el "Che" en compañía de Augusto Martínez Sánchez. Los dos estaban discutiendo en compañía de unos negros muy bien educados, muy finos, que hablaban algo de idioma español.

Cuando ví al "Che" me dió una gran alegría. Nos abrazamos. Me contó que había hecho un recorrido de más de quince días, que había tenido que navegar por los ríos y caminar por la selva para despistar a sus perseguidores y que había tenido que atravesar varios países para poder llegar al lugar donde nos encontrábamos. Después del saludo me dijo que estaba allí para trasladarlo hasta Cuba y que si estaba dispuesto a hacerlo. Le dije que lo llevaba a donde él quisiera, a Cuba o al país que eligiese.

El regreso hasta el barco nos llevó otros dos días. Cuando llegamos ya habían cargado las doscientas toneladas de sardina, ninguna heroicidad porque aquella carga se estibaba en tres horas. Nos encontramos con el embajador de Cuba, conversamos otro rato y el "Che" se hospedó al lado del camarote del capitán.

En esta época el "Che" estaba metido en una crisis política de altura. Había tenido problemas con los dirigentes de la guerrilla del Congo y Augusto Martínez Sánchez se le acobardó de tal manera que se echaba a llorar por las noches porque decía que se los iban a comer. Durante el viaje conversamos sobre el proceso guerrillero de la Sierra Maestra, sobre Camilo Cienfuegos, sobre el comunismo y los comunistas y hasta me habló mal de la Unión Soviética, en fin hablamos de una infinidad de temas.

Cuando llegamos a la isla de San Salvador había una fragata cubana esperándolo. La fragata partió de inmediato y como navegaba más rápido que mi barco, por la tarde ya no la veía. Cuando me acercaba a las costas cubanas me indicaron que tenía que fondear mar afuera, al rato se apareció una lancha torpedera que recogió a Augusto Martínez Sánchez y a los negros que le acompañaban, después que ellos embarcaron en la lancha me ordenaron entrar a La Habana y atracar, **"esa es la historia de cómo el "Che" llegó a Cuba y no la que cuentan por ahí".**

Luciano Medina

Alzado en la Sierra Maestra.
Capitán del Ejército Rebelde.

Soy Luciano Medina, capitán del Ejército Rebelde, estuve bajo el mando de Fidel Castro todo el tiempo que permanecí en la Sierra Maestra, también serví por un período de tiempo bajo la autoridad del comandante Camilo Cienfuegos.

Un día, estando con Camilo, Fidel me mandó a buscar y me dijo: **"Usted tiene que andar conmigo para que yo lo mande a Santiago de Cuba, La Habana y Camagüey a establecer contacto con la gente del Movimiento 26 de Julio"**.

Por más de un año me tuvo al trote, cada vez que llegaba a la Sierra me daba una nueva orden y tenía que bajar de nuevo al llano para cubrir las misiones que me asignaba. Esa era una actividad muy peligrosa, una labor de correo en la que tarde o temprano el enemigo te detectaba, te arrestaban y hacían contigo lo que le viniera en gana, por eso, cuando me "quemé", cuando la policía detectó o imaginó lo que yo hacía me ordenaron que me quedase en la Sierra, que sin dudas era un lugar mas seguro que haciendo de correo en el llano. Cuando me ordenaron quedarme arriba, en la Sierra, de nuevo empecé a servir en la tropa de Camilo Cienfuegos.

En pocos días nos fuimos para Pino del Agua y después para La Otilia y fue en esos días cuando nombraron a Ernesto Guevara jefe de la zona. Recuerdo que el jefe que sustituyó Guevara era el comandante Lalito Sardiñas, con el que el "Che" sostuvo una fuerte pugna todo el tiempo.

El día al que me refiero no había que comer, llegamos y acampamos en la finca La Otilia, frente a las minas de Bueycito.

Pero, ahí no paró la cosa. Repito que no había nada que comer en el campamento y me dice el "Che": **"óyeme, hay que buscar comida",** a lo que le contesté que en la zona había un hombre que se llamaba Carlos Sotolongo, que tenía una arrocera cerquita de Carabacoa, que también tenía varios puercos y que podíamos comprarle uno. El "Che" ordenó que me acompañara Baldomero Fernández y Radamez Carrazana.

Compramos un puerco que nos costó unos 70 pesos, después lo matamos, lo empacamos y lo subimos para el campamento. Cuando llegamos nos ordenó freírlo y dijo que también había que buscar arroz, de verdad que el arroz apareció de pronto, no sé de dónde, el asunto es que llevábamos como tres días sin comer.

Cuando estábamos comiendo llegó un señor de la gente del comandante, "Lalito" Sardiñas, que le dijo a Guevara que en la zona había un chivato que informaba a las tropas de Batista. Guevara sin perder tiempo le preguntó como se llamaba el supuesto delator y el nombre que le dieron fue el de Juan Pérez Rodríguez, dueño de la finca "Rancho Claro" que estaba sembrada de café. El "Che" Guevara apuntó el nombre y me ordenó ir a buscar a "Lalito" Sardiñas a quien le dijo, en cuanto llegó, que había que ir a buscar al individuo de nombre Pérez Rodríguez y eliminarlo.

Aquello me cayó como una bomba, constantemente me repetía: **"Concho, ese hombre tan bueno, un hombre cosechero de café, vive por aquí, trabajador, no se le conoce nada, nosotros no hemos oído hablar nada de ese hombre.**

¿Cómo van a eliminar a ese hombre?”.

El “Che” ordenó que varios guerrilleros fueran a buscar al campesino y sin que mediara juicio ni pruebas de que fuera un chivato, fusilaron al guajiro, que recuerdo tenía tres hijos chiquitos de 4, 5 y 6 años.

Aquella ejecución le cayó muy mal a la tropa. Después de eso la situación no fue nada fácil. Días más tarde subió a la Sierra, Carlos Rafael Rodríguez y otros socialistas para entrevistarse con Fidel. Cuando ví eso le pregunté al “Che” que hacían allí los comunistas y la respuesta que recibí fue que tenía que irme de esa unidad, que no podía permanecer más en la misma, por ese motivo una vez más me incorporé a la tropa de Camilo Cienfuegos.

HUBER MATOS
COMANDANTE DEL EJERCITO REBELDE.
JEFE MILITAR DE LA PROVINCIA DE CAMAGÜEY.
TRAS SU RUPTURA CON CASTRO CUMPLIO 20 AÑOS DE PRESIDIO POLITICO.

Profesor Huber Matos

Miembro del Movimiento 26 de Julio.
Comandante del Ejército Rebelde.

En primer lugar voy a darle la parte positiva del "Che" en su relación conmigo, porque en verdad por lo regular me trató con mucha estimación, es decir, nosotros tuvimos una buena relación.

Fui uno de esos individuos que tuvo la suerte de caerle bien al "Che" desde el primer momento. Nunca estuvimos juntos en un combate pero como sabía que yo era un individuo que no le sacaba el cuerpo a las situaciones difíciles y que me desenvolvía bien con los hombres que comandaba, eso parece que favoreció que tuviera una buena relación conmigo.

Además el "Che" era un individuo relativamente culto. De esto no se ha hablado o se ha enfocado muy poco. Conocía bastante de literatura y desde el primer momento que empezó una relación de combatiente a combatiente, y después de persona a persona, me buscaba en los días previos a las operaciones más difíciles para hablar de los proyectos. Recuerdo que con frecuencia pedía mi opinión sobre ciertas situaciones, y yo me decía, este hombre tiene obsesión por la literatura y cualquier día de estos nos matan a todos nosotros aquí, porque en verdad las perspectivas de futuro eran muy difíciles.

Lo sé y lo he dicho. Era un hombre valiente porque tuve bajo mi mando, en los momentos más duros de la ofensiva del gobierno de Batista, personas que habían estado con el "Che", de los que se habían hecho al lado del "Che" y ellos hablaban de su valor.

Recuerdo que en una ocasión me dijo: **"Fidel me tiene y me elogia pero yo de guerra no se nada, sí, me he enredado en combate y he peleado pero también he tenido que correr mucho y dar mucha sánsara como dicen ustedes los cubanos para escapar".** En algunas ocasiones me decía: **"No sé, yo no sé, me rompo la cabeza preguntándome, por qué me elogia y me sube tanto y hasta me ha hecho comandante, pienso que quizás sea porque soy argentino".**

Antes de todo este proceso yo era maestro. Doctor en pedagogía porque el título no lo he perdido. Trabajaba en dos niveles, formando maestros y también en los niveles de la adolescencia, con unos cuantos jóvenes de ambos sexos en la Escuela Superior de Manzanillo.

Atendía por la tarde la cátedra de Ciencias Sociales en la Escuela Normal, donde todos los años se graduaban cien o más maestros. Esa era una tarea que me hacía sentir feliz porque creo que nací para eso, para ser maestro. Pero las circunstancias de mi país me llevaron en otra dirección y ahora soy un viejo con mucha historia, con muchos datos y uno de los tantos que contempla con tristeza la desgracia de la nación cubana, desgracia de la vida por la traición de Fidel Castro.

P: Usted fue comandante del Ejército Rebelde, usted fue un combatiente en contra del régimen de Batista, usted conoció a Ernesto Guevara. ¿Qué evaluación puede hacer sobre su capacidad militar?

R: Conocí a Guevara antes de que fuera comandante en la Sierra

Maestra. Llegué a la Sierra procedente de Costa Rica[52] cuando ya hacía varios meses que se había iniciado la lucha. Nos relacionamos y me tocó estar bajo sus órdenes por varias semanas y eso me permitió conocerlo de bastante cerca.

Como dije antes, en una ocasión me confesó que Fidel elogiaba sus aptitudes y sus capacidades como jefe guerrillero pero que no se consideraba realmente capacitado, que se había salvado en más de una oportunidad porque había corrido mucho ante las ofensivas de los militares del gobierno. También es posible que Guevara pensara que Castro tenía algunos planes para él, algunos proyectos para el futuro.

El proceso fue muy difícil. La desigualdad entre las guerrillas y las columnas del ejército que iban a la Sierra Maestra eran grandes y había que resolverlas con mucha audacia, y tal vez Guevara no tenía en aquellos tiempos la audacia necesaria ni los conocimientos, ni experiencia para ser exitoso en los combates.

En una ocasión le dije que me habían ordenado que me pusiese a sus órdenes y que específicamente Fidel Castro me había dicho que tenía que construir una línea de fortificación en la zona que estaba bajo su mando. Como él era el jefe le pregunté: **"¿Dónde hago las fortificaciones, dónde establezco los puntos de defensa?** Ante esta pregunta Guevara me dijo: **"Yo de eso no se nada Huber, hazlo bajo tu criterio",** en una palabra, la responsabilidad era mía, cuando yo no era el oficial al mando, por lo que le dije: **"Che, pero si tú eres el jefe".**

De inmediato le expuse que las defensas había que montarlas con un concepto estratégico-táctico, es decir, que tenía que pensar como desplegar los hombres, los recursos, donde colocar la defensa principal, las líneas de trinchera y los túneles que eran necesarios para detener la ofensiva de los tanques, en una

---

52 Huber Matos transportó hasta la Sierra Maestra un gran alijo de armas en un avión que fue piloteado por Pedro Luis Díaz Lanz, primer jefe de la Fuerza Aérea del gobierno revolucionario y uno de los primeros comandantes que se opuso al establecimiento en Cuba de un régimen totalitario.

palabra que tenía que elaborar un plan si ya no lo tenía. Me quedé pasmado cuando me contestó: **"Yo no tengo ningún plan, el plan mío es tirarle tiros a los guardias cuando vengan".** Me quedé petrificado ante la crudeza de sus confesiones y por supuesto me quedé intrigado también en el por qué Fidel tomaba esas decisiones.

Unos días después vino la ofensiva y el ejército se fue por otro lado, no avanzó por las líneas de defensa que yo había tenido que construir, de acuerdo con mi criterio. El ejército se fue por otras áreas, por otras zonas y penetró por donde quería penetrar. Por suerte para mí no se lanzaron por las trincheras porque si se hubieran lanzado por las trincheras, estando allí, me hubiera tocado defender con hombres desarmados aquel punto porque Guevara había situado sus principales recursos en hombres y armas en lugares por los que no avanzaron los militares.

En otra ocasión estábamos por la zona de Gabino y el ejército se fue por las Mercedes, un punto distante. De todo esto resultó que Fidel amonestó y hasta degradó algunos de los capitanes del "Che", porque no habían sabido defenderse de la ofensiva del ejército y en verdad el "Che" era el responsable, porque había situado a los hombres por donde creyó podían avanzar los soldados del gobierno

P: Hay tres gestas que le atribuyen a Guevara, la llamada Invasión, el famoso tren blindado y las guerrillas de Bolivia. Quisiéramos que usted nos diera una evaluación como guerrillero de esas tres acciones en las cuales se destacó Ernesto Guevara.

R: Bueno, sobre la invasión, el propio "Che" me confesó, cuando nos vimos después del triunfo de la Revolución, que había pasado mucho trabajo, que no solamente le dieron mucha leña los mosquitos sino que aquello por poco sale un desastre porque Fidel lo mandó por una zona muy difícil. También me dijo que la gente en Camagüey, que el Movimiento 26 de Julio en

Camagüey no había cooperado. Que en verdad Fidel le había asignado una misión que estaba por encima de su capacidad y de la capacidad de cualquier otro comandante.

En realidad nosotros ganamos la guerra porque el Ejército Rebelde era un ejército con ideales y muy audaz, pero si el Ejército Nacional, el ejército que decíamos de Batista nos da pelea en todos los frentes, hubiera sido muy difícil ganarle. Personalmente me tocó pelear contra la columna del coronel Ángel Sánchez Mosquera[53] entre otras, esa era la columna más recia, mas aguerrida de todas las unidades del gobierno. Eso está ampliamente reconocido por todos los que han hecho investigaciones históricas de la lucha en la Sierra Maestra y de las ofensivas militares del gobierno de Fulgencio Batista.

En verdad no creo que fue ninguna hazaña la llamada invasión y el propio "Che" lo reconoció así en la conversación que sostuvo conmigo. Te aseguro que la invasión fue exitosa porque el ejército cometió errores y más errores, y contra los que sí tuvieron que combatir mucho fue contra los mosquitos, contra la desorganización que había en la ruta, la falta de abastecimiento, la falta de planificación y en eso la responsabilidad no es del "Che", sino de Fidel y los oficiales que estaban a cargo de dar asistencia a las columnas de Guevara y de Camilo Cienfuegos cuando pasaron por Camagüey.

De lo del tren blindado, qué decirte, cuando uno escarba en la historia todo lo relacionado con el tren da ganas de reír.

Eso de la batalla del tren blindado en Santa Clara es ridículo, el titulado tren blindado para empezar no era blindado, no había tal tren blindado, nunca existió un tren blindado, lo que había era un tren que salió de La Habana en operaciones para reparar puentes y vías de carreteras en las zonas afectadas por la lucha guerrillera y además algunos de los jefes militares de ese tren estaban vendidos al Ejército Rebelde, vendidos a Fidel Castro,

53 *Uno de los oficiales del Ejército de la República que enfrentó a las fuerzas del Movimiento 26 de Julio en la Sierra Maestra.*

o dispuesto a venderse, a tramitarse con los insurgentes.

Eso está comprobado por varios investigadores de los sucesos de esa época. Además hay que agregar que cuando el tren arribó a los alrededores de la ciudad de Santa Clara en el momento que empezó a dar una marcha atrás, a retroceder, una parte del tren se descarriló, se salió de la vía y quedó imposibilitado de una buena defensa.

Así que la batalla del tren en Santa Clara es un fraude, un gran fraude. Sí, hubo sus tiros para acá y sus tiros para allá, pero la gloria que le atribuyen al "Che" Guevara por la batalla de Santa Clara y particularmente, la ocupación del tren es totalmente inmerecida.

Te digo que el propio "Che", cuando nos vimos en La Habana en los primeros días de enero de 1959, que fui a visitarlo a La Cabaña donde estaba con algunos de sus hombres, me confesó que muchos de los honores que le conferían de guerrillero competente y heroico tenía mucho de leyenda, de novela.

En cuanto a lo de Bolivia, no responsabilizo tanto a Guevara por su desconocimiento sino que culpo a Fidel Castro por el pésimo plan de operaciones, si es que hubo alguno, porque soy de la opinión que eso fue un embarque para quitarse al "Che" de arriba. No tengo la menor duda.

Primero el "Che" va con una expedición para El Congo, en África y por poco allá lo capturan en las operaciones que estaba realizando. Después Fidel con su sueño de hacer de la Cordillera de los Andes una Sierra Maestra, es decir su propósito de subvertir toda América Latina y sobretodo Suramérica, embaucó al "Che", buscó la manera de que se enamorase del proyecto. Quizás el "Che", que tenía algo de romántico y mucho de aventurero, se entusiasmó con esa operación.

La operación, para mí, la podemos resumir diciendo que fue un desastre, un desastre desde el principio hasta su final y no creo correcto que se le atribuya todo al fracaso al "Che", a sus tácticas y estrategias como guerrillero sino al embarque de

Fidel, porque no prepararon las condiciones para una operación de esa envergadura y por otra parte en el momento más crítico lo abandonó por completo.

De los relatos del diario del "Che" no podemos sacar muchas conclusiones porque su diario fue redactado de nuevo en Cuba por personas que designó Fidel Castro. Cuando salió publicado, Fidel puso lo que le interesaba y quitó lo que pudiera afectarle. El Diario del "Che" es una historia adulterada.

Como fondo de todo ésto, no sólo en lo que atañe a los fracasos de Guevara como guerrillero, sino que hay que añadir a ésto, que es seguro, que cuando Fidel manda al "Che" a Bolivia, lo hace con la convicción de que el individuo se moría en la encomienda. No se puede pasar por alto que Castro tiene mucha maldad y la pone en función de sus intereses.

Ha magnificado la figura del "Che" y la ha usado para sus intereses, como una especie de pasquín internacional de la revolución cubana. Castro se ha aprovechado de su muerte, como figura simbólica, una figura que tiene todo el valor jerárquico de los ideales de la Revolución Cubana, que hace mucho tiempo es sinónimo de descrédito, de traición y de muchísimas cosas sucias. En realidad Guevara nunca fue el guerrillero exitoso que nos quieren ofrecer, sino que además en su ausencia, después de su muerte, Fidel lo utiliza como un pasquín de su revolución corrupta y desprestigiada.

P: Si bien el modelo romántico que personifica Ernesto Guevara tiene en la actualidad una relativa vigencia, a él se le atribuyen decenas de asesinatos en diferentes lugares de Cuba, antes y después del triunfo de la Revolución. Es conveniente destacar que su frase "**el odio como máquina de matar, que el hombre nuevo tiene que crear odio**", el famoso proceso aquel ante Ramiro Valdés donde dijo **"ante la duda matalo".**

¿En su opinión era Guevara un hombre violento?

R: No, era más bien un hombre duro, porque el "Che" no era de esa gente que reacciona con explosiones, explotado, sino un hombre recio, sin compasión, capaz de cualquier determinación por cruda que fuese. Te digo que era un hombre de una dureza sin escrúpulos. Como cuando habla en Naciones Unidas y dice que hay que seguir matando. ¿Matando a quiénes? A quienes se opongan a la revolución, pues ahí demuestra su terrible stalinismo.

Era un individuo con muchas contradicciones. Durante una larga conversación me dijo varias cosas que me sonaron a socialismo y me vi obligado a preguntarle: **¿Tú eres socialista?,** a lo que contestó: **"Es posible que yo sea socialista pero yo nunca sería socialista a la manera de Stalin, yo no comulgó con el stalinismo",** y poco tiempo después lo vemos aplicando en Cuba el más férreo y cruel estalinismo, porque lo hizo de la manera mas brutal en los juicios que se hicieron contra los individuos que enfrentaron la insurrección y también en los juicios que se celebraron en La Cabaña[54] cuando fue jefe de esa fortaleza. Fue muy duro contra los elementos del antiguo ejército y de los grupos masferrererista. [55]

P: En la primera carta que escribió en territorio cubano, fechada enero 28 del año 57 que dirigió a su esposa Hilda Gadea, en el primer párrafo escribió una frase terrible, **"Estoy sediento de sangre",** ¿cómo se puede interpretar eso?

R. Creo que estaba entusiasmado con la oportunidad que le abría la Revolución Cubana, o que le abría Fidel Castro, no hablemos ahora de la Revolución Cubana, aquello era para Guevara una aventura aunque tuviera algunos ideales, pero una aventura, una aventura en la que quería ser útil y entonces realmente lo que hace es vender su alma al diablo.

---

54 *Fortaleza Militar cubana que comandó Ernesto Guevara después del triunfo de la Revolución y donde fueron ejecutadas más de un centenar de personas bajo su autoridad.*

55 *Rolando Masferrer. Abogado. Ex miembro del Partido Socialista Popular. Participó en la Guerra Civil española por la parte republicana. Jefe de un grupo paramilitar conocido como los Tigres de Masferrer.*

Creo que toda esa inclinación morbosa del "Che" a matar, matar y matar, tuvo mucho que ver con que compró la oferta de Fidel Castro y se sintió identificado con esa conducta por la ausencia de principios humanistas, a pesar de que siempre estaba hablando de eso.

Muchas personas dedican su vida a tratar que sus ideales se hagan realidad. A veces no logran plasmar ese ideal, concretarlo, a nosotros nos ha pasado, no hemos llegado de hecho a la sociedad que queremos para Cuba pero a pesar de haber fracasado en el intento, cada día se afirman más nuestros ideales y cada día vemos, que tanto ideológica como políticamente teníamos toda la razón.

P: ¿Usted considera que Ernesto Guevara fracasó en sus planes de conquistar el poder, fracasó en su propósito de promover una ideología, tal y como fracasó en Cuba cuando fue ministro de Industrias o cuando estuvo al frente del Banco Nacional?

P: No sólo considero que fue un fracasado, sino que además se prestó para una farsa, porque ser presidente del Banco Nacional de Cuba sin saber de economía y ministro de Industrias sin saber de industrias representa ser cómplice de una mascarada.

Pero creo que donde mas fracasó el "Che" fue en su intento de promover una especie de Revolución Mundial, porque no tengo dudas que se prestara para una mascarada a nivel mundial.

Guevara, en verdad, contribuyó grandemente a la creación de uno de los fraudes más grande de la historia de estos últimos cincuenta años. El impulsar como solución de los problemas de la humanidad el modelo político marxista. Todavía las cosas, en lo que a él respecta, son más complicadas porque en el presente usan más su imagen que cuando estaba vivo. Cuando vivía era un guerrillero que había sólo cosechado fracasos, ahora es un guerrillero que murió por sus ideales, en una palabra le presta servicios a las ideas marxistas aunque esté muerto.

Sus aliados ideológicos venden su imagen y una historia

ficticia como si hubiese sido un idealista, la representación más elevada de los ideales. Hay que preguntarse que ideales promovía, los del estalinismo. El estalinismo que hay en Cuba, los crímenes que se cometen hasta el día de hoy en Cuba y que si él hubiera triunfado se estarían cometiendo en los lugares que actuó. En manera alguna Guevara era un idealista.

Esto que estamos viendo de la Revolución Cubana es una historia de traiciones, de sangre, de dolor, de angustia para un pueblo y el "Che" Guevara se prestó para todo eso. Y por último, no ceso de repetirlo, porque hasta sus ambiciones personales de pasar como un sujeto con ciertos logros militares y políticos están sirviendo a aquellos individuos y fuerzas políticas que siguen promoviendo acciones violentas para la toma del poder, más aún, individuos que cuando llegan al poder sólo saben cometer crímenes y traiciones sin nombre.

La revolución cubana es una historia de traiciones, un gigantesco crimen contra el pueblo, y eso es lo que están vendiendo con la efigie del "Che". Esas camisetas que pretenden mostrar un héroe con muchas virtudes, en realidad lo que muestran es un hombre que fue cómplice de muchos crímenes. Pero a ésto quiero agregar que creo que al "Che" no le habría gustado convertirse en un instrumento de Fidel Castro, como ha resultado.

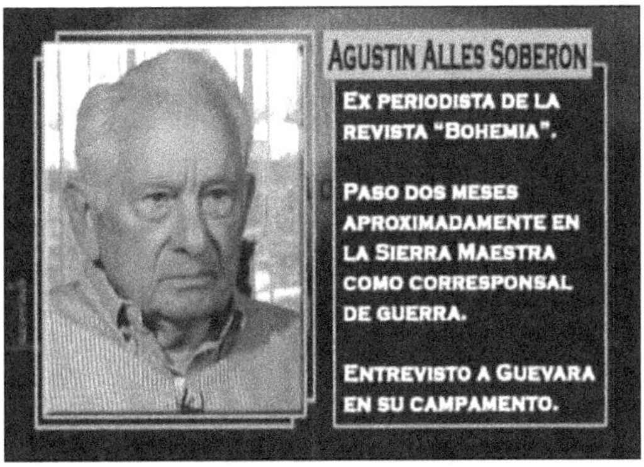

AGUSTIN ALLES SOBERON
EX PERIODISTA DE LA REVISTA "BOHEMIA".
PASO DOS MESES APROXIMADAMENTE EN LA SIERRA MAESTRA COMO CORRESPONSAL DE GUERRA.
ENTREVISTO A GUEVARA EN SU CAMPAMENTO.

Agustín Alles Soberón

Periodista.

Conocí a Guevara en la Sierra Maestra en el campamento que le decían La Mesa y la Pata de la Mesa en marzo de 1958. Como corresponsal de guerra de la revista Bohemia fui a entrevistar a Fidel Castro y el campamento del "Che", aunque estaba separado del de Fidel Castro, no estaba lejos.

También escribí reportajes sobre la campaña guerrillera de Guevara y de Camilo Cienfuegos en la provincia de Las Villas en los meses de Octubre, Noviembre y Diciembre de 1958, pasé por pueblos como Banao, Guinia de Miranda, el Pedrero, Fomento Guayo, Cabaiguán, Sancti Spíritus, Placetas, Yaguajay, Santa Clara. Estaba con la columna invasora que comandaba Camilo Cienfuegos cuando ésta entró a La Habana en los primeros días de enero del año 59, antes de la llegada de Fidel Castro.

Estuve como un mes en el campamento de la Sierra y le pregunté a Guevara que si era comunista y me lo negó. Me dijo que no tenía vínculos con el partido comunista y que seguía la línea del 26 de Julio. En ese campamento estaba Camilo Cienfuegos que era capitán en ese tiempo. Allí estaba Ramiro Valdés, también me encontré con un amigo del Instituto de

Santa Clara, el capitán Osvaldo Herrera que era ayudante de Humberto Sorí Marín[56].

A los pocos días de estar allí Osvaldo Herrera me dijo que quería hablar conmigo, que quería verme a solas, cosa que no era fácil porque siempre había un guía con nosotros. Me dijo que estaba muy preocupado, que estaban fusilando sin juicios y que el "Che" Guevara era comunista, agregando que también estaban fusilando en el campamento de Fidel Castro. Durante la conversación me expresó que temía que le enviaran a una misión fuera de la Sierra Maestra, lo que sucedió poco después porque al paso de unas pocas semanas supe que lo habían enviado en una misión a Manzanillo donde le delataron y antes de que le torturasen, se suicidó.

Durante el tiempo que compartí con Guevara, aprecié que era un tipo frío y muy arrogante, durante una de las charlas que sostuvimos le pregunté por su primera esposa, por la señora Hilda Gadea y me dijo: **"No sé, no me interesa"**, también le pregunté que si era cierto de que era médico y me contestó: **"Bueno, a mi no me gusta la medicina"**, sin aclarar si era o no médico, más tarde en el desarrollo de la conversación me dijo que lo que realmente le gustaba era la economía.

De ahí pasé al campamento de Fidel Castro que estaba en ese momento en La Plata. Recuerdo que allí había un individuo que todas las noches tenía unas pesadillas terribles y que gritaba "**mátalo, mátalo**". Un día después de varias noches de esa experiencia busqué la manera de presentármele y le pregunté como se llamaba y como había llegado a la Sierra.

Me dijo que era estudiante de medicina, su nombre no lo he olvidado a pesar de los muchos años transcurridos, Humberto Rodríguez.

En aquel momento era ya capitán del Ejército Rebelde y actuaba como jefe del pelotón de fusilamiento que allí realizaba las ejecuciones, al cobrar un poco de confianza en la charla le

---

56 *Comandante del Ejército Rebelde. Fusilado en La Cabaña en abril de 1961.*

dije que me contara lo de sus gritos en la noche.

Me dijo que sus pesadillas tenían mucho que ver con una persona que le habían ordenado ejecutar, que él dudó en hacerlo y tuvieron que darle la orden varias veces, que todavía le parecía escuchar el ***"mátalo, mátalo"*** y que al final disparó de manera mecánica, como un autómata. Me describió bien todo lo que tenía que ver con los fusilamientos y agregó que por allí se fusilaba en muchos lugares, no solo en el campamento de La Plata, también en el de la Mesa y en el de la Pata de la Mesa donde el comandante era Ernesto Guevara.

Humberto Rodríguez me narró que el ejército constitucional había infiltrado entre los alzados a un guajiro de nombre Eutimio Guerra con el objetivo de que asesinara a Fidel Castro pero que como había sido descubierto la jefatura decidió que debía ser ejecutado. Cuenta que cuando llevaban a Eutimio Guerra para fusilarlo se adelantó el "Che" con una pistola en la mano y le tiró directamente a la cabeza. Me dijo que quien llevaba a Eutimio para el lugar donde le iban a ejecutar era Universo Sánchez pero que el "Che" se adelantó. Las cosas de la vida, Guevara ejecutó a Eutimio Guerra de la misma manera que lo mataron a él en Bolivia.

Después del triunfo de la Revolución seguí los fusilamientos muy de cerca, no presencié ninguno pero si me invitaron a observarlos en mi condición de periodista a lo que me negué. En muchas ocasiones estaba en compañía del camarógrafo Eduardo Hernández, a quien le decían "Guayos". El sí sacó fotos de las ejecuciones pero yo no fui a los fusilamientos, aunque sí escuché muchos testimonios sobre las ejecuciones que comandaba Ernesto Guevara.

Durante la campaña militar, particularmente en la llamada Invasión, me encontré en Las Villas con las columnas de Camilo Cienfuegos y del "Che" y notaba la forma en que este último trataba a la gente. El tenía una soberbia que no podía controlar a pesar de que en ocasiones trataba de agradarle a los cubanos y cuando podía controlaba las groserías y el despotismo, que eran su trato normal.

Donde Ernesto Guevara se destapó, como se dice vulgarmente, fue en la Fortaleza de la Cabaña. Fue en La Cabaña donde más gente se fusiló en aquellos primeros meses de la Revolución. Otra cosa que quiero decir es que el "Che" tenía la costumbre de escribir muchos diarios. Escribía cartas y ensayos, hay un trabajo de él que decía: ***"Odio la civilización, mis amigos serán los que piensen como yo políticamente, quiero bañar con sangre mis armas, soy un fanático, soy anarquista".*** Una expresión muy conocida del "Che", que se hizo muy popular entre la gente que mandaron a Angola en la década del 70 fue la consigna de que había que convertir a todo soldado cubano en una fría y selectiva máquina de matar.

Creo que nadie debe llamarse a engaños con la verdadera personalidad de Guevara. Se podía apreciar quien era desde los tiempos de la Sierra Maestra, simplemente su verdadera personalidad se hizo más evidente después del triunfo revolucionario, a partir de ese momento su condición de asesino, de hombre cruel y despiadado y hasta si se quiere de sicópata, se hizo más que conocida para todos.

En cierta ocasión, la revista Bohemia, ya nos encontrábamos en el año 1959, me asignó que le hiciera una entrevista al "Che" Guevara quien se había cambiado de casa en varias ocasiones. En base a que le conocía desde hacía tiempo cuando me encontré con él le pregunté que si le pasaba algo, refiriéndome a las muchas veces que se había mudado de vivienda, me contestó que tenía un problema con las casas por el asma que padecía desde niño, que durante su infancia sus padres se movían de un lugar a otro, que cambiaban hasta de ciudades y que eso al parecer le había afectado emocionalmente y causado cierta inestabilidad, por lo que le pregunté, sin perder tiempo, si él no sería un aventurero.

Recuerdo que no me contestó de inmediato, se me quedó mirando y me dijo: **"sí, yo soy aventurero, pero mis aventuras son la revolución.... . ",** a partir de ese momento me soltó una interminable parrafada dialéctica explicándome un montón de cosas, pero a pesar de todo lo que me dijo concluí que era un aventurero y que usó a Cuba y la Revolución como un trampolín para su persona y para las ideas comunistas que defendía, Cuba y la Revolución fueron la plataforma para su aventura internacional.

Les voy a contar una anécdota. Estando una vez en el Pedrero[57], en Las Villas, había un caserío de veintipico de viviendas y vino la aviación del régimen y bombardearon la zona por la noche. Nosotros estábamos en un lugar apartado y él empezó a hablar de América Latina, hablaba de la revolución que había que hacer y uno de los que estaba allí que venía con él desde la Sierra Maestra le dijo: **"Oye Che, conmigo no cuentes para eso, yo soy guajiro y quiero mis tres caballerías de tierra"**. Entonces el Che le dijo: **"no, no va a haber tres caballerías porque cuando triunfe la revolución todas las tierras van a ser del estado"** y por ahí le siguió hablando.

Ese hombre que habló de conservar sus tierras murió en Bolivia junto a Guevara, el capitán Pinares[58] y otro que fue jefe del INRA[59] en las Villas, camagüeyano, y tenía problemas con los comunistas fue Jesús Suárez Gayol quien también cayó en la guerrilla que operó en Bolivia.

Suárez Gayol se enfrentó a los comunistas después del triunfo de la Revolución. Lo destituyeron y le trasladaron para la primera escuela de adoctrinamiento marxista que se llamaban de "Orientación Política". Estaba situada en el antiguo campamento militar de Columbia y dirigida por Guevara y asesores del Partido Comunista como Leonel Soto, Antonio Núñez Jiménez y Pablo Ribalta.

Un tiempo después encontré a Suárez Gayol en ese lugar, mediados del año 60, le recordé su lucha con los comunistas en la Reforma Agraria de Las Villas. Me miró, meditó y me

57 *Campamento que instaló Guevara en la Sierra del Escambray.*
58 *Antonio Sánchez Díaz.*
59 *Instituto Nacional de la Reforma Agraria.*

contesto: **"Yo estaba equivocado, me convencieron".** Murió en el primer enfrentamiento de la guerrilla del "Che" en el río Masicuré, Bolivia.

Donde quiera que hubiera una zona de desarrollo agrario, era como se llamaban las oficinas del INRA, había una pugna muy grande con los comunistas.

Estuve presente en una reunión en el desaparecido regimiento Leoncio Vidal en la provincia de Las Villas cuando el comandante Camilo Cienfuegos dijo que había que reestructurar el INRA en la provincia y fue quitando a los anticomunistas y poniendo comunistas en los cargos. De hecho el que era jefe en Las Villas, el comandante Félix Torres[60] de muy triste historia, desalojó a los campesinos que vivían en la zona montañosa del Escambray[61].

De La Cabaña les puedo decir que fui unas dos veces. Allí también estaba destacado con Guevara el capitán Antonio Núñez Jiménez. Cuando el "Che" llegó a La Habana fue directo a La Cabaña, él llegó antes que Camilo Cienfuegos y antes que Fidel, quien llegó después que Camilo. Estando allí me encontré con familiares de presos y alguno de ellos me dijeron, tiempo después, que sus parientes habían sido fusilados.

Hay una historia muy interesante que tiene que ver con uno de los hombres que fue muerto por Guevara, me refiero al teniente Castaño[62]. El oficial según se afirmaba era un experto en asuntos relacionados con el comunismo, estaba a cargo de los archivos del BRAC[63], un cuerpo policial a cargo de investigar lo relacionado con el comunismo.

En estas investigaciones asociadas con el BRAC, Guevara estaba asesorado por Núñez Jiménez. Terminaron capturando

---

60 Miembro del Partido Socialista Popular. Implementó el Plan Escambray y estableció la política de expulsar de la región del mismo nombre a todos los campesinos que no se sumaron incondicionalmente a la Revolución.

61 Sierra montañosa situada al sur de la parte central de la isla de Cuba.

62 Jesús Castaño Quevedo. Fue ejecutado por orden directa de Ernesto Guevara. Diversas informaciones afirman que el propio Guevara le asesinó en su despacho. Otras refieren ejecución en la prisión de La Cabaña.

63 Buró de Represión de Actividades Comunistas.

los archivos y arrestando a Castaño. Escuché el comentario que el "Che" lo maltrataba, que lo amenazaba constantemente hasta que terminó fusilándolo.

Cuando entrevisté a Ernesto Guevara en la Sierra Maestra en marzo de 1958, entre las cosas que observé era que tenía una personalidad despótica, dura, cruel y en ese momento presencié algunos incidentes.

Hubo uno con un cubano que estaba en el campamento de Luis Orlando Rodríguez. A ese individuo le dijo cosas muy fuertes. Se le notaba el odio en sus palabras. Después con el tiempo, estudiando la conducta del individuo es cuando uno confirma que tenía la característica de ser cruel y de odiar.

Guevara escribió cosas como estas: **"Odio la civilización", "América será el teatro de mis aventuras", "Huir de todo lo que me molesta donde me lleven los acontecimientos, mi ambición de horizontes", "Me interesa la China porque está acorde a mis ideas políticas", "Yo vivo con ese espíritu anárquico que me hace soñar horizontes", "Mis amigos son mis amigos mientras piensen políticamente como yo", "No soy moderado y trataré de no serlo nunca", "Asaltaré las barricadas y trincheras, teñiré de sangre mis armas y loco de furia degollaré a cuanto vencido caiga en mis manos".** Finalmente entre estas cosas que escribió y conservo, tengo la que se puso en el pasaporte de los que fueron a Angola: **"El odio como factor de lucha, el odio intransigente al enemigo impulsa mas allá de las condiciones naturales del ser humano y lo convierte en una fría y selectiva máquina de matar."**

Hoy en América Latina quieren dar otra imagen del "Che" Guevara que está muy lejos de la realidad de lo que el individuo fue.

Una nota personal. Estaba en El Pedrero cuando llegó Aleida March. La conocí en el Instituto de Santa Clara, en el Pedrero fue donde Guevara la conoció y quien la subió a la Sierra del Escambray fue Serafín Ruiz de Zárate.

CARLOS M. LAZO
PILOTO-AVIADOR
2DO. TENIENTE, PILOTO DE ENLACE DEL EJERCITO DE LA REPUBLICA EN SANTIAGO DE CUBA.
COMBATIO AL EJERCITO REBELDE.

Carlos M. Lazo Cuba

Sub-Oficial de la Fuerza Aérea de la República de Cuba.

Me llamo Carlos M. Lazo Cuba, y fui segundo teniente. Prestaba servicios como piloto de enlace en el aeropuerto de Santiago de Cuba a finales de la década del 50.

En el mes de septiembre de 1958, en los últimos días, no puedo precisar exacto la fecha pero sí la hora porque serían como las ocho de la noche, me ordenaron que recogiese todas mis pertenencias y que volase en mi avión con carácter de urgencia para la ciudad de Camagüey.

Cuando arribé a Camagüey, llegué como a las once de la noche, me recibió el coronel Dueñas Robles. Me saludó y me dijo que estaba muy contento con que me hubiesen asignado a ese lugar porque habían herido al capitán Manuel Molinero Castillo en la hacienda "La Federal".

La hacienda estaba muy cerca de Tuabo. Las heridas de Molinero tuvieron lugar durante un enfrentamiento con las fuerzas que comandaba Ernesto "Che" Guevara. El avión del capitán Molinero fue tiroteado y éste resultó herido en el brazo izquierdo. Una de las balas dió en el tanque de la gasolina y al perder combustible tuvo que aterrizar de emergencia en un lugar conocido como Francisco, para donde me indicaron que fuera porque tenía que continuar las operaciones que le habían asignado a Molinero.

El coronel Dueñas me dijo que debía estar en operaciones a las seis de la mañana. A esa misma hora salí en mi avión para un lugar que le llaman Cuatro Compañeros, en ese momento estaba teniendo lugar un tiroteo entre unos efectivos de la Guardia Rural[64], unos cuarenta hombres al mando del teniente o capitán Castellón, no estoy muy seguro de la jerarquía.

En ese lugar hubo dos muertos de la gente del "Che" y varios heridos y por eso abandonaron el lugar. En la huida dejaron dos camiones y un automóvil que le servían para transportar a sus hombres y en uno de estos vehículos se encontró toda la correspondencia y una gran cantidad de documentos, entre ellos el Diario del "Che", mejor dicho uno de los diarios, y un libro que le había mandado de aquí, de Miami, un tal Bayo. El libro estaba remitido por una señora de apellido Peniche. El libro en cuestión estaba escrito por un médico cubano que radicaba en Miami y que era comunista, porque todo lo que exponía eran cosas relacionadas con el socialismo.

En "Cuatro Compañeros" donde recogieron la correspondencia de los alzados se dispersó la columna de Guevara. Inclusive nueve de los efectivos de su tropa, se extraviaron en la zona y fueron encontrados unos días más tarde.

Recuerdo, según informes que recibimos, que en esos días dos muchachos que estaban alzados en la zona se presentaron a la tropa del "Che", a ellos les decían los escopeteros, porque estaban alzados por su cuenta. No respondían a ningún grupo guerrillero.

Alguien, según nos informaron, le comentó a Guevara que esos muchachos se dedicaban a estafar a los campesinos de la región, que hacían peticiones de dinero a nombre del Movimiento 26 de Julio y que se quedaban con lo que recogían.

---

64 *Cuerpo militar de la República de Cuba.*

Estos dos jóvenes fueron sometidos de inmediato a juicio y fusilados. Esto también lo cuenta el comandante rebelde Joel Iglesias[65] en un libro suyo que tiene como titulo "De la Sierra al Escambray". Refiere Iglesias que los fusilaron cerca de una arrocera de nombre Cadena y los muchachos se llamaban Edén Casañas, 17 años y Máximo Quevedo, 29 años.

Voy a retomar una parte de mi relato que no concluí. No terminé de contar las cosas que ocurrieron en La Federal, el lugar donde había sido herido el capitán Molinero a quien yo estaba sustituyendo.

En el enfrentamiento de La Federal a la tropa del "Che" le hicieron una baja, un capitán de apellido Hernández, y otros dos o tres insurgentes de su tropa también resultaron heridos. La guerrilla huyó hasta un monte conocido como "Monte Francisco". Era un monte grande y en ese lugar se guarecieron por dos o tres días. De este lugar partieron para "Cuatro Compañeros", que se encuentra en la misma mitad de la provincia de Camagüey.

Fue en "Cuatro Compañero", como dije antes, donde abandonó parte de su diario de campaña. El diario junto a una gran cantidad de papeles y de cartas lo encontramos en un saco de azúcar. Habían allí varias libretas grandes, todas escritas, una letra muy buena, en eso me fijé detenidamente. En los papeles, libretas y diario se hacía mención de todos los que habían cooperado con el Movimiento 26 de Julio en la provincia de Camagüey, a la vez que destacaba que la mayoría de la gente de la zona no cooperaba, que se encontraba en una provincia latifundista, esto estaba escrito entre paréntesis.

Los papeles y documentos comprometían con la causa revolucionaria a una gran cantidad de personas de Camagüey y de otras provincias. Muchos pertenecían a los grupos del Partido Comunista de la zona. En los papeles se mencionaban a pueblos

---

65 Comandante del Ejército Rebelde. Primer presidente de una organización de jóvenes de carácter paramilitar creada por el gobierno de Fidel Castro que después se transformó en la Unión de Jóvenes Comunistas.

como Guaimaro, Baragua, Florida, etc.

Recuerdo que en la relación hacía mención de dos personas que le habían entregado rollos de nylons para protegerse de la lluvia y botas. Los dos individuos eran del poblado de Florida, un panadero y el dueño de una tienda pequeña. Ese dato me impactó porque como nosotros teníamos información de que la gente que capturaban eran asesinadas me preocupé mucho, pero para mi tranquilidad el ejército arrestó a los dos cooperadores pero como no tenían mas pruebas que el diario del "Che", los soltaron, ya que era lo que decía el "Che" en sus libros y estaba comprobado que en los mismos estaban escritas muchas falsedades. Muchas de las cosas que escribía eran mentiras.

Después de este enfrentamiento, las fuerzas de Guevara se reagruparon y continuaron avanzando en la provincia, aunque con mucha dificultad. Hay que decir que tenían un gran enemigo en su deseo de avanzar y eran las fuertes lluvias, llovía constantemente.

Avanzaron hacia un lugar que le llamaban Los Negros, cerca del embarcadero de Santa María. Eso está pasando Baraguá, entre Ciego de Ávila y el embarcadero que está en el mar. En ese punto se embarcaba el azúcar de los centrales de esa zona. Allí estaba destacada una unidad del ejército al mando del capitán Ferrer.

Mi obligación como piloto era sobrevolar las zonas que me indicaban y en las que supuestamente podían estar operando grupos irregulares y en uno de esos vuelos ví desde el avión, en un lugar próximo a un monte, varios caballos ensillados y pastando.

Quiero decirles que el comandante Joel Iglesias cuenta en su libro que el piloto los había detectado porque alguien le había dado un chivatazo[66], y les aseguro que eso forma parte de esas muchas historietas que ellos han contado en sus libros, porque yo los ví desde el aire, ninguna persona me informó, simple-

---

66 Acusar, delatar una persona.

mente ellos hacían mal las cosas, no eran capaz de elaborar una estrategia seria, la victoria se la dió, más la suerte que otra cosa.

Desde el avión que piloteaba conté diez caballos ensillados, informé a mi base y de ahí pedí apoyo aéreo para atacar a los guerrilleros. Ese fue el día que murió Héctor González, un piloto de un avión de propulsión a chorro, al que la bomba que había lanzado le explotó debajo de la nave que piloteaba. Se destrozó.

Los guerrilleros, inmediatamente que veían los aviones, eso ocurrió el diecinueve o veinte de octubre, se fueron del lugar. Se introdujeron en el monte que era grandísimo. Fueron avanzando hasta una zona de ciénagas y es ahí donde se desarrolló una parte de un librito de Guevara que se llama "Invasión a Occidente".

El autor refiere que el piloto los mantuvo constantemente a raya y que durante tres días debieron tomar agua de pantano, sin poder ingerir alimentos porque la tropa que estaba ubicada en las proximidades los podía apresar.

En ese entretiempo, el comandante William Gálvez, cogió prisionero a dos efectivos del ejército que estaban operando encubiertos en el monte y Gálvez que es un asesino que no conoce la piedad decidió ahorcar a los dos individuos. Uno de ellos de apellido Cruz, uno de los soldados era negro y el otro blanco.

Cuando por orden de Gálvez los iban a ahorcar uno de los soldados dijo que podían ayudar si les respetaban la vida, que ellos estaban en capacidad de decirles por dónde podían pasar hacia la provincia de Las Villas, que sabían en que lugares los efectivos del ejército estaban destacados.

El "Che" los mandó a amarrar a los dos con cadenas y ordenó que marcharan al frente de la tropa porque la intención era que si no decían la verdad muriesen en la travesía.

Llegaron a una laguna que está entre Los Negros y Santa María, logrando pasar por ese punto aunque fueron tiroteados por los efectivos del ejército destacados en el lugar. Cuando los soldados acantonados en la "trocha" empezaron a disparar los guerrilleros se agazaparon y esperaron a que terminaran los disparos. Cuentan que poco después los militares empezaron a bromear y cantar, oportunidad que aprovecharon los guerrilleros para pasar por el lugar.

La compañía que estaba destacada allí era la del capitán Eduardo Ferrer, ese fue el último obstáculo que enfrentaron los guerrilleros antes de entrar a la provincia de Las Villas. Tengo entendido que el recorrido no era mayor a siete u ocho kilómetros y que se metieron en los manglares para correr menos riesgos.

Después de eso no supe más sobre Guevara. De otro comandante de nombre Jaime Vega, que venía detrás de la Columna del "Che", sí supe que tuvo un serio enfrentamiento, que en el encuentro perdió unos treinta hombres aunque los libros del gobierno de Fidel Castro refieren que tuvo muchas menos bajas.

ROBERTO BISMARCK
CAPITAN DEL EJERCITO REBELDE.
MIEMBRO DEL SEGUNDO FRENTE NACIONAL DEL ESCAMBRAY.
PARTICIPO EN EL "PACTO" O REUNION DE "EL PEDRERO".

Roberto Bissmark

Dirigente del Directorio Estudiantil.
Capitán del Ejército Rebelde.

Conocí a Ernesto Guevara en una reunión en El Pedrero, fue un encuentro entre el Directorio Revolucionario y el Movimiento 26 de Julio.

La reunión la dirigieron por parte del Directorio los comandante Rolando Cubelas y "Tony" Santiago y por el 26 de Julio, Ernesto "Che" Guevara y Ramiro Valdés, que prácticamente no abrió la boca. Por el Directorio también participaron los comandantes Faure Chomont, Humberto Castelló y yo, que en la época servía de enlace entre las fuerzas clandestinas que operaban en La Habana y las que en Miami apoyaban el proceso insurreccional dentro de Cuba.

Quiero destacar que nuestro guía fue el capitán Osvaldo Ramírez que como ustedes saben fue uno de los jefes del Escambray contra Fidel Castro. La reunión duró un par de días y una de las cosas en las que Guevara más insistió fue que no tenía ningún interés de reunirse con la gente del Segundo Frente Nacional del Escambray.

Conversamos muchas cosas y recuerdo que una de ellas fue

que Guevara estaba molesto con Fidel Castro porque éste había violado un acuerdo que ambos habían contraído antes de que Guevara iniciara la invasión. El asunto es que Castro no mencionaría lo de la invasión de Guevara y Camilo Cienfuegos hasta que el "Che" llegara al Escambray, pero poco después de salir de la Sierra Maestra, ya lo estaban diciendo por Radio Rebelde. Guevara y Valdés, lo recuerdo muy bien, calificaron ese hecho como una traición de Fidel Castro.

Pero bien, estando yo en las montañas, las fuerzas rebeldes tomaron una pequeña guarnición de tan poca importancia que en el momento de la captura no había ni un solo militar prestando servicios en el lugar.

Allí se apresaron tres o cuatro personas que fueron acusadas de ser colaboradores de la dictadura de Batista, pero eran acusaciones muy superficiales, hechas muy a la ligera pero que aún siendo ciertas, en mi opinión, no tenían base para ningún proceso y menos aún para ejecutar a ninguno de los acusados.

Ante aquellas acusaciones, Guevara dijo en público que si aquella gente había colaborado con la dictadura de Batista, merecían la muerte, lo que ocasionó una fuerte discusión, que terminó Guevara sacando su pistola y ante todos nosotros le disparó a uno de los acusados. El "Che" Guevara no fue más que un asesino, un hipócrita y un atorrante.

Terminada la reunión y cuando nos íbamos para nuestro campamento, nos alcanzaron tres hombres de la tropa de Guevara con una carta que entregaron al comandante Rolando Cubelas, quién puede hablar de esto porque por suerte aún está vivo y reside en España.

Cubelas leyó la misiva con detenimiento, se la pasó a Faure Chomont y después a Humberto Castelló, que desde aquella época sentía por Fidel Castro un gran despreció. Castelló murió en La Habana y en mi opinión se lo cargó Fidel Castro, pero ese es otro caso que pudiéramos analizar en otra ocasión.

La conclusión a la que llegamos todos, después de la lectura de la carta, fue que Guevara era, sin lugar a dudas, un agente comunista, porque proponía que firmáramos una alianza política con la guerrilla del comandante Félix Torres, el único grupo comunista armado que operaba en la provincia de Las Villas, en el norte. Torres era un individuo despreciable, que sí nosotros lo encontrábamos en el frente lo liquidábamos, porque el hombre era un desarmado.

Tengo presente en mi memoria que cuando Chomont leyó la carta propuso hacer un documento que yo debía sacar para el exterior y hacerlo llegar a gente de influencia en Estados Unidos para que supieran la penetración comunista que había en el 26 de Julio. Eso lo hicimos, por eso me sorprendió mucho cuando el comandante Faure Chomont se plegó al 26 de Julio y fue nombrado embajador de Cuba en la Unión Soviética.

Quiero destacar que en el tiempo que duró la reunión, las palabras de Guevara, su discurso -como se dice hoy en día-, estaban impregnados de ideas marxistas, su presencia en el 26 de Julio era un factor que demostraba la influencia de esas ideas en esa agrupación política. No quiero decir que todo el 26 de Julio fuera comunista, lo que sí quiero afirmar es que Ernesto Guevara en el momento en que se incorporó a la lucha bajo el mando de Fidel Castro, ya venía con ideas marxistas.

Joaquín Argüelles

Contador.
Coordinador de Finanzas del Movimiento 26 de Julio.
Provincia de Las Villas.

P: ¿Dónde conoció a Ernesto Guevara?

R: En aquel tiempo era tesorero provincial del Movimiento 26 de Julio en la provincia de Las Villas y residía en Santa Clara. El coordinador provincial del movimiento en aquel momento era el ingeniero Enrique Oltusky y otro de los integrantes del comité provincial era el doctor Orlando Bosch y Jesús Jaramillo.

Mi contacto con Guevara fue más bien casual. Eran los días previos al ataque a Santa Clara y en particular al hoy famoso tren blindado, del cuerpo de ingenieros de las fuerzas armadas de la República.

Varios compañeros fueron a verme a la casa, el doctor Octavio Pedraza y Armando Triana, ambos fallecidos en el exilio, y el también doctor Osvaldo Fernández López, todos miembros de la dirección provincial del Movimiento 26 de Julio. Pedraza me planteó que era muy amigo de un capitán del ejército que a su vez era de la entera confianza del jefe militar del tren blindado, el coronel Florentino Rosel Leyva.

En la conversación me explicaron que el capitán era partidario de entregar el tren pero que para eso requería sostener una entrevista con el comandante Guevara que en ese momento tenía un campamento en la Sierra del Escambray. Me plantearon que como Enrique Olstuski[67] estaba en la Sierra Maestra en consulta con Fidel Castro, era yo la persona indicada para ir a las montañas en compañía del capitán y lograr la entrega del tren para evitar derramamiento de sangre.

Al día siguiente, estábamos a mediados de diciembre de 1958, partimos para el garaje de Andrés Marcos Conde, que estaba a la salida de Santa Clara hacia Manicaragua. Al rato llegó un jeep conducido por quién nos iba a servir de guía. Este tipo estaba acompañado por otro hombre que imagino era de su confianza. En esa situación se pregunta poco, es muy importante ser discreto. Recuerdo que cuando salimos, ya el capitán estaba con nosotros en el vehículo, el chofer-guía apuntó hacia donde estaban situados equipos militares, entre ellos un tanque de guerra, y nos dijo: **"Aquello es del gobierno de Batista, pero cuando avancemos un poco vamos a estar en el territorio de los "barbudos".**

El primer contacto con las fuerzas rebeldes se produjo poco tiempo después. Seguimos la ruta que nos señalaron y arribamos al campamento de Guevara un rato más tarde. Estando en el lugar me di cuenta que conocía a muchos de los alzados y es que la gente de la clandestinidad que eran detectadas por la policía buscaban refugio en la montaña, porque la lucha en la loma era más segura que la de las ciudades, o el llano, como decíamos en aquella época.

Uno de los rebeldes fue donde estaba el "Che" y le dijo que había llegado Serafín Ruiz de Zárate, quien al triunfo de la revolución fue algo así como ministro de Salubridad o Salud Pública, junto a otras personas.

---

67 Ingeniero. Coordinador provincial del Movimiento 26 de Julio en Las Villas. Ocupó importantes cargos en el gobierno revolucionario.

El "Che" me recibió de inmediato y en realidad fue muy atento. Me dijo que hacía tiempo que quería hablar conmigo porque ya se había entrevistado con diferentes miembros de la dirección provincial y que faltaba yo.

Después de un rato de charla me preguntó como andaban las finanzas del movimiento y a mi respuesta de que estaban bien me dijo: **"Sí, pero podrían estar mejor. Ustedes tienen que empezar el impuesto azucarero"**, ante mi sorpresa me dijo: **"Mira, hay un libro que se llama Guilmore, que es una especie de directorio telefónico que informa sobre la producción de todos los centrales azucarero, tienes que conseguirte ese libro. Aparte de eso necesitas conseguir tres o cuatro personas que visiten a los administradores de los centrales para que le digan a estos individuos que están allí a nombre del Movimiento 26 de Julio y que esa entrevista sólo la conocen el coordinador del Movimiento, el Jefe de Acción y Sabotaje y el tesorero, estos individuos tienen que decirle a los administradores que tienen que pagar al Movimiento 26 de Julio, que es el gobierno en armas, la misma cantidad de impuestos que le pagan al gobierno de Batista"**.

Por supuesto que la mención de que el jefe de Acción y Sabotaje conocía la visita al central era una fuerte advertencia, un chantaje para que colaboraran si no querían ver afectadas sus instalaciones.

P: Argüelles, este tipo de propuesta demuestra que Guevara no veía próximo el triunfo de la Revolución.

R: Por supuesto que no. Ellos al parecer creían que la lucha se iba a extender por más tiempo. La conversación en aquella choza y sentados cada uno en un camastro, se extendió por varias horas.

Un tema que puso distancia entre nosotros, me di cuenta porque de inmediato dejó de ser amable y hasta le cambió el tono de la voz, fue cuando le expresé la preocupación que teníamos muchos de nosotros porque cada vez que el Ejército Rebelde ocupaba un municipio designaban un militante del Partido Socialista Popular como Comisionado, que era el nombre que le dábamos a los que ocupaban provisionalmente el cargo de alcalde.

El cambio, te repito, fue radical. Se convirtió en otra persona y en un tono que no dejaba espacios para ninguna discusión me dijo **"Mira chico, yo de esas cosas políticas no sé. Yo soy militar. El delegado para esas cosas es el comandante Calixto Morales[68] así que habla con él y que te explique".** De inmediato, para ponerme en una situación difícil, como para intimidarme, llamó a gritos a un tipo para que localizara a Calixto Morales. La privacidad con la que habíamos conversado hasta ese momento se acabó, fuimos rodeados por militares y otras personas en el campamento y Calixto Morales, empezó a hablar con voz muy alta para decir que ellos situaban en posiciones importantes solo a personas de gran historial revolucionario.

Guevara dió por terminada la charla y al otro día cuando nos encontramos, era otro individuo. Su cordialidad había desaparecido, estaba ríspido, agresivo y en compañía de cuatro o cinco personas, cuando la noche anterior, hasta que mandó a llamar al comandante Calixto Morales, habíamos conversado sin testigos. Lo primero que hizo me tomó de sorpresa y fue para mí una maniobra para neutralizarme involucrándome en lo mismo que yo había criticado la noche anterior. Me pidió de sopetón que me sumara a la tropa del comandante Camilo Cienfuegos, que éste necesitaba en la zona norte de Las Villas un individuo con preparación que hiciera el trabajo que el comandante Morales cumplía en el distrito bajo su mando.

Consciente del peligro y de los cambios de carácter de Guevara, que podían derivar a cualquier cosa, me paré en firme y le dije: **"Comandante, estoy a su orden, disponga lo que**

---

68 Al triunfo de la Revolución fue nombrado por Guevara, gobernador de la provincial de Las Villas.

crea mejor". Después de esto agregué que simplemente quería poner en su conocimiento que la única persona en la provincia que tenía conocimiento de los contactos para recaudar dinero era yo y que mi traslado afectaría esa labor. Ante mi respuesta decidió que permaneciera en mi posición de Tesorero del 26 de Julio.

P. Argüelles, vamos a la entrevista de Guevara con el capitán del ejército y qué decidió ante la propuesta del capitán.

R: El capitán le repitió a Guevara más o menos lo mismo que nos había dicho. Dijo que estaba en capacidad de convencer a la oficialidad del tren para que se entregara a lo que el "Che" le dijo que si la entrega era incondicional y sin que tuviera lugar un enfrentamiento no había problemas pero que si para entregar el tren había que fingir un enfrentamiento no había arreglos, porque de todas maneras el tenía fuerzas suficientes para destruir el tren y acabar con los efectivos que había en el mismo. En honor a la verdad Guevara fue muy preciso, pero cuando le dijo al capitán: **"tiren a matar que nosotros vamos a hacer lo mismo",** el oficial se quedo frío, porque en su opinión había hecho el mayor esfuerzo posible para que el derramamiento de sangre entre cubanos llegara a su final.

Después de esto regresamos a Santa Clara sin mayores contratiempos y como sabes a los pocos días los rebeldes iniciaron el ataque a la ciudad.

P: ¿Vio a Guevara en alguna otra ocasión?

R: Sí, el encuentro para mí es inolvidable porque conociendo como eran las cosas y la capacidad que tenían los comandantes para tomar decisiones claves, te confieso que el encuentro no fue agradable.

La lucha por ocupar la ciudad se extendió por varios días. Nosotros teníamos el campamento en el antiguo edificio de

Obras Públicas, en la carretera de Camajuaní que como sabes te lleva a Caibarién.

Lo que te voy a contar creo que ocurrió después de la captura del tren y de la fuga del dictador, porque han pasado 50 años y aunque recuerdo los sucesos a veces las fechas si se me complican un poco. El asunto es que decido ir a casa para ver a mi madre y hermana, vivían en el área, un lugar que se llama residencial Capiro. Me subo al carro, aclaro que de mi propiedad, no uno de los muchos que se ocuparon en aquellos días, y cuando voy conduciendo rumbo a la casa veo un jeep que venía en dirección contraria, me hacen insistentemente señas para que me detuviera.

Me estacioné y del jeep se bajaron Aleida March y Ernesto Guevara que traía un brazo en cabrestillo. Guevara se dirigió a mi preguntando hacia donde me dirigía y respondí que a mi casa, que desde que había empezado la lucha no había ido y quería saber de la familia. El hombre se paró frente a mí y dijo: **"Pues regresa pronto porque el capitán auditor de la tropa, que es el que lleva todos los juicios contra los culpables no ha llegado y necesitamos organizar los procesos contra estos esbirros para fusilarlos enseguida y como él no está quiero que te hagas cargo tú".**

Aquella petición que por supuesto era una orden chocaba contra todos mis valores, contra todo lo que yo creía y perdí la habilidad política o la diplomacia que usé cuando la reunión de la Sierra y le dije al Che: **"No, yo no, Che, yo no sirvo para nada de eso, perdóname pero para eso si no sirvo yo".** El se quedó mirándome fijamente, se puso más firme como para decirme algo pero la intervención de Aleida March a quien yo conocía de la lucha y era su compañera en ese momento, me ayudó mucho. He comentado esta historia a varias personas que conocieron a Guevara y me han expresado su sorpresa de que no tomara represalias en mi contra. Me afirman que el "Che" no aceptaba un no y menos cuando tenía que ver con participación en tribunales o fusilamientos.

Nos vimos unos días después en el regimiento Leoncio Vidal. Una vez se detuvo para mirarme con detenimiento, en aquella ocasión no había cordialidad en sus ojos sino un profundo odio no exento de desprecio.

Mira, aquellos fueron días muy tumultuosos, de hechos sin precedentes en nuestras vidas y también de mucho riesgo. Todavía me parece escuchar los tiros y las explosiones pero también los gritos de paredón, las turbas, personas que uno consideraba decentes, moderadas y respetuosas y que de pronto se transformaron en fieras, de la noche a la mañana sólo hablaban de matar, pedir la muerte, el fusilamiento de otro individuo sin presentar pruebas de los crímenes que el acusado había cometido.

Roberto Estopiñan

Premio Nacional de Arte de Cuba.
Escultor.

Conocí a Ernesto Guevara en los primeros días del triunfo de la Revolución porque acompañé a La Cabaña a la ministro de Bienestar Social, Marta Fraide, que había decidido visitarlo para presentarle a Vicentina Acuña, como directora de Cultura del ministerio de Educación. En la puerta estaba parado un capitán del Ejército Rebelde, no recuerdo su nombre, que fue el que derribó el águila del monumento al acorazado Maine[69] en la capital cubana.

No tengo una anécdota realmente importante sobre Guevara, pero creo que en alguna medida su conducta con nosotros refleja su naturaleza. El desprecio que sentía por los demás y su permanente aire de superioridad.

Tengo en la memoria como si fuera hoy aquel individuo con

---

69 El 25 de enero, llegó al puerto de La Habana el acorazado Maine, de la armada de Estados Unidos de 6,682 toneladas de desplazamiento. Poco después de las 21:40, el buque fue destruido por una enorme explosión que destruye la porción delantera. De una tripulación de 350 a bordo esa noche, 225 muertos o desaparecidos. Ocho más morirían en La Habana en los siguientes días. Este hecho afectó seriamente las ya precarias relaciones entre Madrid y Washington.

las botas quitadas y los pies sobre el escritorio. Otra cosa, no fue nada cortés con ninguno de nosotros porque hizo que una mujer como Marta Frayde que tenía nominalmente mucha más jerarquía que él, le esperase el tiempo que le vino en gana. La reunión fue muy breve, mucho menos que la larga espera que habíamos tenido que rendir.

P: ¿Por qué la ministro decidió presentarle al jefe de una fortaleza militar una funcionaria?

R: Guevara tenía mucha influencia, muy superior al cargo que en teoría desempeñaba y era muy conveniente para cualquier funcionario tener su visto bueno, en una palabra tener el apoyo de Guevara en aquellos tiempos para un nombramiento o cualquier proyecto, era muy importante.

Quiero destacar que Guevara se diferenciaba de los otros personajes de la Revolución porque se demoraba mucho en dar una respuesta, como que pensaba mucho y otra cosa, el personaje hablaba bajito, muy quedo, pero a pesar de eso se le apreciaba una prepotencia, una soberbia que te hacía sentir incómodo.

Te cuento que Guevara venía desde hacía cierto tiempo disgustado con Marta Frayde. Marta que es una bióloga destacada había comprado en la República Federal Alemana equipos para laboratorio. Lo que no le agradó al "Che" porque él quería que las cosas se hubieran comprado en un país del bloque socialista. Esas pequeñas cosas determinaban el futuro de cualquier persona en la Cuba de aquella época.

Lo que te voy a contar ahora tiene poco que ver con Guevara pero a ustedes que son más jóvenes les puede dar una idea de aquellos tiempos.

Celia Sánchez me había mandado a buscar para que yo construyera el monumento al Granma, por lo que tuve que viajar varias veces al lugar del desembarco o naufragio, para coger información y tener una idea de aquella realidad.

Después de uno de mis viajes a la zona, Celia me pidió que fuera a verla de nuevo para que le informara como se mantenía el lugar. Después que di la información le dije que el monumento iba a ser costoso y le pregunté cómo ella tenía proyectado el financiamiento ya que el "Che", si no me equivoco en esa época estaba al frente del Banco Nacional de Cuba, tendría que facilitar lo que hiciera falta. El asunto es que Celia me dijo, **"Ven acá",** me llevó a un cuarto interior, me abrió la gaveta de un mueble y me la enseñó, me sorprendí, la gaveta estaba llena de dólares, pero no de a peso sino de cantidades de cincuenta y cien y me dijo: **"Aquí está todo el dinero para eso. No te preocupes por el dinero".**

JOSE VILASUSO
ABOGADO,
COMENZO A TRABAJAR
EN ENERO DE 1959,
BAJO LAS ORDENES DE
ERNESTO GUEVARA,
COMO INSTRUCTOR DE
EXPEDIENTES DE LA
LLAMADA "COMISION
DEPURADORA", EN LA
FORTALEZA DE
"LA CABAÑA"

Dr. José Vilasuso

Funcionario de la Comisión Depuradora.
Abogado.

En Enero de 1959, yo era un don nadie. Recién graduado de Derecho de la Universidad de La Habana. No tenía prácticamente ninguna experiencia como abogado. Me encontraba en los pasos iniciales de la vida profesional.

Mi origen social era muy humilde, o sea, mi padre era lo que hoy en día llamamos un relacionista público de Ómnibus Aliados y mi madre, una maestra de música. Vivíamos en la barriada de Santo Suárez en un apartamento que pagábamos 20 pesos mensuales aunque desde luego nunca nos faltó el plato de comida. Vivíamos muy modestamente pero éramos realmente muy felices en el orden individual y en el orden familiar.

Me eduqué con los hermanos Maristas, de lo que estoy muy orgulloso. Gran parte del tiempo que estuve estudiando mi carrera de derecho, lo hice también como profesor en el colegio, lo que fue una experiencia inolvidable, además de lo útil que fue para el resto de mi vida.

De modo que cuando llegó el triunfo de la revolución, sentí por primera vez esa sensación de que mi gobierno estaba en el poder. Como la inmensa mayoría de los jóvenes universitarios me había opuesto siempre a Fulgencio Batista, un régimen castrense que dió al traste con un sistema de derechos, que no vamos a decir que fue el mejor pero sí fue un sistema de derechos que funcionó hasta que Batista dió el golpe militar, que acabó con la democracia.

Vivimos en paz durante los gobiernos del presidente Carlos Prío Socarrás y del anterior que presidió el Dr. Ramón Grau San Martín[70], que como gobiernos en definitiva tuvieron sus defectos pero ofrecieron a Cuba patria, libertad y democracia. Teníamos un nivel de vida bastante decente, bastante aceptable, era un nivel económico bajo pero en definitiva se vivía y nos podíamos desenvolver.

Yo iba al cine cuantas veces quería, disfruté de muchas cosas, no tengo nada de lo cual quejarme en aquella época. Pude estudiar que era para mí lo más importante, y mis padres se dedicaron a mí con mucho, con mucho cariño y los recordaré eternamente.

El triunfo de la Revolución fue muy esperanzador porque ciertamente se abría un horizonte completamente nuevo para el pueblo.

No creo que el gobierno de Batista en el orden estrictamente económico fuera un gobierno nefasto, ni mucho menos. En el orden económico tenía gente muy inteligente, gente muy bien preparada, pero un gobierno muy conservador y las oportunidades para las clases verdaderamente humildes, como éramos nosotros, eran bastante pocas, era un gobierno de clase alta más bien, para gente más bien tradicional, no para el que surgía, de modo que ésta también fue una de las razones por las cuales nos incorporamos al nuevo gobierno con tanto entusiasmo. Por primera vez tuve la satisfacción de que me dijeran DOCTOR, esto tenía siempre su ironía, llevaba siempre su ironía, pero tenía indudablemente un efecto positivo.

70 Fundador del Partido Auténtico. Presidente de Cuba en dos ocasiones. 1933-1934. 1944-1948.

Recuerdo que entré al Palacio Presidencial sin que nadie me pidiera identificación. Entraba a los Ministerios porque tenía amigos que ocupaban diferentes cargos y pude hablar con muchas figuras de la revolución. Recuerdo perfectamente al comandante Camilo Cienfuegos, lo conocí en aquel momento. Raúl Roa, que más tarde fue canciller, había sido nuestro profesor en la Universidad de La Habana, el doctor Roberto Agramonte[71], que fuera el primer ministro de Relaciones Exteriores de Cuba después del primero de enero y que también había sido profesor de la Universidad de La Habana.

También conocí a Jorge Muñoz, que aunque no ocupaba cargos públicos era una figura destacada de la oposición al gobierno de Batista. Recuerdo al doctor José Miró Cardona[72], en aquel momento Primer Ministro del gobierno revolucionario. Todos estos eran mis amigos, las personas con las que tenía mayor contacto.

Las razones por las cuales me fui a trabajar con Ernesto Guevara eran muy generales. Como era abogado tenía que trabajar en lo que se relacionase con mi carrera y como las oportunidades estaban abiertas, las usé.

Recuerdo que me dijeron: **¿Por qué no te vas a trabajar a La Cabaña a trabajar como abogado, allí hacen falta gente para instruir expedientes?** Me dije: pues vamos a La Cabaña, lo que hace falta es servir a la revolución, en donde la profesión pueda ser más efectiva. La figura de Guevara, no era para mi ningún arquetipo, como no lo era tampoco la de Fidel Castro.

Mis arquetipos eran los que mencioné anteriormente o sea los hombres de cuello y corbata, los hombres de derecho, personalidades como Rufo López Fresquet[73], que era ministro de Hacienda. Ese tipo de figuras eran las que realmente me interesaban, porque se había luchado por una sociedad civil en

---

71 Canciller cubano. Rector de la Universidad de La Habana. Murió exiliado en Puerto Rico.

72 Primer jefe del Gobierno Revolucionario. Presidió el Consejo Revolucionario Cubano durante el desembarco de Playa Girón. Murió en el exilio.

73 Ministro de Hacienda del Gobierno Revolucionario. Murió en el exilio.

contra de un gobierno militar, en ese sentido mis principios estaban muy claros, quería para Cuba un estado de derecho y me pareció que servir en La Cabaña, sería poner mi granito de arena como hombre civil, como hombre de derecho.

Trabajé en aquellos tribunales de los cuales realmente no tenía mayor conocimiento. No tenía una idea exacta de lo que era su dinámica. Tampoco podía tenerla porque en la lucha siempre habíamos soñado con una Cuba democrática, con una Cuba de derecho, no con una Cuba de venganza y mucho menos con una Cuba preocupada más que nada con pedirle cuentas a los esbirros de la tiranía de Batista. Esa no era nuestra divisa. Nuestra divisa era la reforma agraria, el restablecimiento de un régimen legal en el país y encaminar a Cuba también por un sistema de justicia social, mucho más adecuado a los tiempos que lo que habíamos tenido en el gobierno de Batista.

Cuando llegué a La Cabaña me recibió un joven abogado, el capitán Miguel Duke de Estrada[74]. Miguel era uno de los hombres del "Che", uno de sus hombres de mayor confianza. Me recibió muy amablemente, con su traje militar, su boina y demás. Un individuo bajito, rubio, muy simpático, que ya había conocido con anterioridad. Fue muy amable.

Charlamos un largo rato hasta que me dijo: **"Mira, aquí hacen falta abogados porque estamos trabajando en una Comisión Depuradora".** Por supuesto que sabía en que consistía tal Comisión que estaba encargada de hacer rendir cuentas a los esbirros de la tiranía que habían cometido crímenes políticos. Bueno ese lenguaje ya lo conocía, pero me llamó la atención la forma en que me adoctrinaba e indicaba como tenía que hacer mi trabajo.

Me dijo: **"Este es un tribunal muy sencillo, todo lo que tienen ustedes que hacer es instruir los expedientes de los casos que se estén investigando. El oficial investigador siempre tiene la razón, siempre dice la verdad. Simplemente**

74 Director colaborador de Ernesto Guevara. Responsable de los Tribunales Revolucionarios de La Cabaña.

tenemos que aceptar, acogernos a lo que él dice en el informe. Tú vas a organizar, vas a instruir los expedientes y después los pasas al Ministerio Fiscal, la labor es bien sencilla. Una labor de profesional, pero muy limitada". Esas fueron más o menos sus palabras.

Cuando estábamos conversando se echó para atrás y con una gran sonrisa me dijo: **"Aquí vas a ver cosas muy sabrosas. Sabes, vas a ver cosas muy, muy serias. De pronto se paró, me llamó con un mira ven pa'cá para que veas cosas bien directas".**

Caminamos un tramo rumbo a los calabozos donde estaban los detenidos, nos paramos frente a una reja. Allí se encontraba un individuo del que yo había oído mencionar, había oído hablar de él. Un tipo bajito, un hombre de unos 35 o 36 años, tenía puesto un traje de preso, estaba titiritando no se porqué cosa, salvo la difícil situación que enfrentaba. No dije nada, simplemente observaba. El hombre nos miró con un tremendo temor reflejado en el rostro.

Parado en la reja me dijo: **"este es Ariel Lima"**, y prefiero omitir la dura palabra con que lo calificó. Me contó que Lima había sido de los revolucionarios que se habían pasado para el lado del coronel Esteban Ventura Novo[75] y que por esa razón le iban a dar cepillo, un término que se usaba en la época para decir que la persona iba a ser asesinada.

Aquellas palabras me provocaron un gran escozor en todo el cuerpo, porque como abogado no me cabía en la cabeza que un reo estuviese condenado antes del proceso al que tenía derecho y más por el individuo que, se suponía, a cargo de que el juicio fuese justo e imparcial.

El preso es un individuo con derechos, está preso pero tiene derechos. Mientras no se le haya probado su culpabilidad y no se cumpla un procedimiento adecuado a la ley, no se debe dictar sentencia. ¿Cómo este hombre, Duque de Estrada, que era

75 Alto oficial de la policía del régimen de Batista. Se le atribuyen numerosos asesinatos bajo el régimen de Fulgencio Batista.

abogado también, le dice a usted en su cara **"a este le vamos a dar cepillo"?**, es decir, yo estaba allí como una figura decorativa, no para cumplir con una labor profesional. Eso fue lo que me dijo todo el tiempo.

Hubo otras manifestaciones que en principio no me provocaron reacciones definidas sino escozor. Me preguntaba ¿Dónde estoy? ¿Para que me quieren?, o, ¿Qué es lo que voy a hacer aquí? Claro, esas era preguntas interiores que uno se hacía. Guardé silencio y al día siguiente comencé a trabajar.

Los expedientes que cayeron en mis manos, no fueron muchos, eran poco más o menos iguales. Los más destacados, no los podré olvidar jamás, uno de ellos fue el de Otto Meruelos.

Otto Meruelos era un vocero del régimen, un individuo muy pesado, un periodista muy mediocre, de actitudes muy arrogante y que generalmente tenía un tono muy despectivo cando se dirigía a los demás.

El personaje era quien leía los comunicados del gobierno que en su totalidad no reflejaban la verdad de los acontecimientos, hablaba con mucho desprecio de los que se oponían a Batista y calificaba de bandidos a todos los que estaban alzados en armas, pero fuera de hablar aquella sarta de estupideces no había nada mas de que acusarle, no tenía mayores responsabilidades por lo que era muy difícil establecer una acusación grave contra una persona por el solo hecho de haber pertenecido a un régimen y haberlo defendido desde un micrófono.

Era un partidario político del gobierno, eso era todo. Su actitud era completamente reprobable porque ocultaba la verdad y sólo sabía hacer loas a Batista, Ventura, o Carratalá, otro alto oficial de la dictadura.

Sus formas despectivas de hablar de aquellos que creíamos en la revolución le hacía antipático ante todos nosotros, pero me preguntaba qué podía hacer cuando tuve en mis manos el expediente que se había hecho en su contra. Se le imputaban cargos que podían condenarle a 30 años. ¿Qué podía hacer frente a un caso como éste? Imponer 30 años de prisión a un hombre que ya tenía bastante mancha por haber defendido a ese régimen. Yo leí el expediente. Las acusaciones eran muy baladíes, el expediente no me convenció de nada y lo que hice fue guardarlo en una gaveta como hice con tantos otros.

Tuve también el expediente del comandante Boicoma. Boicoma era un caso por el estilo, era un catalán que yo había conocido en el pasado. Era un individuo muy formal, muy culto, de muy buenas maneras, recuerdo que tenía una hermana que era locutora de la CMQ[76], y realmente analicé el expediente, allí no había nada. Simplemente era el hombre encargado de elaborar los denominados partes de guerra.

Partes de guerra que en todos los ejércitos son exactamente los mismos: **"Ocasionamos tantas bajas al enemigo, por nuestra parte sin novedad".** Yo no creo por decir eso a una persona se le pueda pedir 30 años de prisión ni mucho menos, eso no es una responsabilidad mayor, eso es un cargo que en definitiva conlleva el baldón de haber dicho mentiras y haber defendido una mala causa, eso es todo. Ese expediente también lo metí en la gaveta.

Los demás que me fueron cayendo eran generalmente de tenientes, capitanes, militares de baja graduación y realmente a muchos se les acusaban en términos muy genéricos sin especificar los cargos. No se les acusaba de haber torturado, sino de maltratar a los presos, de cosas menores, de haber golpeado al revolucionario fulano de tal en tal lugar.

Me acuerdo de un capitán de apellido Paz, su expediente lo tuve en las manos muchas veces, pero no vi en él ningún caso legal, algún hecho contundente. Los testigos de los casos que me entregaban nunca estaban a mi disposición. No recuerdo más que algunos pocos casos de testigos, pero no eran de mis expedientes, sino expedientes de otros compañeros.

Muchos casos eran conducidos por jóvenes bisoños con muy poca participación en el proceso revolucionario que

---

76 Emblemática emisora de la radio y televisión de Cuba.

estaban tratando de ganar méritos. Ellos buscaban testigos de cargo con la finalidad de acusar a una persona determinada. Por ejemplo, se le preguntaba a un individuo que conocía de tal oficial o soldado y si la respuesta era afirmativa y en alguna medida incriminaba al individuo, se iniciaba un proceso sin buscar mayores evidencias.

A veces se le pedía al testigo que precisara sus acusaciones, pero cuando uno trataba de profundizar en los casos, y de éstos vi muchos, cuando se intentaba interrogarlo de una forma mas directa se notaba que vacilaban y siempre se quedaban en el discurso político y decían: **"se trata de un esbirro de la tiranía y yo he venido aquí a acusarlo"**, pero casi nunca tenían mayores pruebas.

En una ocasión vino a verme un teniente de nombre Yibre. Este individuo era del Instituto de Segunda Enseñanza de Santiago de Cuba. Entró en la oficina en la que yo trabajaba en la "Comisión Depuradora" en la Fortaleza de La Cabaña. También se identificaba el lugar con el nombre de la columna Ciro Redondo, columna que había dirigido el "Che" Guevara. Este individuo se quedó allí, nosotros teníamos nuestro buró, trabajamos como abogados. Yo no lo conocía, pero otras personas que estaban allí sí, o sea, él tenía cierta autoridad en aquel lugar.

Me acuerdo que un día dirigiéndose a todos nosotros expresó: **"Aquí lo que hay que traer es a las madres de los asesinados, hay que traer a una mujer como Estela Milanés, personas verdaderamente revolucionarias, llevarlas frente al tribunal y entonces allí pedir paredón para la partida de esbirros estos y eso es lo que ustedes tienen que hacer".**

Lo escuché, era un individuo mucho más joven que yo, con uniforme del 26 de Julio. Lo examiné de arriba a abajo, no le hice ninguna pregunta porque desde el primer momento un instinto me dijo: tienes que ser discreto, escucha, porque vas a aprender en la medida que observes. No manifiestes.

Déjalo que hable. Era el mismo discurso de Fidel, más o menos el mismo discurso revolucionario de los primeros días, de los primeros momentos. El tipo intentaba manejarnos por las emociones, por el partidismo, por el radicalismo, por las actitudes extremas.

Yo no voy a defender a esos individuos, a los que habían defendido al régimen de Batista, no creo que se puedan defender, pero eran seres humanos y nosotros como abogados teníamos la obligación de buscar la culpabilidad, donde la culpabilidad estuviera, no por el simple hecho de que estuvieran presos y que estuvieran a nuestra disposición. Esa forma de pensar se me iba desarrollando y cada día se desarrollaba más porque veía todas aquellas injusticias.

En estas circunstancias fue que tuve las primeras referencias directas del "Che". Guevara era un personaje muy fácil de ver, en aquel momento era un hombre muy flaco, tenía un brazo en cabestrillo, era muy pausado, era un hombre muy calmado, nunca lo vi alterarse.

Guevara acostumbraba decir palabras muy groseras, usaba un lenguaje muy fuerte en cualquier circunstancia. Creo que se vanagloriaba de eso y hacía esfuerzos por presentarse ante nosotros como un hombre objetivo, un hombre frío, un hombre calculador y lo que indiscutiblemente era, un marxista muy convencido, tanto de la ideología como de la función para la cual estaba allí. De eso no tengo la menor duda. La primera vez que lo ví, me di cuenta que era un hombre profundamente convencido de su ideología.

Es importante señalar, que para nosotros los cubanos que somos tan emotivos -ahora mismo estoy tratando de controlarme- siempre constituye un elemento de contraste cuando a uno se le presenta un personaje de esa naturaleza.

Los argentinos tienen fama de ser muy emotivos en términos generales pero el "Che" representaba todo lo contrario, se esforzaba por aparentar todo lo contrario. Tenía una cualidad que siempre llamó la atención y causó muy buena impresión en Cuba y era que sabía oír, muy diferente a Fidel.

Con Fidel no se puede hablar. Fidel es el que habla, e

invariablemente hace la misma cosa. Hace ver como que está oyendo, y entonces cambia la conversación. Vira la cara. Hecha un discurso, mira "pa'cá", mira "pa´yá", vira otra vez la cara, y así desviaba la conversación. En aquella época lo hacía muchísimo más.

Guevara no. El "Che" lo escuchaba a uno, yo nunca polemicé con él, lo oí a distancia. Jamás entré en discusiones, ni argumenté nada. Lo escuchaba a distancia y punto. Pero trataba de medir mucho sus palabras y el mensaje que trataba de llevarnos a nosotros. Él escuchaba y cuando alguna persona le hacía objeciones, miraba de frente, porque tenía la tendencia de menospreciar cualquier argumento que estuviera en contra de lo que decía.

El "Che" Guevara nos reunió varias veces. En ocasiones dirigía personalmente la charla, la plática, otras veces puso a Duke Estrada en esa función, en definitiva, daba lo mismo uno que otro, porque decían las mismas cosas.

Esa fue una de las razones que me llevó a largarme de allí, irme pronto, porque todos los días eran exactamente iguales, nos pedían las mismas cosas, y las exigencias eran exactamente las mismas y llegó el momento en que no cupe más en ese lugar, no pude seguir con ese trabajo.

Los jefes tenían una divisa, **"ustedes están aquí para pasar los expedientes rápido, la comisión está trabajando muy lentamente y nosotros tenemos que ir juzgando a todos estos criminales lo más rápido posible, ustedes tienen que estar tranquilos, ustedes pasan sus expedientes al Ministerio Fiscal, y de ahí van al tribunal, después hay un tribunal de apelaciones".** Eso decían, pero el tribunal de apelaciones era el mismo que había hecho el juicio en primera instancia, por lo que prácticamente ese proceso no existía. De oficio, todas las sentencias se declaraban con lugar.

Tanto Yibre como Duque Estrada y otros coincidían totalmente con las mismas cosas que decía Fidel en la televisión, en los actos públicos. Las palabras siempre eran: **"son unos**

criminales, unos asesinos, hay que juzgarlos y que cumplan la sentencia y la sentencia tiene que ser respetada". Había otra expresión que era el famoso grito de paredón, que en aquellos momentos gritaban repetidamente por las calles de La Habana los elementos más radicales. Uno iba comprendiendo que todo respondía a un engranaje.

En este proceso había varias figuras muy interesantes. Estaba el capitán Alvarado, el teniente Sotolongo. Teníamos varios casos de oficiales como uno de nombre Rivero, uno de ellos se volvió loco. Estaba el famoso Pelayo[77], que le decían "Pelayo Paredón", porque pedía la pena de muerte para todos los procesados sin que importara la acusación.

Recuerdo un teniente, llamado Estévez, yo conocía a su familia, creo que eran de la ciudad de Matanzas o de Cárdenas, tenía varios hijos, este individuo no era comunista, era un abogado, era uno de los que vestía de militar. Yo nunca vestí de militar, el hablaba mucho, conversaba mucho, era muy versátil, alto, rubio, colorado, y recuerdo que en una conversación que tuvimos allí en el comedor de La Cabaña, dijo: **"Mira, todo esto es una maniobra de Fidel, porque él sabe que el "Che" es comunista, y lo ha puesto al frente de todo esto para embarrarlo y llenarlo de sangre y después echarlo a un lado como figura política, porque el "Che" es un rival de Fidel desde el punto de vista político"**.

A mí estas cosas se me grabaron, no porque la rivalidad entre ellos me preocupara tanto, sino por el hecho que me dijo una gran verdad. Nosotros estábamos cumpliendo una función impopular y yo me ví en ese momento entre los que llenaban esa función impopular y la sangre iba a caer sobre mí también, siempre y cuando siguiera las instrucciones de Guevara.

Había otro abogado, un hombre viejo, civil, el doctor Alonso. El suceso que voy a narrar me lo relató un tiempo después.

---

77 Pelayo Fernández. Presidió los tribunales revolucionarios de La Habana por varios años. Se le atribuyen numerosas condenas a muerte por lo que se le conoció entre los procesados como "Pelayo Paredón".

Él se fue también de la Comisión y me acuerdo que me lo contó en el Naranjal, un restauran situado en la calle Obispo u O'Reilly, en una de esas dos calles de La Habana.

Me contó que cuando estaba en la misma función que yo, no lo conocí en La Cabaña, sino después, Ernesto Guevara lo había llamado personalmente a su despacho, y le había dicho: "**Doctor, ¿por qué usted se demora tanto en pasar los expedientes?**, a lo que respondió: **"Comandante, yo me demoro, porque soy un hombre de derecho, y tengo que examinar, tengo que preguntar a los testigos, tengo que examinar la documentación, instruir un expediente, y más en un expediente donde se está pidiendo pena de muerte, pues esa es una responsabilidad muy grave para un abogado"**.

Me dijo que el "Che" le respondió: **"Doctor, no mire las cosas de esa manera, son ideas burguesas, estamos en una revolución, las cosas son distintas, ustedes están aquí para pasar los casos rápidos. No se ocupe. Ya después van al tribunal y hay un tribunal de apelaciones también"**. En una palabra lo mismo que decía en público y nos repetía a nosotros cada vez que se presentaba la oportunidad o algún profesional, sentía remordimiento ante lo que estaba ocurriendo.

A todas estas, hay también una expresión, que escuché muchos años después pero que lamentablemente no recuerdo el nombre da la persona que lo escribió en un artículo que fue publicado en el diario el "Nuevo Día", de aquí de Puerto Rico.

El escribiente contaba que había trabajado en La Cabaña, en la tristemente famosa Comisión Depuradora. En el escrito alude a muchas de las personas que he mencionado en este testimonio y destaca una frase que le escuché a Duque de Estrada y también a Estévez, y a otros muchos. Recuerdo que decían "**lo que quisiera es tener una ametralladora en las manos y a todos esos criminales los pondría de una sola vez en el paredón y con la 30, les volaba la cabeza"**.

Realmente el que tiene una simple idea del derecho cuando

oye una expresión de ese tipo se le tiene que remover la conciencia, si la tiene, le debe llamar al orden y hacerle ver las cosas malas que se están haciendo.

Confieso que esas palabras y otras parecidas las escuché infinidad de veces. Y esta frase la oí muchas veces, lo que pasa es que en aquel momento no me daba cuenta que era un tipo de consigna y su verdadero creador, el que primero la había dicho, y el que la había generalizado como tantas otras de igual tipo, era el propio "Che". La frase siempre me producía un escozor, pero fueron muchos años después cuando la leí en el "Nuevo Día", que supe que el autor de la expresión era Ernesto Guevara.

Los acontecimientos, los incidentes de esa época fueron muchísimos, eran días muy intensos, nosotros trabajábamos muy duro, generalmente llegaba sobre las 9 o las 10 de la mañana y me iba a las 9 o las 10 de la noche. La actividad era muy intensa. Muchas las entrevistas. Veíamos muchas personas, algunas de importancia.

No oculto que aquella situación me emocionaba. Recuerdo que en una oportunidad me llamó Miguel Suárez Fernández[78], uno de esos que se catalogaban como presidenciables, de los que se comentaban que podían ser en cualquier momento presidentes de la República.

Recuerdo que Suárez Fernández me dijo por el teléfono: **"Oye, Vilasuso, mira que tengo aquí un asunto de un preso, que quiero que lo ayudes"**. La persona que le interesaba era el doctor Joaquín Martínez Saenz[79], uno de tantos que estaba preso sin causa y sobre el que no pendía ninguna acusación concreta. Aclaro que tuvo la suerte de que no lo llegaron a juzgar, pudo salir del problema sin mayores consecuencias.

Había mucha gente presa. Me acuerdo de Elián Gómez, un joven político de Santo Suárez, que después formó parte de la

---

78 Político del Partido Auténtico. Presidente del Senado de la República de Cuba.

79 Político Cubano. Enfrentó la dictadura del general Gerardo Machado. Presidente del Banco Nacional de Cuba.

Brigada 2506[80]. Lo vi en el calabozo. Me dió mucha pena, al igual que otros muchos que se encontraban más o menos en las mismas condiciones.

Pero hubo algo y doy gracias a Dios que al fin algún día lo puedo contar y confío que muchas personas puedan verlo en una grabación. Lo he publicado, lo he escrito en el periódico "El Nuevo Día" pero nunca antes había tenido la oportunidad de hacerles llegar esta impresión a tantas personas y por eso les doy las gracias al señor Corzo y a Guedes por poder decir todas estas cosas frente a las cámaras.

Muchas personas venían a vernos, a plantearnos sus problemas pero en una oportunidad, un teniente llamado Máximo, no me recuerdo del apellido, pero sí que era un hombre bajito, un individuo bajito pero se apreciaba que era muy fuerte.

Había conocido a este individuo en la Universidad de La Habana, era estudiante de Ciencias Sociales. A mediados de 1958 me lo encontré en algún lugar de la capital y me dijo que se iba para la Sierra, que no aguantaba más y que era el momento de hacerlo.

Máximo tenía una pierna más corta que la otra, pero era también un tipo bravo, de esos que no conocen el miedo. También y es justo decirlo, era un hombre con sentido de la justicia, un hombre de derecho, también era un buen estudiante.

La cuestión es que un día se apareció por la oficina donde aparentemente no conocía a nadie y cuando nos vimos se me acercó de inmediato y sin esperar mas allá de los saludos iniciales me dijo: ¿Podemos hablar?

Después de expresarme su satisfacción por estar yo ocupando una posición en la Revolución, me dijo que necesitaba mi ayuda para darle solución a un problema, a lo que inmediatamente le respondí que estaba a su orden.

Me contó que había estado en el Segundo Frente Frank País[81]

---

80 *Identificación de la Brigada de expedicionarios que desembarcó en Cuba el 17 de abril de 1961.*
81 *Frente guerrillero que comandó Raúl Castro durante la lucha contra el régimen de Fulgencio Batista.*

bajo las órdenes de Raúl Castro. Me dijo que había luchado duro, que había obtenido los grados a costa de correr mucho peligro pero que en cuanto había triunfado la Revolución lo habían puesto a comandar pelotones de fusilamientos, pero que como era católico tenía reparos en continuar cumpliendo aquella misión.

Me relató que había hablado con un sacerdote, pero que éste le había contestado que no incurría en mayor responsabilidad por lo que estaba haciendo, que estaba cumpliendo con su deber como militar. Máximo me dijo que a pesar de lo que le había dicho el sacerdote no estaba de acuerdo y que quería librarse de esa función y que por esa razón se encontraba en La Habana buscando que le dieran una nueva orden, que lo ubicaran en otro lugar, pero que cuando llegó a la capital enseguida lo enviaron para La Cabaña con la orden de que siguiera dirigiendo los pelotones de fusilamiento.

Realmente no sé por qué pero reaccioné preguntándole cuando tenía que cumplir la primera orden de ejecución. Sé que no fue una pregunta prudente y que era dolorosa para él, pero se la hice, mi pregunta tuvo una respuesta rápida y cortante: **"Esta noche debo realizar dos ejecuciones"** y le contesté sin pensarlo y aún me pregunto por qué lo hice: **"Ah, yo te voy ir a ver".**

Aquel hombre cambió de color, me miró fijamente y me dijo con mucha seriedad: **"Mira comemierda, tú no sabes lo que estás diciendo. No sabes que estás hablando. Has visto alguna vez en tu vida un trozo de carne colgando en una carnicería dejando correr la sangre, pues bien, eso es lo que vas a ver cuando se le entra a tiros a una persona".**

De inmediato me dijo que en los primeros fusilamientos en que participó no se ataban a los condenados, que eran conducidos hasta el paredón y colocaban delante de ellos un pelotón de soldados que la mayoría de la ocasiones eran bisoños. Recuerdo que dijo que lo que me contaba había ocurrido hacia unas semanas atrás en Santiago de Cuba, cuando Raúl Castro ordenó los primeros fusilamientos en esa ciudad oriental.

Continuó describiendo la situación y reiterando que muchos de los ejecutores eran hombres jóvenes, sin experiencia revolucionaria y que como colofón algunos nunca habían disparado un arma de fuego en su vida. Me contó que en ocasiones estas personas iban a la encomienda sin reparar en lo terrible del hecho y que sólo se daban cuenta de la realidad cuando se paraban frente a la persona que iban a matar, por lo que en el momento de la verdad erraban el tiro.

Me dijo que a veces tiraban a los costados de la personas que iban a ser ejecutadas por lo que sólo resultaban heridas, lo que hacía mucho más angustiante la situación para el condenado y para los ejecutores. Recuerdo que me refirió que los militares tenían que apuntar con sus fusiles al área del corazón o a la cabeza, porque cuanto más rápido se ejecuta a la persona, cumples con tu deber y evitas el sufrimiento de la víctima.

"Estos tontos", repetía en la conversación, **"hacen lo contrario, tiran a los lados, le dan en un brazo, le dan en una pierna, y el individuo entonces pide clemencia. O se enfurece, grita, empieza a saltar, cae al suelo, empiezan las convulsiones y es un espectáculo realmente vergonzoso, es un espectáculo terrible"**, y mirándome fijamente a los ojos me dijo: **"Si tú presencias un fusilamiento cualquiera que sea la forma, mira, no vas a comer carne en el resto de tu vida".**

Me quedé patidifuso, porque no esperaba una reacción de ese tipo. Por un instante no sabía si aquel hombre me estaba increpando a mí o estaba quizás increpando a la situación. Me estaba planteando un problema de conciencia que indiscutiblemente lo estaba atormentando, lo cierto que para mí fue como un sacudimiento. Creo que muy pocas veces en mi vida he tenido un caso de una persona que me haya hablado con tal efectividad y que me haya hecho ver las cosas, que me haya producido un impacto tan profundo y devastador. Tan profundo, tan consistente y que me haya hecho ver la realidad de los hechos.

Todos en Cuba hablábamos del paredón, hablábamos de los

fusilamientos, muchas personas no estábamos de acuerdo, muchas personas teníamos nuestras reservas de lo que estaba sucediendo pero en ningún momento yo había reflexionado tan minuciosamente. Vi claramente ese espectáculo y los hechos que enfrentaban diariamente esos muchachos jóvenes, sin experiencia militar y que designaban a los pelotones de ejecución. Los veía todos los días en el tribunal, venían con mucha frecuencia, a veces fungían como testigos.

Hay que tener presente que a estos jóvenes se les pagaban 15 pesos por participar en cada pelotón. A los oficiales les gratificaban con 25 pesos. Los oficiales que conducían los pelotones de fusilamientos eran muy pocos. Había uno de nombre Herman Mark[82] que era americano, después fue otro oficial de apellido Expósito, que también creo era norteamericano. Los oficiales que dirigían pelotones de fusilamiento eran conocidos, porque te repito, eran muy pocos los que se prestaban para este tipo de tareas.

Pero regresando a la charla con Máximo. Me habló en una forma tan contundente, tan convencida de lo que decía y me contó todo lo relacionado con un fusilamiento con tantos detalles, que nunca he podido olvidarlo. Es una experiencia que tendré siempre presente. Quiero brevemente repetir algunas de sus palabras **"Fíjate, cuando el sentenciado recibe esos impactos, bien esté amarrado o como sucedía en los primeros casos que simplemente los paraban allí, enfrenté ambas situaciones, he tenido que aproximarme y pegarle prácticamente la pistola a la sien y disparar. Cuando eso pasa saltan los sesos y te manchas de sangre y de restos de carne humana. Es algo horrible".**

Recuerdo a pesar de los muchos años transcurridos, que el hombre regresaba a su ritornelo, como si fuera una especie de exorcismo. ***"Eso me ha pasado, aun en casos en los que el individuo ha estado amarrado. La situación no es la misma***

82 *Comandó varios pelotones de fusilamiento. Se le atribuyen numerosas ejecuciones.*

nunca porque hay hombres muy fuertes, la naturaleza humana es completamente diferente en cada ser humano y cada persona reacciona en una forma desigual. Hay personas que son muy pasivas, van pasivos ante el paredón, si se quiere sumisos, y sin embargo en el momento en que reciben el impacto de las balas es cuando se estremecen, cuando lanzan unos gritos, aullidos extraordinarios que se te cuelan por todo el cuerpo y claro si esos disparos no son lo suficientemente efectivos, el grito, la desesperación de la víctima es mas impactante. Claro, con el tiempo los tiradores eran más efectivos, más certeros y los sufrimientos tan crueles fueron desapareciendo. Pero en los primeros momentos estos casos eran realmente espeluznantes".

Máximo me contó muchas anécdotas de esta naturaleza. Inclusive me decía que en ciertos casos le daba mucha pena lo que hacía, que le chocaba participar en acciones tan drásticas, tan tremenda porque por un lado se trataban de hombres indefensos, de hombres vencidos. Recuerdo que hacía gestos y tengamos presente que los seres humanos tenemos lo que se podría llamar un lenguaje de segunda mano, tenemos un lenguaje gestual donde uno expresa los sentimientos aunque no se use la palabra adecuada.

Eran hombres, no quiero entrar ahora a juzgarlos, que en ningún caso correspondía a nosotros ejecutarlos. Yo, preparando la sentencia y él dirigiendo el paredón, por eso entre nosotros se estableció esa comunicación que es tan compleja y difícil de explicar. Al final le prometí que haría lo que estuviera en mis manos. Le expliqué que le expondría la situación a mis superiores pero que no le podía garantizar los resultados.

Por supuesto que en la primera oportunidad expuse la situación pero evidentemente no me hicieron mucho caso, dudo que le dieran alguna importancia a lo que había dicho. Aclaro que no volví a ver a Máximo y que no supe más de él. Fue un hecho que marcó un hito en mi vida y sobre todo en el concepto que a partir de ese momento tuve del proceso revolucionario cubano y que era lo que realmente se nos estaba exigiendo.

Aquellas conversaciones con Máximo me dejaron marcado y al día siguiente fui al paredón, me acerqué al lugar, me paré junto a los postes, los postes eran pequeños, eran, no sé, tenían unos cuatro pies, una cosa así, me fijé bien en el lugar, donde se situaban a los reos. Efectivamente el paredón estaba a la espalda y más o menos en lo que era la altura del pecho a la cabeza, se veían los impactos de las balas en una línea recta.

También se veía la sangre coagulada a los pies de los fusilados. Aunque me dijeron que se retiraban los cuerpos inmediatamente después de la ejecución aquello quedaba tinto en sangre. Supongo que en algunas ocasiones la limpiarían pero como eran tan frecuentes los fusilamientos la limpieza no podía ser suficiente.

Prácticamente todas las noches se fusilaba, la sangre quedaba allí coagulada, entre la hierba y yo la estaba mirando y también el poste. El poste no solía estar muy manchado, el poste no, porque ellos ponían el cuerpo delante, pero en los pies sí, en los pies se veía el charco de sangre, ya coagulada, ya ennegrecida.

Allí estuve mucho rato imaginando un hombre, parado, amarrado a un poste, y seis hombres que no lo conocen, a quienes nada les hizo y por la razón de vestir un uniforme distinto, van a ejecutarle.

Este es mi mensaje. Reflexionen. Reflexionemos en torno a estas cosas y comprendamos que el responsable máximo, el que daba las ordenes para esto era Ernesto Guevara, y no otra persona. Claro que está Fidel y está Raúl, indiscutiblemente, pero él era quien asumía la responsabilidad directa en esos casos.

A partir de ese día mi presencia en La Cabaña fue completamente distinta, a partir de ese momento no pasé ningún expediente, todos los expedientes se quedaron en mi buró. Mi escritorio pasaba muy pocos pero a partir de aquel día muchísimos menos, pero hubo otro incidente que fue muy importante, quizás de menos efecto, pero complementario.

El comunismo tiene como sistema comprometer a las personas y a veces es lastimoso ver como mucha gente cae en la trampa. El comunismo siempre lo está evaluando a uno, midiendo el compromiso que se tiene con el gobierno. Nos miden, nos sondean para ver hasta donde podemos servir a sus intereses, y a mí me llegó ese momento.

Estoy seguro que estaba vigilado, aunque yo no hablaba, era muy discreto pero como no pasaba los expedientes que me entregaban, era una señal suficientemente fuerte para que las personas a cargo de las gestiones me empezaran a señalar.

Recuerdo que un día me llamó un joven y me dijo: **"Oye, mira esta noche tu vas a ser el fiscal en un caso".** Aquello fue tan sorpresivo que no sabía qué contestar pero cogí los expedientes, lo tenía que hacer, no tenía excusas para evitar la responsabilidad.

Leí los casos que eran sobre unos policías de Guanabacoa o Regla, a los que le pedían una sentencia de 10 años a cada uno. Estudié el caso, lo leí, pero unas pocas horas no es tiempo sufiente para pedir que una persona sea sentenciada a 10 años de prisión.

Ajustado a un acto procesal tenía que haberlos interrogado previamente, interrogar testigos si los hay, informarme todo lo más posible sobre el expediente y todo lo que envolvía el caso y para eso, repito, diez horas no es suficiente.

De todas formas sobre las ocho de la noche, más o menos fui a donde estaba el oficial. Le dije: **"Mire Oficial, yo no voy a servir como Fiscal esta noche"** a lo que me preguntó por qué yo había tomado esa decisión. Le dije que eran razones de tipo legal y aduje ciertas cuestiones de procedimientos internos. Claro que no creo que ese buen señor tuviera ni la menor idea de lo que era una ley de procedimiento ni mucho menos pero aceptó, en definitiva yo no estaba obligado a ser una cosa u otra.

Cuando me iba algo me dijo que fuera hasta el tribunal. Me entró interés por ver como eran las cosas, me llegué al tribunal y me senté. El fiscal, nunca supe como se llamaba, también vi al policía, el prototipo del policía cubano. Viejo, gordo, un guajiro[83]. Aquello me causó compasión, la compasión que tenemos que tener con el vencido, con la persona que está abajo, quienquiera que haya sido, son principios elementales del ser humano y la situación me dio pena.

Recuerdo que el Fiscal lo acusó, le dijo una serie de improperios, le hizo preguntas a las que el individuo respondía diciendo que era inocente, que no había golpeado ni pegado a nadie. El hombre declaraba que era policía, que su deber era estar en la estación y que tenía 20 años de servicio y que nunca le había pegado a ningún revolucionario, ni había hecho nada contra ellos, que al contrario, que algunos de los que había ayudado habían estado en la cárcel y ojalá estuvieran allí presente para que sirvieran de testigos a su favor.

Claro, todo el mundo tiene derecho a la defensa, quizás exageró, cualquiera exagera en una situación de este tipo, cuando se vé indefenso, es humano que quizás exagerara, no lo sé, pero mi conciencia se sintió muy tranquila, muy tranquila de haber declinado ese deber tan triste. Creo que si hubiera estado allí, como Fiscal, no hubiera sido capaz de haberle pedido diez años a ese hombre, no creo que lo hubiera hecho, hubiera pasado la vergüenza y quizás yo hubiera sido a quien habrían castigado.

Pero todo aquello me sirvió para confirmar el papel tan triste que tenía uno que hacer, porque hay que tener en cuenta que en aquel proceso estuvimos en contra de una tiranía, de una dictadura, en eso no hay la menor duda, pero ya eran hombres vencidos y cuando una persona está vencida, hay que proceder con bondad. Jesúscristo murió por algo, hay que proceder con clemencia, por lo menos con sentido de lo justo y no proceder en forma violenta, y siempre darle una oportunidad a la otra persona para que exponga su defensa, su punto de vista.

Quiero señalar también algo importante y es que muchas veces

---

83 Campesino cubano

estas cosas se ven con criterios políticos, pero un tribunal, cualquiera que este sea, un tribunal de derecho, y más donde se están juzgando a personas con delito de carácter político, pero en definitiva delitos, tiene que tener ciertos principios de objetividad. Se nos exigía procesar a individuos que iban a ser condenados de todas maneras, en realidad los elementos de juicio y nuestra aportación eran nulos, prácticamente nulos, era simplemente mover unos papeles y pasarlos después al Ministerio Fiscal.

En un sistema de derecho lo mínimo que se busca es la uniformidad, en lo que llamamos ley, hay una figura de delitos que está especificada, que se sabe en qué consiste. El caso particular se toma, se estudia en el expediente, se utilizan los diversos elementos, los testigos, acusaciones, hechos, circunstancias y entonces se busca que el hecho individual encaje dentro de la legislación de tipo general que prefigura en qué consiste el delito. Esto es elemental en cualquier tribunal de derecho.

Allí, era lo contrario, allí se generalizaba con un eslogan político, "son asesinos, son criminales, pertenecen a una dictadura, tienen que ser ajusticiados". Y el discurso que aparecía en el expediente respondía a este criterio político.

Quiero ilustrar esto con un hecho lamentable aunque no recuerdo el nombre de la persona que fue fusilada. Se trataba de un joven policía, creo que era policía de tráfico de la perseguidora. A ese individuo lo cogen preso, y se le acusa de confidente en el caso de un revolucionario que fue vilmente asesinado por la dictadura de Batista.

La familia del preso movió cielos y tierra, esto era muy frecuente. Los familiares de los presos entraban y salían, haciendo lo indecible por aminorar la pena de sus seres queridos. Esta familia se movió mucho a favor del joven y aducían que él no era la persona que chivateó a la víctima.

Próximo a la ejecución pidieron una entrevista con Guevara que éste les concedió. Porque lo digo una vez más, Guevara escuchaba a todo el mundo, escuchó a la familia, aprobó que efectivamente el responsable, la persona que había cometido el chivatazo o delación había sido otro pero al final de la entrevista le dijo a los parientes del individuo: **"Bueno, yo estoy de acuerdo con ustedes, yo creo que efectivamente, el acusado no fue quien dio el chivatazo, pero mire, estas cosas hay que juzgarlas con un criterio revolucionario. No estamos discutiendo, más o menos, si él lo hizo, si dio el chivatazo o lo dio otro, ese es un problema intranscendente, lo importante es que él vestía el uniforme de esbirro de la tiranía y esa es la razón por la cual lo llevo al paredón".**

Hay otro punto que también quiero someter a la consideración, sobre todo a las personas mas objetivas, que en la actualidad analizan la figura de Ernesto "Che" Guevara.

Hace pocos días conmemoramos un aniversario más del fin de la segunda guerra mundial. Leí datos que proceden de Rusia en los que se calcula que los muertos en la Unión Soviética fueron unos 27 millones, lo que eleva a 47 millones el número de muertos durante la Segunda Guerra Mundial. Hasta ahora habíamos calculado que la Unión Soviética había tenido 20 millones de muertos, Polonia, 8, Yugoeslavia unos 2 millones, y así sucesivamente. Ahora son 47 millones de muertos, suponiendo que el resto de los países involucrados aportaron otros 20 millones.

El derecho internacional celebró los juicios de Nuremberg, donde se juzgaron los criminales de guerra de ese acontecimiento tan doloroso de la humanidad. El tribunal de Nuremberg condenó a muerte a 12 hombres, 12 dirigentes nazis responsables directos de genocidio, los encontraron culpables y con motivos suficientes para aplicarles la pena capital. O sea, en una guerra donde hubo 47 millones de muertos se prueban las responsabilidades de 12, 14, 15 hombres para aplicarles la pena de muerte y ese fue un tribunal del que nadie ha puesto en dudas su objetividad y su sentido del derecho.

Me pregunto, cómo es posible que en un proceso como el

cubano donde los muertos de ambos bandos no pasaron de 3 mil, sólo en La Cabaña, donde funcionó la "Comisión Depuradora", se fusilaran más de 400 personas acusadas de crímenes de guerra. Esa es una cifra que a cualquier persona que sea un poco objetiva tiene que sacudirle la conciencia.

NAPOLEON VILABOA
EX MIEMBRO DEL MOVIMIENTO "26 DE JULIO". COMENZO A TRABAJAR EN ENERO DE 1959 EN LA LLAMADA "COMISION DEPURADORA", EN LA FORTALEZA DE "LA CABAÑA", BAJO LAS ORDENES DE ERNESTO GUEVARA.

Napoleón Vilaboa

Periodista.
Integrante de la Comisión Depuradora de La Cabaña.

Conocí a Ernesto Guevara cuando estuve trabajando bajo sus órdenes en la Fortaleza de La Cabaña en el momento en que era jefe militar de ese establecimiento.

P: ¿Qué tipo de trabajo desempeñó con Guevara?

R: Primero quiero decirles que me había ido del Movimiento 26 de Julio, me había pasado para el Directorio, porque descubrí que la mayoría de los hombres de confianza del líder del 26 de Julio, Fidel Castro, eran cripto-comunistas

El doctor Fidel Castro, le digo doctor porque estudió en la Universidad de La Habana, no le digo comandante porque nunca ha sido militar y tampoco presidente porque no ha sido electo en elecciones libres y democráticas en nuestro país. Quiero afirmar que Fidel Castro era un hombre de los soviéticos desde el año cuarenta y pico. Fue el hombre encargado por Moscú para que convirtiera a Cuba en una base militar soviética a 90 millas de los Estados Unidos de América.

P: Napoleón, ¿qué hizo en La Cabaña y qué posición ocupó cuando entró a trabajar allí, en los primeros meses del año 1959?

R: Déjenme explicarles una cosa. Fui uno de los fundadores del Movimiento 26 de Julio cuando Fidel Castro salió de la prisión de Isla de Pinos gracias a una amnistía promovida por Fulgencio Batista. Yo era en aquel momento dirigente nacional de la Federación de Estudiantes Secundarios de Cuba; entonces, Fidel Castro me designó para que organizara la sección estudiantil del 26 de julio.

Después de eso, debido a un problema, un incidente en el cual estuvo involucrado Fidel Castro y "Ñico" López descubrí que el movimiento 26 de Julio era un instrumento del comunismo, por lo que me separé de esa organización y conspiré con la Triple A y el Directorio Revolucionario.

En 1959, ingresé a las Fuerzas Armadas Revolucionarias y me enviaron para La Cabaña a un organismo que se llamaba La Comisión Depuradora de La Cabaña. Al frente de ese organismo estaba el capitán Antonio Llibri. Habíamos sido compañeros en la segunda enseñanza y estuvimos juntos en un congreso de estudiantes de secundarias.

La Comisión Depuradora fue un organismo que creó Fidel Castro con el pretexto de depurar las Fuerzas Armadas en Cuba, aunque en realidad la Comisión tenía como único objetivo implantar el terror revolucionario en la isla mediante los fusilamientos.

Fusilamientos que eran ilegales porque se hicieron tres comisiones depuradoras y tres tribunales, pero los tribunales eran simplemente para justificar los fusilamientos que eran acciones arbitrarias porque los infelices que ejecutaban ya estaban previamente sentenciados como es el caso del primer teniente José Castaño que había sido un alto oficial del BRAC y que fue asesinado personalmente por el "Che" en su propia oficina. Contra Castaño no había ningún tipo de pretexto legal para ejecutarlo, porque este señor, ni había matado ni había torturado a nadie durante el régimen de Fulgencio Batista.

P: ¿Quiénes integraban esa Comisión Depuradora?

R: Esa comisión estaba formada básicamente por comunistas y sus partidarios y la comandaba Ernesto Guevara. Uno de sus principales ayudantes era el capitán Antonio Núñez Jiménez, otro agente soviético y el también mencionado capitán Antonio Llibri, otro miembro del Partido Comunista que había sido situado en la Sierra Maestra como uno de los asistentes de Fidel Castro.

P: ¿Fue testigo de alguna decisión de Guevara en torno a los expedientes relacionados con los procesos judiciales que allí se cumplieron?

R: La mayoría de aquellos expedientes sólo contenían mentiras. Las sentencias estaban dictadas antes de iniciarse el juicio, antes del juicio ya se tenía conocimiento de las condenas que se iban a dictar.

"Che" Guevara personalmente señalaba con un lápiz o una pluma la gente que iban a ser fusilados, para lo cuál era asesorado en muchas ocasiones por miembros del Partido Comunista, como Osvaldo Sánchez[84], que más tarde fue el principal organizador en Cuba del G-2.

Las sentencias eran simplemente un trámite, un formalismo más. Esas sentencias estaban hechas. Entre la gente que más se destacó fusilando cubanos había un norteamericano que había sido expulsado deshonrosamente de las Fuerzas Armadas de su país, su nombre era Herman Markovich, pero la gente le decían

84 *Dirigente del Partido Socialista Popular, formó parte del sector más violento de esa organización. Uno de los organizadores de la Seguridad del Estado. Sindicado de ser uno de los implicados en el supuesto asesinato del comandante Camilo Cienfuegos. Murió en un confuso accidente aéreo en 1961 cuando su avioneta fue derribada por un supuesto error de una batería antiaérea.*

llamaba Herman Koch. Este señor era un verdadero enfermo, era un individuo que gozaba con asesinar personas.

Desgraciadamente para el pueblo cubano, vimos el caso de un extranjero como Ernesto "Che" Guevara, que era un apátrida porque como marxista-leninista era un hombre sin patria, porque esa gente ni creen en Dios, ni creen en la patria, ni en la familia y utilizaba a Herman Koch, que al fin y al cabo era un psicópata, un degenerado, para las ejecuciones.

Esta gente utilizaba el pretexto de que los acusados habían pertenecido a las Fuerzas Armadas del régimen de Fulgencio Batista para acusarlos y procesarlos, en muchas ocasiones las acusaciones no tenían sustentación pero ellos entendían que eran necesarias las condenas a muerte para sembrar el terror revolucionario, lo que interpretaban como fundamental para la consolidación de la dictadura revolucionaria de Fidel Castro y los comunistas.

Desde el principio hubo casos de personas que sin tener esa connotación de miembros de las Fuerzas Armadas del régimen de Batista, caían presos y después eran ejecutados. Simplemente esos individuos eran detenidos y eliminados porque eran elementos que se sabía eran anticomunistas.

Vuelvo al caso de Castaño. El teniente Castaño no era un defensor del régimen de Batista. Era un oficial de academia y a parte de eso, era un convencido anticomunista. Era un individuo que hablaba varios idiomas, era el hombre que más conocía de asuntos comunistas dentro del BRAC y nunca fue promovido como merecía porque Batista no lo quería, no tenía ninguna simpatía hacia él. Batista nunca lo ascendió más allá del grado de primer teniente.

Hay una anécdota muy interesante sobre Castaño. Personas conocidas mías me contaron que Castaño descubrió que un general del régimen de Fulgencio Batista era miembro secreto del Partido Comunista. Según me dijeron, Castaño grabó una entrevista clandestina que el alto oficial había sostenido con varios miembros del Comité Central del Partido Comunista de

Cuba, que en aquella época se llamaba Partido Socialista Popular. Cuentan que Batista arrestó al militar pero que de inmediato lo liberó.

Castaño hizo una investigación dentro del régimen de Batista sobre las inmoralidades que había en las Fuerzas Armadas pero Batista no le hizo ningún caso a la investigación que había realizado y como Castaño conocía mucho del comunismo en Cuba, Ernesto Guevara lo asesinó personalmente.

Jaime Pérez Singla

Agente del Buró de Represiones Anticomunista.
Asistente del teniente José de Jesús Castaño.

P: ¿Pérez Singla, que era el BRAC?

R: Se creó como uno de los acuerdos del denominado Punto IV en el Caribe, era un programa del gobierno de Estados Unidos para tener conocimiento del desarrollo del comunismo en el Caribe.

Hay que recordar que se estaba en el proceso que la historia recoge como el de la Guerra Fría. Cuando ingresé al BRAC el jefe del cuerpo era el coronel Leopoldo Pérez Coujil[85] pero poco después designaron como jefe, cargo que ostentó hasta 1958, al coronel Mariano Faget, otro oficial del BRAC fue el comandante Roger Lavernia. Quiero decirte que Faget escapó de Cuba el primero de enero, cuando se fue Batista con toda su gente. La sede del BRAC fue ocupada el mismo primero de enero y varios

---

85 Al crearse en 1955 el BRAC, (Buró de Represión para las Actividades Comunistas), bajo la Jefatura del General Martín Díaz Tamayo, Castaño fue nombrado Jefe de Operaciones de dicho organismo, siendo ratificado posteriormente en su cargo por los distintos Directores del BRAC, General Martín Díaz Tamayo, y Coroneles Aquilino Guerra, Mariano Faget y Leopoldo Pérez Coujil.

de nosotros fuimos arrestados ese mismo día, después nos liberaron pero como a los tres días fuimos detenidos nuevamente y procesados.

P: ¿Qué actividades realizaban ustedes?

R: La labor nuestra era investigar sobre los comunistas en Cuba y aunque la palabra represión formaba parte de la identificación del Departamento eso era lo que menos se hacía. Aclaro que en el Buró existía una sección que se dedicaba a los arrestos, de la que ni Castaño ni yo formábamos parte.

P: ¿Podría describir un poco más las actividades del BRAC?

R: Nosotros investigábamos a todos los comunistas o quienes estaban asociados con ellos. Cuando se determinaba un arresto la sección a cargo conducía al detenido a una especie de VIVAC donde permanecían hasta que eran conducidos al tribunal de urgencia. Nuestras oficinas estaban muy cerca del campamento de Colombia, entre el Obelisco y el Hospital Militar.

P: ¿Qué hacían con la información que obtenían?

R: En el acuerdo estaba claro que se la teníamos que entregar a un funcionario de la Embajada de Estados Unidos y a una de sus dependencias como el FBI. Por supuesto que la información también era entregada al gobierno de Cuba.

P: ¿Cómo era el teniente Castaño? ¿Algunos afirman que era anticomunista pero que no simpatizaba con el general Batista?

R: Mire, Castaño era todo un profesional. Un caballero es la mejor palabra para describirlo. Un hombre completamente íntegro. No le faltaba el respeto a nadie y sus orientaciones más firmes y claras tenían que ver con el trato que había que darle a los arrestados. Siempre prohibió la tortura o el maltrato a un detenido. Decía que no se podía abusar de un preso. Mire, aparte de ser una personas decente, era un hombre muy inteligente, culto y hablaba varios idiomas.

P: ¿Conoció Ud. a Ernesto Guevara?

R: No. Lo vi en varias ocasiones cuando bajaba hasta el área del patio de La Cabaña. Él observaba, curioseaba, pero no se acercaba hasta donde estábamos nosotros. Su conducta era como si estuviera en un parque, caminaba sin prestarle la más mínima atención a lo que veía ni a las personas que allí nos encontrábamos. Era como si no existiéramos para él.

P: ¿Cómo fue el juicio?

R: Mire, realmente en el juicio sólo hubo dos acusados, Castaño y yo, aunque sentado en la parte de atrás estaban varios ex miembros del BRAC pero en ese momento no fueron procesados. Las acusaciones más severas eran contra el teniente Castaño, acusaciones falsas y sin sustentación, prefabricadas, todo fue arbitrario, sin ninguna posibilidad de que se hiciera justicia.

A Castaño no le achacaron ningún asesinato, los que le acusaron le incriminaban actos de torturas o malos tratos, pero le digo que todo era mentira.

Creo que el odio contra la persona de Castaño se debió a qué uno de sus mayores éxito fue que penetró el Partido Socialista Popular, contaba con gente dentro de esa organización a la vez que consiguió que militantes del Partido le informaran sobre las actividades de la agrupación.

En lo que a mi respecta fui acusado por una veintena de personas pero ninguno de los que declaraba en mi contra me podía identificar entre los acusados, en una palabra, mis supuestas víctimas nunca me habían visto.

El único que me identificó fue Joel Doménech[86], una persona que yo no conocía, pero supe años más tarde que era amigo de un estudiante de apellido Guerra al que yo le impartía clases en la Escuela de Comercio de Marianao, donde trabajaba por la noche.

Al alumno lo había remitido al Consejo de Dirección por copiar en un examen y como fue sancionado por mi reporte él tomó venganza diciéndole a Doménech que me denunciara por haberle propinado una golpiza.

No quiero apartarme del caso del teniente Castaño pero voy a desviarme un poco para demostrar como era la justicia en Cuba a partir de 1959.

Me condenaron a diez años por supuestamente haber abofeteado a un revolucionario. Cuando unos meses más tarde el gobierno traspasó del sistema judicial militar a la corte civil cierto tipo de delitos mis abogados hicieron una apelación determinando el más alto tribunal que mi sanción había sido muy severa.

De hecho me podían poner en libertad de inmediato, pero eso no era prudente hacerlo porque podía ser tomado por quienes me habían juzgado y condenado, como una provocación, un desconocimiento de su autoridad. Hasta ese punto llegaban las arbitrariedades en nuestro país.

La revisión de mi condena redujo la sanción a dos años de los que ya había cumplido 18 meses. Mis abogados querían apelar de nuevo para que la redujeran más todavía pero les dije que no, yo no quería correr el riesgo de que jueces más complacientes revocaran la decisión anterior.

Regresando al juicio y para hablarle más de Castaño le cuento que muchos de los testigos de la acusación habían sido confidentes nuestros. Militantes comunistas que como dije antes, delataban a sus compañeros ante el teniente.

Esas personas fueron al tribunal para declarar en contra

86 *Ocupó importantes posiciones en el gobierno totalitario.*

nuestra. Castaño adivinó lo que iba a suceder, ya que antes de que se iniciara el juicio me dijo: **"Jaime, vas a ver mucha de esa gente que son informantes nuestros hablar en contra nuestra"**, y agregó en un tono muy severo: **"No es conveniente que identifiquemos a quiénes nos acusen como que fueron nuestros confidentes, así que ignora lo que digan, no los contra acuses porque si lo haces te voy a desmentir. Eso no se hace, fueron nuestras fuentes y punto".** Después de esa conversación me dijo: **"Jaime, a mi me van a matar, pero tu vas a salvar la vida".**

P: En su opinión, ¿por qué Castaño tenía esa convicción?

R. Mire, no sé y se fue con el secreto, pero le repito era muy inteligente y sabía mucho, demasiado para que mucha gente pudiera estar tranquila. Él, desde el principio del proceso, estaba convencido de que iba a morir.

P: Sobre la muerte del teniente Castaño hay muchas versiones y confiamos recoger en este libro todas las que nos den para que futuros investigadores puedan acercarse más a la verdad, por una o todas las vías que nos han ofrecido testimoniantes como usted.

R: Mire, lo que le voy a contar ahora es eso que los americanos dicen "secretos de oído", porque no lo presencié, pero me lo dijo una persona que era amigo mío y que me confesó cuando tuvo la oportunidad, cómo había sido la muerte del teniente Castaño. Ese señor era un teniente del ejército de apellido Gómez, y digo así porque imagino que debe estar muerto porque era mucho mayor que yo. Nos conocíamos desde hacía muchos años. Nuestra relación era casi de familia. Él siempre había trabajado en las oficinas de La Cabaña y lo seguía haciendo después del triunfo de la Revolución por lo que en cierta medida trabajaba con el "Che" Guevara.

El teniente me contó que cuando se dictó la sentencia a muerte contra Castaño, el Nuncio Apostólico en Cuba fue a ver al presidente Manuel Urrutia para que conmutaran la pena y Urrutia conmutó la sanción por una de 25 años de cárcel, decisión que comunicó al Che, quien por respuesta ordenó que Castaño fuera conducido hasta su oficina donde le dio muerte delante del capitán Miguel Ángel Duque de Estrada, jefe del Departamento Legal de La Cabaña.

Guevara ordenó a su gente de inmediato que condujeran al occiso hasta el lugar donde se realizaban las ejecuciones y que simularán que habían cumplido la sentencia. Después de esto envió un mensaje al presidente Urrutia en el que le decía que la orden de suspensión había llegado tarde.

Esto me lo relató el teniente Gómez porque después de que dictaron la sentencia me dejaron como tres meses más en La Cabaña, en espera de que surgiera otra acusación en mi contra, cosa que nunca ocurrió.

Considero que Guevara decidió ejecutar a Castaño por los profundos conocimientos que el teniente tenía sobre las actividades de los comunistas en Cuba, conocimientos que eran muy peligrosos para el tipo de régimen que se estaba estableciendo en nuestro país.

Rolando Castaño

Hijo del Teniente del Ejército de la República.
José de Jesús Castaño.

Mi nombre es Rolando Castaño. Soy hijo del teniente José de Jesús Castaño que fue asesinado por Ernesto Guevara en La Cabaña el 7 de marzo de 1959.

Las condiciones en que fue asesinado mi padre fueron muy complejas. Estaba preso en la Fortaleza de la Cabaña desde hacia tres meses.

Mi padre fue sometido a un proceso sin ninguna garantía, una verdadadera pantomima judicial. Un juicio donde sólo hablaba la parte acusadora y la defensa no tenía oportunidad para nada.

El 6 de marzo fue el juicio y a eso de la medianoche lo condenaron a muerte. Varias personas que querían ayudarnos hicieron una evaluación del caso de mi padre y mandaron una comisión para que hablara con Fidel Castro, para que no se matara el teniente Castaño.

Los trámites fueron muchos, incluso una comisión de la embajada de Estados Unidos hizo gestiones ante el propio Fidel Castro para que no mataran a mi padre, ya que él no estaba acusado de ningún crimen, no le impugnaban ningún asesinato, ni tampoco que hubiera herido o maltratado a alguien.

Tengo entendido que Castro se comunicó con Ernesto Guevara, y que éste le dijo que ya era muy tarde, que la orden había sido ejecutada por él y en su despacho. Según las informaciones que tengo lo interrogó y hasta lo maltrataron físicamente. Me han afirmado que el "Che" Guevara con una pistola en la mano se paró, se colocó en la espalda de mi padre y le dio dos balazos en la cabeza.

Esa es la versión que tengo, la que me han dicho. Yo no estaba en La Cabaña, estaba en La Habana, pero varios miembros del Buró de Represión de Actividades Comunistas, BRAC y del Servicio de Inteligencia Militar, SIM, que sí estaban presos en La Cabaña en ese momento dicen que esa noche no se fusiló a nadie. El teniente Castaño fue muerto pero no fusilado. Esa noche los acostumbrados disparos que tenían lugar en el paredón de fusilamiento, no se escucharon.

La causa por la que mi padre fue asesinado por Ernesto Guevara fue porque tenía un extenso conocimiento sobre las actividades comunistas en Cuba. Desde hacía dos o tres años, mi padre era el segundo jefe del Servicio de Inteligencia Militar y después del BRAC, que era el Buró de Represión de Actividades Comunistas. Mi padre poseía uno de los mejores archivos sobre las actividades comunistas en Cuba, Centro y Suramérica, por eso tenía un contacto directo y regular con la embajada de Estados Unidos en La Habana.

Por esos conocimientos Ernesto Guevara mató a mi padre.

Beatriz Castaño Hodgson

Hija del Teniente del Ejército de la República.
José de Jesús Castaño.

Mi padre, José de Jesús Castaño y Quevedo, nació en La Habana el día 23 de junio de 1914.

Sus padres fueron Paulino Castaño, un hombre al que adoré, serio, responsable, un militar de carrera intachable, y Adelaida Quevedo, madre de dos hijos solamente, José de Jesús y Marta.

Mi padre cursó sus estudios y se hizo Bachiller en Ciencias y Letras en el Instituto de La Habana, y cuando terminó ya había ingresado al Ejército de Cuba. Hablaba diez idiomas, era un hombre serio como su padre, con condiciones morales intachables, responsable, padre y esposo amoroso, muy dedicado a sus hijos. Era un atleta muy bueno y un nadador excelente.

Del matrimonio con mi amorosa y excelente madre, Mariana Fernández, nacimos tres hijos, Rolando, José de Jesús (conocido como Pepito) y yo, Beatriz, mas conocida como Betty.

Todos conocen que mi padre fue destacado primero en el SIM, y luego de Jefe de Operaciones en el Buró para la Represión de las Actividades Comunistas (BRAC), como segundo del Comandante Faget[87], quien era el Jefe del BRAC.

Entre las personas que mi padre investigó y con quien tuvo un altercado cuando lo interrogó en investigaciones, fue con el tristemente célebre Camilo Cienfuegos.

Mi padre como militar de carrera se quedó en su puesto cuando triunfó la revolución durante tres días. Hablé con él y le dije que en mi opinión era mejor que se fuera, que los comunistas eran personas sin decoro y con ambiciones de controlar el país como lo habían hecho en Rusia.

Me contestó que él era militar, que sólo había cumplido su trabajo con dignidad, y que su conciencia estaba muy limpia, que nunca había maltratado a nadie y mucho menos herido o matado.

Recuerdo que me dijo que muchos de los funcionarios y militares que estaban saliendo del país tenían miedo de las cosas que hubieran podido haber hecho, pero que él tenía la conciencia muy limpia, que sus manos y su conciencia estaban muy limpias y que no tenía temor porque nada le podía pasar. También me dijo que no quería que los comunistas tomaran represalias contra nosotros, que su familia era su orgullo y que era su deber protegernos. Terminó diciéndome que un militar no abandona su puesto.

En esa época yo trabajaba de operadora en la compañía telefónica, y escuchaba muchas de las llamadas de los asesinos que se jactaban diciendo que iban a matar a todos los que hubieran usado un uniforme del dictador. Traté de convencer a mi padre varias veces más, pero no me fue posible.

Mi padre había hecho la investigación sobre la conspiración en la que había participado el coronel Ramón Barquín[88], quien el primero de enero cambió su uniforme militar al de verde olivo,

---

87 Mariano Faget Díaz. Murió en el exilio.

88 Jefe de la llamada Conspiración de los Puros. Militares de la República que enfrentaron al régimen de Batista, porque éste había violentado la Constitución de 1940. Los conspiradores fueron apresados y enviados a Isla de Pinos con los prisioneros del Movimiento 26 de Julio. Murió en el exilio.

lo que mostraba su traición como militar al gobierno de Batista. Tengo entendido que se hizo cargo del Estado Mayor. Este buen señor no duró mucho en el Estado Mayor, pues el Comandante Camilo Cienfuegos fue quien se hizo cargo de ese puesto.

A mi padre le hicieron un juicio donde no permitieron ningún testigo a su favor, lo querían culpar de todo lo que se les ocurría. En esos días prácticamente las acusaciones eran las mismas para todos los procesados. Todos los juicios llevaban los mismos cargos. Lo importante era eliminar a los que usaron uniforme militar o policial durante el gobierno de Batista. Por supuesto siempre culpaban y siempre pedían pena de muerte y la mayoría de las veces la aplicaban.

Nosotros apelamos a la Embajada de Estados Unidos, ellos nos ayudaron y trataron de interceder a favor de mi padre y otro tanto hizo el clero. Tanto unos como otros conocían a mi padre y sabían que era un hombre limpio de culpas.

El día 6 de marzo nos pusieron en conocimiento de la sentencia. Ese día tuvimos la última visita. Recuerdo que nos dijo que le lleváramos en la jaba un par de zapatos corrientes. Mi madre y yo siempre nos la arreglábamos para pasar las cosas.

Mi padre se despidió de nosotras. Le dio el reloj que tenía puesto a mi madre, las botas de militar y una carta de despedida llena de amor y ternura que aún conservo y la recomendación de que no nos olvidáramos tener fé en la apelación. La apelación era otro show de la revolución para poder asesinar diciendo que se respetaban las leyes.

En esa visita nos dijo: **"Mi Ángel de la Guardia me habló hace tres días y me espera una luz maravillosa. No le temo a la muerte, mis manos están limpias, mi conciencia tranquila, creo que he sido un padre bueno, los he hecho hombres y mujeres de bien, espero que siempre sigan el camino recto. A mi madre y mi padre, que los quiero, que no sufran. Y a ti mi Muñeca (a mi mamá), te seguiré queriendo eternamente, algún día te recibiré con los brazos abiertos. Es tiempo que mis hijos te cuiden, ya tu cuidaste por ellos. No se preocupen**

de hacer justicia, Dios es quien tiene ese derecho".

Como comprenderán fue una despedida muy dura. Aunque nos dijo que era una despedida yo le aseguraba que seguiríamos luchando. Repito, la Embajada Americana nos estaba ayudando y el clero también intervenía para liberar a mi padre.

Les describo el panorama de aquella noche, con los tres personajes que más tuvieron que ver con la muerte de mi padre: Fidel Castro estaba en una asamblea general con los trabajadores del Sindicato de los telefónicos. Yo tenía dos amistades que fueron siempre como parte de mi familia, tanto en Cuba, como después en Estados Unidos, que pertenecían al Sindicato y que les tocó sentarse cerca de Fidel.

Camilo Cienfuegos estaba a cargo del Estado Mayor y les aseguro que este señor no fue el hombre dulce que aparentaba ser.

El asesino, Ernesto Guevara, con sus colmillos siempre dispuestos a chupar sangre, de Jefe de La Cabaña. En La Cabaña trabajaban como ayudantes de Guevara dos amigos de mi hermano menor que residían en el barrio. Ellos tendrían unos quince años de edad.

El día del juicio mi madre y yo fuimos con siete testigos a favor de mi padre, inclusive uno que había luchado por la revolución y que mi padre lo salvó varias veces para que la policía no lo golpeara. Por otro lado, mi hermano menor, con su traje de Boy Scout, entraría por otra puerta acompañado de dos amigos de su patrulla. El cuento que harían para entrar sería que iban a ver o aprender sobre lo que allí ocurría.

Al llegar al portón de La Cabaña, nos preguntaron quienes éramos y que hacíamos. Le respondí que éramos familia de Castaño, que veníamos al juicio. Nos pidieron los nombres. Preguntaron si habían testigos a favor, agregando que los nombres de mi madre y el mío estaban allí pero los que nos acompañaban nó y que allí no entraban testigos a declarar a favor de los esbirros.

Solamente entramos mi madre y yo.

Todo el mundo sabe como eran esos juicios. Solamente hablaba el fiscal y al abogado defensor no lo dejaban aplicar las leyes ni realizar una verdadera defensa. En ocasiones los abogados eran incriminados por el tribunal que juzgaba al acusado. Esa noche dictaron la sentencia y dijeron que esa misma noche se cumpliría la pena de fusilamiento.

Tanto mi amiga Rosa María como mi amigo Ernesto, me llamaron y me contaron que Camilo se había comunicado con Fidel durante la asamblea, que Fidel le dijo: **"Camilo, si no lo han encontrado culpable de nada y hay tanto empuje de los americanos y de los curas, dile al Ché que mañana quiero ver ese expediente, quiero saber quién es ese Castaño".** Por otro lado, nos llamó el padre que hacía las confesiones en La Cabaña y nos dijo que le habían comunicado la cancelación del fusilamiento de Castaño.

Le avisamos a Rolando, que en aquel entonces trabajaba en Cienfuegos, en la Compañía Telefónica local. Teníamos esperanzas, la esperanza nunca se pierde. Nos recostamos un rato, con la misma ropa, a lo menos yo, nunca me quedé dormida. A las tres de la mañana, algo imposible, yo sentí varios tiros y un sentimiento de angustia y de dolor inexplicable, hasta el día de hoy. Llamé a Muñeca (mi madre) y le dije: **"Muña, mataron a Cheo (así le decíamos a mi padre) lo he sentido".** Llamamos a la Iglesia y el padre nos dijo que era imposible, que el acuerdo era que siempre se les daba el derecho de confesión.

A las cinco de la madrugada salían los periódicos y los vendedores gritaban: **"Fusilaron al esbirro Castaño".**

Llamé de nuevo al Padre. Llamé a un amigo, un reconocido profesor de ideales comunistas, pero amigo de la casa y le pedí que nos llevara a La Cabaña para que nos ayudara a reclamar el cadáver.

La gestión en La Cabaña fue por supuesto dolorosa y agobiante pero nos prometieron que nos entregarían el cuerpo en el cementerio, pero al no tener un lugar comprado en el cementerio acordamos que fuera en una funeraria a las dos de la tarde y que de allí trasladaríamos el cadáver al cementerio. La primera funeraria que se nos ocurrió fue la Funeraria Caballero.

Fuimos a la funeraria, escogimos entre lo que tenían disponible y de allí nos fuimos para el Cementerio de Colón donde alquilamos un lugar por tres años hasta que compráramos algo nuestro, para después pasarlo a un osario, como era costumbre en Cuba.

Le avisamos a Rolando que fuera directo para el cementerio porque no le daba tiempo llegar a las dos de la tarde a la funeraria.

Llegamos a la funeraria, el cuerpo de mi padre lo traían dos personajes en traje de revolucionario, con armas largas, metido en una bolsa plástica. Hay veces que es una ventaja ser mujer, joven, rubia de ojos claros y en aquellos momentos me imagino que atractiva. Le pedí de favor que quería vestir a mi padre y acomodarlo en su ataúd. Me dijeron: **"Si tú lo haces, está bien, nosotros no tocamos muertos, cuando terminen, el resto de la familia puede verlo pero de dos en dos y no quiero show, nada de lágrimas o nos llevamos al muerto".**

Mi madre y yo lo vestimos con los dos militares supervisando. Nos demorábamos un poco para darle tiempo a Rolando a que llegara al cementerio. Le pusimos su traje de militar, con sus botas. Cuando lo vestíamos nos dimos cuenta que tenía el brazo izquierdo partido. También tenía tres tiros que le habían impactado por la espalda y el tiro de gracia en la cabeza.

Allí estaba mi abuelo Paulino, mi abuela Adelaida (la que llamábamos Mama Aya) mi abuela Hilda, la mamá de mi madre, Pepito mi hermanito, Delfín quien era como otro hermano, y Ramón Ventoso el profesor que nos acompañó en todo momento ayudándonos con esa gente comunista. No nos quedó más remedio que entrar de dos en dos, a ver el cuerpo de mi padre.

Yo me encargué de entrar a mis abuelos, no creí que iban a resistir ver el tiro que tenía en la cabeza, exactamente de la sien derecha hacia la parte izquierda de la garganta.

De allí nos fuimos al cementerio, Rolando llegaba también.

Enterramos a mi padre, siempre custodiados por los dos individuos armados. Estando allí llegaron los amigos de mi hermano que eran ayudantes del Ché.

Dijeron que venían a darnos el pésame pero les pedimos que se fueran. Los dos regresaron por la noche a la casa y nos pidieron por favor que les permitiéramos entrar porque querían hablarnos.

Nos contaron que ellos estaban de ayudantes del Ché. Que estaban presentes cuando el Ché recibió la llamada de Camilo y que se pusieron de acuerdo para que la orden de Fidel no llegara a tiempo. Camilo iba a decir que no hubo comunicación telefónica, que le iba a enviar un mensajero con la orden y que el Ché se encargaría de matar a Castaño inmediatamente, para que cuando llegara la orden fuera demasiado tarde.

Trajeron a Castaño, lo maltrataron, lo insultaron, le rompieron un brazo, lo tiraron al piso y le dieron tres ó cuatro tiros por la espalda. Nos dijeron que ellos no habían luchado por esa Revolución, pero que no habían podido hacer nada porque los habrían matado. Recuerdo que dijeron que mi padre había sido un hombre bueno.

Tengo entendido que se marcharon de Cuba un tiempo después tal y como nos habían dicho y que ambos regresaron a Cuba en la expedición de Playa Girón.

Eduardo Pérez

Teniente del Ejército Rebelde.
Oficial de la Columna No. 8 que comandaba
Ernesto Guevara de la Serna.

Fui miembro de la columna 8 del Ejército Rebelde "Ciro Redondo" en el año 1958. Llegué a tener el grado de primer teniente cuando terminaba el proceso insurreccional contra Fulgencio Batista.

P: ¿Dónde usted se incorporó a esa columna? ¿Cómo fue su experiencia en la columna 8 con Ernesto Guevara?

R: Me incorporé a la columna en un campamento que se llamaba "El Algarrobo". Recuerdo que era por la tarde cuando junto a otros compañeros llegué al lugar, veníamos de la zona más al norte de la Sierra del Escambray. Cuando arribamos, unos 200 o 300 hombres, nos mandaron a formar militarmente.

Cuando estábamos reunidos llegó Guevara quien nos habló. Nos dijo que de ese momento en adelante nuestra comida, nuestro almuerzo, nuestro desayuno iba a ser el combate en todas las expresiones posibles. Esto ocurrió a unos 2 ó 3 kilómetros del lugar donde en ese momento estaban bombardeando unos aviones de la dictadura.

Tengo que decir que mis relaciones con Guevara no fueron de amistad ni nada parecido porque yo era un simple soldado en aquel momento. Lo que si les puedo decir es que, en mi opinión, era un hombre con valor personal. Además también tiene a su favor que era un tipo con mucha fuerza de voluntad, aunque también les puedo asegurar que era un tipo muy arrogante, expresaba un constante desdén hacia los demás, en particular por los combatientes que nos encontrábamos formando parte de aquella tropa casi bisoña. Digo esto porque había allí dos jefes, Guevara y Ramiro Valdés.

Les digo que entre los combatientes había una especie de hermandad. Nos comunicábamos, nos sentíamos muy unidos porque la lucha, las situaciones difíciles hermanan a los hombres, ahí uno se hermanaba, se tenían unas relaciones muy cordiales con todo el mundo.

Pero los jefes, en este caso, Guevara y Valdés, eran gente aparte. Con ellos no se podía hablar. Ellos no se comunicaban, por lo menos con los que éramos combatientes en sentido general. Pero en el caso de los combatientes que habíamos subido al Escambray antes que llegara la Columna 8, diría que sentían cierto desprecio y voy a decir después el porqué.

Como dije anteriormente tuve muy poco contacto con Guevara pero una situación que se produjo a finales del año 1958, en el mes de noviembre, me dio la posibilidad de hacerme una idea de la verdadera naturaleza del individuo.

Estábamos en un lugar que se llamaba "El Pedrero". Poco después de que el ejército realizó una serie de operaciones militares en la zona, inició una ofensiva completa y empezó a subir a las montañas. Las Fuerzas Armadas montaron la ofensiva en tres direcciones diferentes. Una de Fomento al "Pedrero", otra de Placetas al "Pedrero", por un lugar que se llamaba Arroyo Berraco y otra que creo que era de Cabaiguán al "Pedrero".

En verdad, una buena cantidad de los guerrilleros que estábamos en esa zona, los que nos encontrábamos allí antes de que arribaran las fuerzas de la Columna 8, teníamos muy poca experiencia militar, en una palabra, la única experiencia que teníamos eran unos modestos ataques que habíamos efectuados y que no pasaban de disparar cuatro o cinco veces contra un objetivo e irnos enseguida del lugar. No teníamos fogueo de guerra.

Hasta el momento que les cuento habíamos sostenido un solo encuentro con el enemigo, hacía ya un par de meses y había ocurrido en Banao. Allí combatimos una noche y tuvimos bastantes heridos. La gente nuestra se portó muy bien, no hubo muertos y nos retiramos porque llegó el día y en esas condiciones sí no podíamos sostener ningún enfrentamiento serio. La jefatura de nuestra unidad reconoció que habíamos combatido con valor y cumplido nuestro papel como soldados. Pero retornó a la ofensiva del Ejército contra nuestras fuerzas.

Cuando las tropas del gobierno estaban subiendo por los tres lugares que les dije, la unidad a la que pertenecía la envían a un punto que se encuentra entre Fomento y el "Pedrero", un poquito más próximo a un lugar que se llama Cipiago. El ejército traía alrededor de 200 hombres, una tanqueta, un mortero, ametralladoras pesadas calibre 30 y 50.

En las instrucciones que nos impartieron venía la información de que había un río, que ese río teníamos que cruzarlo, cavar un hueco bien grande y después taparlo. La idea era que la tanqueta que venía delante de las fuerzas del gobierno cayera en la trampa y luego empezar el combate.

En el área se encontraban combatientes de la Sierra Maestra. Aquellos eran hombres experimentados que habían combatido, que habían vivido un proceso bien duro porque nada más que caminar desde la provincia de Oriente hasta la de Las Villas es una experiencia bien fuerte, independientemente de las cosas que se podían haber presentado en el trayecto.

Ernesto Guevara en vez de mandar a los hombres avezados,

fogueados en el combate, nos mandó a nosotros que apenas teníamos experiencia. Al mando de la unidad iban dos capitanes Edelberto González, está vivo todavía en Cuba, de Quemado de Güines; el otro era "Yayo" Machín, de Cumanayagua. Eran dos tipos muy valientes pero que tenían el mismo problema que todos nosotros, no tenían ninguna experiencia militar.

Nos situamos a los dos lados del camino, a unos 40 o 50 metros del camino. Desde la parte derecha teníamos cierta protección porque había árboles pero la parte izquierda era un potrero que no tenía ni una yerbita, estaba "*pelaito*". Cuando el ejército entró, el tanque cayó en la trampa que habíamos excavado, aprovechamos ese momento y abrimos un intenso fuego, les tiramos, creo que les hicimos varias bajas.

Las fuerzas del ejército de Batista emplazaron sus ametralladoras y el mortero y de inmediato abrieron un fuego espantoso, no puedo describirles lo que era aquello. Nos retiramos a mediados de la tarde sin haber recibido una orden y demás está decir que la retirada fue desordenada. Teníamos la convicción de que nos iban a matar a todos y por eso no resistimos en la posición. El ejército conservó sus posiciones y pasó la noche en el lugar.

Al otro día Guevara tomó la decisión que realmente demandaban las circunstancias, mandó a un grupo de hombres fogueados en combate al lugar del cual nos habíamos retirado. Entre los oficiales al mando de la tropa designó a uno que era del poblado de Camajuaní, eran dos hermanos que todavía están en las Fuerzas Armadas de Fidel Castro, no recuerdo sus nombres en este momento.

Uno de los hermanos con un grupo de guerrilleros fue a situarse en un punto y nosotros nos colocamos en otra posición. De inmediato empezamos a combatir; ocupamos esas posiciones y no nos movimos del lugar. Allí pasamos el primer día con su noche, sin que recibiéramos ningún alimento, ni una galleta, teníamos agua porque estábamos cerca de un pozo.

Pasó ese primer día y llegó el segundo que pasamos en la

misma condición, sin alimentos y solo agua. En esa condición arribamos al tercer día, combatiendo al enemigo con una retaguardia que comandaba Ernesto Guevara que no permitía que nos entregaran alimentos.

Al tercer día, cuando temíamos que se iba a repetir lo que habíamos vivido tuvimos la suerte que arribara al campamento el comandante Camilo Cienfuegos que traía unas armas desde la zona de Yaguajay y quería entregárselas al "Che" en el campamento del "Pedrero". Antes que se me olvide, el oficial de la Sierra que Guevara había mandado a dirigirnos era de nombre Severo.

Cuando Camilo arribó al campamento, el "Che" no está y le pregunta al oficial a cargo como está la situación. No sé como sucedieron las cosas pero alguien le dijo a Camilo Cienfuegos que nosotros llevábamos tres días combatiendo y que sólo teníamos agua. Nos contaron que Camilo sorprendido dijo: **"pero ven acá, y a estos hombres ¿por qué no le mandan comida?"**, a lo que le respondieron que el "Che" había dado la orden de no enviarnos comida porque nos habíamos retirado de nuestra primera posición.

Cuentan que Camilo Cienfuegos dijo: **"no, no, pero que los maten a tiros, que los maté el ejército pero cómo los va a matar de hambre el argentino este, no, no, no"**.

Esa tarde, por orden de Camilo Cienfuegos nos llegaron cajas de malta, salchichones, cajas de galleta y comimos hasta hartarnos, comimos esa tarde por los tres días. En aquel momento uno no valoraba negativamente aquella decisión de Ernesto Guevara, creíamos que era una buena decisión, que los que habíamos actuado mal habíamos sido nosotros por habernos retirado, pero visto a largo plazo, en una retrospectiva de casi 50 años, creo que fue una cosa bien estudiada. Nos mandó allí con dos objetivos. Uno para que nos mataran y si eso no ocurría desmoralizarnos. Hacernos creer que éramos unos ineptos, que no servíamos, que éramos unos cobardes, que no combatíamos. Hay que tener presente que estaba en su apogeo el mito de los héroes de la Sierra Maestra.

Nosotros nos retiramos del lugar porque no teníamos preparación, no fue por falta de valor personal. Arbitrariamente nos dejó de enviar comida como para castigarnos, castigar a hombres que se estaban enfrentado a tiros con los guardias cuando él se encontraba en la retaguardia. Bueno, en verdad, dejo que ustedes saquen las conclusiones sobre la personalidad de Ernesto Guevara.

Como les dije al principio, el "Che" era un individuo distante, arrogante. Allí los hombres se interrelacionaban mucho, cualquiera que fuera el nivel, lo mismo daba un comandante que un capitán, pero les aclaro que en ese lugar nada más que habían tenientes, capitanes y comandantes, los demás eran soldados, allí no había sargentos ni cabos.

La gente se interrelacionaba y compartían unos con otros y hablaban, sin embargo los dos oficiales al mando Ernesto Guevara y Ramiro Valdés, eran dos personas completamente diferentes. Te miraban como si fueses un insecto, te miraban desde arriba como si fueses un gusano. Había un gran desprecio de ellos hacia nosotros.

P: ¿Estuviste en la toma de Santa Clara con Guevara?

R: No, yo estuve en Placetas, de Placetas nosotros salimos para Fomento, de Fomento a Yaguajay, de ahí a Ranchuelos y más tarde a Santo Domingo que era donde nos encontrábamos cuando cayó el gobierno de Batista y triunfó la Revolución.

Posteriormente la columna fue enviada a ocupar la Fortaleza de La Cabaña, en La Habana, pero sólo estuve en ese lugar unos diez días. Recuerdo que el comentario era que el "Che" dormía con las botas puestas. Esas cosas las hacía, me parece, como para demostrar que no era un individuo como los demás.

Solo estuve en La Cabaña unos 8 ó 10 días, me licencié del ejército lo más pronto que pude. Es cierto que formé parte del primer grupo rebelde que entró a La Habana, pero solo permanecí en ese lugar la primera semana de enero, quería regresar para Santa Clara.

P: ¿Es cierto, que Guevara estaba al mando de La Cabaña cuando tuvieron lugar los primeros juicios contra los militares del régimen de Batista? ¿Es cierto que los juicios se celebraron sin cumplir las reglas procesales?

R: Chico, de eso no te puedo decir porque me fui en los primeros días de enero de La Cabaña, regresé a Las Villas y nunca más volví a La Cabaña. Pero sé que los procesos eran irregulares.

Te voy a contar otra anécdota que no tiene que ver con Guevara pero está relacionada con los primeros juicios que se celebraron al principio del triunfo revolucionario. En una ocasión unos vecinos de la familia en Santa Clara querían hacer una denuncia y me pidieron que los acompañara; después de correr los trámites fui hasta el despacho del Jefe del Regimiento de Santa Clara qué en ese momento era el comandante Ramiro Valdés. La realidad era que Ramiro tenía el cargo pero no funcionaba allí y en ese momento en particular, no se encontraba en la oficina.

El que estaba a cargo era el capitán Olo Pantoja que como ustedes saben murió en Bolivia con Ernesto Guevara y era un hombre formado alrededor del argentino. Con Pantoja yo tenía excelentes relaciones, nos llevábamos bien, puedo decirte que lo apreciaba mucho y te aseguro que él también me estimaba porque durante la lucha contra el gobierno de Fidel Castro me ayudó en una ocasión, vaya, me sacó de un problema.

Para concluir les digo que me encontraba en el despacho de Valdés conversando con Pantoja. Le estaba planteando que me quería licenciar, que el ejército no me gustaba, pero que no fueran a detenerme por pedir mi licenciamiento.

Con mucha cordialidad me dijo que sí, que no había problemas y que iba a autorizar mi licenciamiento. De inmediato ordenó a uno de los que trabajaba en la oficina que me hiciera los papeles.

En ese momento entró otro soldado con un papel en la mano y se lo entregó a Pantoja. El militar le dijo a Pantoja, "**Mira, esos de las crucecitas son los que vamos a fusilar mañana"**, cuando escuché eso me adelanté hasta donde estaba Pantoja con el papel en la mano, me situé detrás de él y le dije:

-"¿Ven acá Olo y a esa gente ya los juzgaron?", a lo que responde.

-"No, a esos los van a juzgar esta noche".

- "Pero ¿cómo si los van a juzgar esta noche ya saben que los van a fusilar mañana?".

Me contestó.

-"Bueno, eso es así. "

La respuesta es que aparentemente estaba establecido que la decisión sobre las personas que se iban a fusilar se tomaba antes del juicio. O sea, que era un método que a lo mejor Guevara utilizó en La Cabaña pero que en mi opinión no se practicaba sólo en La Cabaña, ni sólo lo hacia Ernesto Guevara, creo que ese era el modelo de juicio que había en el país en aquellos primeros meses del triunfo de la Revolución

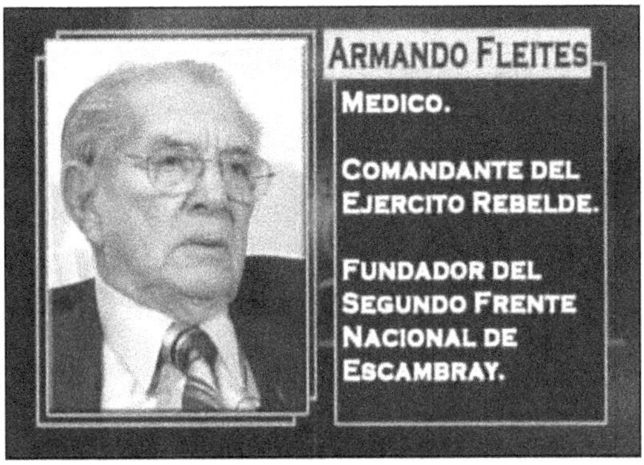

Dr. Armando Fleites

Dirigente del Segundo Frente Nacional del Escambray.
Comandante del Ejército Rebelde.
Médico.

Las fuerzas del Segundo Frente Nacional del Escambray, operaban la región montañosa del mismo nombre situada en la provincia de Las Villas. Ejercíamos control sobre un territorio de aproximadamente 3000 kilómetros cuadrados, contábamos con una fuerza militar fogueada en la lucha contra los efectivos militares del régimen de Fulgencio Batista, en una región muy diferente a las grandes alturas de la Sierra Maestra ya que nosotros operábamos en los cafetales y las pequeñas estribaciones de la Sierra, sin embargo, a pesar de no ser una región tan escabrosa como la Sierra Maestra, triunfamos, ganamos terrenos y llegamos a tener una gran fuerza militar.

En esta misma área también operaban pequeñas partidas del Movimiento 26 de Julio con quienes habíamos tenido más de una discrepancia, pero sin mayores consecuencias, hasta que el comandante Ernesto “Che” Guevara incursionó en nuestra área de operación sin consultarlo, lo que ocasionó serias fricciones.

Creo que Guevara en representación del 26 de Julio tenía el

propósito de impedir que nuestras fuerzas tomasen la ciudad de Santa Clara y en consecuencia dividiéramos la isla en dos partes, lo que dejaría en muy mala situación política a las fuerzas de Fidel Castro.

La presencia de Guevara determinó que la comandancia del Segundo Frente Nacional del Escambray ordenase a uno de sus oficiales establecer contacto con el guerrillero argentino, con el fin de sostener una entrevista y ver cuales eran los planes de los recién llegados.

Esta no fue una decisión fácil pero la consideramos necesaria en aquel momento porque cuando se está en guerra, particularmente en una región montañosa, hay que hacer todo lo posible para concertar las fuerzas y funcionar coordinadamente porque de hacer lo contrario el proyecto que uno defiende está condenado al fracaso.

Como queríamos conocer cuales eran sus planes, designamos al comandante Jesús Carrera[89] para que sostuviese el primer encuentro. De más está decir que Carrera cumplió a cabalidad las disposiciones de nuestro Estado Mayor, lo que sin duda alguna generó desde ese momento, un fuerte antagonismo entre los dos comandantes.

Los resultados de ese primer encuentro determinaron que las diferencias entre los dos oficiales de la Revolución triunfante se fueran acentuando y que terminaran trágicamente. Evidentemente, durante la entrevista, tuvieron más de una diferencia porque en mi primera conversación con Guevara, este empezó a criticar a un oficial del Segundo Frente y de inmediato me percaté que se refería al comandante Jesús Carrera.

Por supuesto que no perdí tiempo y rechacé sus alegatos firmemente y le manifesté, junto con los oficiales que me acompañaban, que sus planteamientos eran inexactos, que Carrera había cumplido con su deber pero que si él lo había tomado en un plano tan personal no tenía que hablar mucho con

---

89 *Comandante del Ejército Rebelde, miembro del Segundo Frente Nacional del Escambray. Ejecutado el 11 de marzo de 1961.*

nosotros, que enviaríamos a buscar al comandante Jesús Carrera para que entre los dos, de una forma frontal, y como hacen los hombres, se batiesen en un duelo que dilucidara de una vez por todas las diferencia que pudieran haber entre ellos.

A mi propuesta, Guevara contestó que no creía que los hijos de la Revolución tuvieran que desaparecer de esa manera, que no tenía intenciones de tener un duelo ni tener ningún otro tipo de confrontación con Carrera.

Ante tal respuesta le propuse que si esa era su opinión lo más conveniente era dar el episodio por terminado, cosa que pareció acatar pero que el tiempo demostró no había sido así. No nos dimos cuenta en ese momento que el Movimiento 26 de Julio, específicamente Fidel Castro y Ernesto Guevara tenían el poder, y se podían dar el lujo de esperar el tiempo que fuese necesario, para en su momento acosar y eliminar a Jesús Carrera o a cualquier otro, tal y como hizo un tiempo más tarde.

Este fue el primer pretexto que tuvo el "Che" para atacar a Carrera. El segundo no tardó en producirse.

El comandante Carrera tenía un ayudante de nombre Benito, no recuerdo el apellido, éste sostuvo por asuntos personales una fuerte discusión con otras personas en un bar. En la trifulca, el tal Benito sacó una pistola que disparó varias veces, provocando un escándalo tan grande que fue arrestado.

El comandante Jesús Carrera no estaba en el establecimiento donde ocurrieron los hechos, no estuvo involucrado personalmente en el incidente, sin embargo, la policía no se conformó con coger preso a su ayudante Benito sino que por instrucciones del comandante Ernesto Guevara apresaron al también comandante Jesús Carrera, encerrándolo en una celda del cuartel Leoncio Vidal de la ciudad de Santa Clara. Allí estuvo detenido varios días generándose una situación muy injusta y difícil para Carrera y todos sus compañeros.

En compañía del comandante Lázaro Asensio y varios oficiales más fui a ver a Fidel Castro, que en el momento de nuestra llegada sostenía una entrevista con el presidente

Osvaldo Dorticós. Si no me equivoco el ministro de Defensa en aquella etapa era Augusto Martínez Sánchez y cuando fui a plantear nuestra demanda la situación se tornó tan grave que de puro milagro no concluyó a tiros. La discusión fue muy fuerte y en consecuencia las diferencias se acentuaron.

Al darme cuenta de lo complicado de la situación recurrí a Celia Sánchez[90], secretaria personal de Fidel Castro y persona de su extrema confianza. Le expliqué lo que había sucedido y el cariz que estaban tomando las cosas, contestándome para mi sorpresa: **"Ese argentino siempre está creando problemas",** a la vez que pedía más detalles sobre los acontecimientos.

Le expliqué con lujos de detalles lo ocurrido y le manifesté que los compañeros del Segundo Frente estaban muy exaltados porque se estaba cometiendo una gran injusticia y que la Revolución se había hecho para hacer justicia no para hacer injusticias. Me contestó: **"Efectivamente. ¿Dónde está él?".**

Le contesté que Carrera estaba arrestado en Santa Clara.

Celia copió el número del teléfono que le di, y llamó al cuartel Leoncio Vidal donde estaba preso Jesús Carrera. Recuerdo que era Rodríguez Puerta el comandante en ese momento.

Celia Sánchez le pregunto al oficial: **¿Usted tiene ahí detenido al comandante Jesús Carrera?**

Este le contesto que sí. De inmediato ella le dijo: **"Bueno, entréguele un uniforme, que se bañe, que tenga la mejor comida y mañana entrégueselo por orden mía y del primer ministro a los comandantes Armando Fleites, Lázaro Asensio y al grupo de oficiales del Segundo Frente".**

A buscar a Carreras fuimos los comandantes William Morgan[91], Lázaro Asensio, Suárez y yo con todos nuestros ayudantes. Recuerdo que también se encontraba en el regimiento

---

90 Celia Sánchez Manduley. Persona de extrema confianza de Fidel Castro. Algunos historiados señalan que fue la persona que más influencia ejerció sobre el dictador cubano. Falleció en 1980.

91 Estadounidense por nacimiento. Se alzó en las montañas del Escambray y llegó a ser comandante del Ejército Rebelde. Sirvió en el Segundo Frente Nacional del Escambray. Fue ejecutado junto al también comandante Jesús Carrera el 11 de marzo de 1961.

"Papito" Serguera[92], que nos dijo que estuviéramos a las 9 de la mañana en el lugar indicado y a las 9 de la mañana nos entregaron al comandante Jesús Carrera.

Cuando fuimos a recoger a Carrera, por poco tiene lugar un incidente más grave, pero en esta ocasión con el comandante William Morgan. Aunque "Papito" Serguera se portó muy bien con nosotros, otro oficial que se encontraba allí y del que no supe el nombre, dijo en tono de crítica que si ya se estaban tirando toallas[93], comentario que Morgan contestó con mucha firmeza y crudeza. De veras que aquello se puso muy difícil, de hecho no terminó muy mal de puro milagro.

Concluido el incidente fuimos a almorzar a casa de Lázaro Asensio; después del almuerzo salimos para La Habana. Jesús Carrera se fue en el mismo carro que yo y nos acompañaban Piro Lemen y mi ayudante.

El viaje era largo, cerca de cinco horas; durante el trayecto Carrera me preguntó qué pensaba sobre lo ocurrido a lo que le contesté: **"Mira Carrera, cuando a un comandante lo detienen una vez es porque lo van a detener otra vez, y a ti te han faltado el respeto y creo que tú nada más que tienes dos caminos, o la loma o la embajada. Si quieres una embajada yo te puedo gestionar la de Brasil, pero no tengas dudas de que el "Che" Guevara quiere vengarse de ti".**

Efectivamente, así fue, Guevara esperó una nueva oportunidad para tirar un nuevo zarpazo contra Carrera y esta noche quiero ser muy claro, muy preciso con todo lo que ocurrió.

El comandante Jesús Carrera estaba igual que nosotros, igual que Lázaro, igual que todos los oficiales del Segundo Frente Nacional del Escambray, porque la gran parte de los comandantes del Segundo Frente estábamos en contra del gobierno, pero no estábamos en la conspiración de William

---

92 Jorge "Papito" Serguera. Abogado, fiscal de la Revolución. Comandante del Ejército Rebelde, disfrutaba de la confianza de Fidel Castro. Participó en las denominadas misiones internacionalistas.

93 Expresión cubana que significa proteger una persona que ha cometido una falta o delito. Impedir que pague las consecuencias de sus actos.

Morgan. No porque no pensáramos ni sintiéramos igual, sino simplemente porque nosotros sabíamos, lamentablemente, que esa conspiración estaba infiltrada, teníamos datos de eso y se lo advertimos al comandante William Morgan, que era un hombre muy valiente.

Morgan era un verdadero anticomunista y en verdad quería a nuestra Patria, pero no tenía los conocimientos conspirativos requeridos en ese caso y las circunstancias lógicamente le fueron adversas. Puedo decir que él, (refiriéndose a Jesús Carrera) no estaba directamente involucrado en la conspiración, sin embargo, por orden de Guevara y con el respaldo de Fidel Castro, fue que arrestaron a Carrera.

La realidad es que el comandante Jesús Carrera fue fusilado por el odio que Guevara sentía hacia él. Guevara siempre le persiguió y ordenó su asesinato por venganza.

Tenían conflictos de personalidad y el resentimiento de Guevara venía desde el encuentro que ambos sostuvieron en la Sierra del Escambray. El "Che" nunca quiso dilucidar sus diferencias con Carrera como dilucidan los hombres los problemas. Nunca quiso combatir con Carrera, enfrentarlo en un duelo, sino que lo acechó, esperó la oportunidad y por la espalda lo mató. El "Che" tenía el poder y eso le costó la vida al comandante Jesús Carrera, a pesar que ellos sabían que no estaba involucrado en la conspiración del también comandante William Morgan.

P: Comandante, ¿considera que Guevara con esta acción puso de manifiesto lo que muchos apuntan como su actitud prepotente en contra de los cubanos?

R: Yo creo que le caracterizaba una actitud prepotente, arrogante y despreciativa. Él odiaba tanto, inclusive, yo creo que sólo sabía odiar, él no sabía amar. Tanto desprecio sentía por el pueblo cubano que cuando presidió el Banco Nacional de Cuba firmó los billetes con el apodo "El Che". Firmó los billetes como "Che" Guevara. Era un hombre de odio, de resentimiento, de venganza y hasta de bajas pasiones. Y ese es uno de los ejemplos, entre otros muchos, que demuestra su falta de respeto con los demás, incluyendo con el pueblo que lo acogió.

P: ¿En que otro momento usted trató a Guevara?, ¿qué otro tipo de relación sostuvo con él en la que pudo apreciar o reafirmar la opinión que tenía sobre el personaje?

R: En dos ocasiones más. Una fue cuando expresé mi opinión sobre como se debía conducir la política en Cuba.

Me encontraba en el despacho del entonces Primer Ministro José Miró Cardona, al que me unía una gran amistad, tengo de él un grato recuerdo y le profeso a su memoria una gran admiración, pues fui su amigo personal. Creo que también se encontraba Lázaro Asencio y varios compañeros más. El despacho, como es lógico se encontraba en el Palacio Presidencial, pues bien, estando conversado con Miró Cardona, llegó Guevara que se introdujo en la conversación.

Me extrañó que se dirigiera de inmediato a mí porque la última entrevista que habíamos sostenido había sido un poco tormentosa, recuerdo que Guevara exclamó de pronto: **"Comandante, hay que seguir comiendo malanga".**

Sin entender, rápidamente le pregunté: **"¿Por qué?".** Sin inmutarse me dijo: **"Porque hay que seguir peleando".**

Mi contra pregunta obligada fue: **"¿Contra quién vamos a pelear, con cuál dictador de América vamos a comenzar, es decir, vamos a fajarnos con Trujillo, con Somoza, con Esstroener, con Rojas Pinilla, el títere Duvalier?".**

Su respuesta estaba calculada para medir nuestra reacción, porque otra cosa, Guevara era un provocador: **"No, esas son cosas pequeñas, la pelea nuestra, la que vamos a tener es contra el imperialismo norteamericano. Tal vez la pelea sea con los mismo marines yanquis".**

Recuerden que estoy refiriéndome a una conversación que

tuvo lugar en los dos primeros meses del triunfo de la Revolución. Creo que fue en el mismo mes de enero de 1959, figúrate, contestarme con tanta claridad me sorprendió. Me pregunté en aquel momento si me estaba tomando el pelo o si me encontraba ante una nueva realidad, ante una situación muy especial. Lo anterior me lo dijo con una seriedad extraordinaria. Quizás yo pensé, bueno me está dando un mensaje o una advertencia de lo que va a hacer después de este proceso. Me está diciendo claramente que él era una persona de mucho poder en Cuba y que por lo tanto sabía que se iba a una lucha frontal con lo que denominaba el imperialismo americano, específicamente contra los marines.

P: La percepción suya sobre Guevara. ¿Era un hombre educado, respetuoso de las ideas de los demás?

R: Sinceramente tengo una opinión muy mala de Guevara. En primer lugar el individuo era lo que se dice un marxista por la libre, a esto hay que sumarle que era un aventurero por profesión. Por otra parte considero que era un individuo incapacitado políticamente. Eso lo demuestran sus actividades posteriores, fracasó en todos sus proyectos, no tuvo éxito en ninguno.

En el presente cualquier observador se percata de sus fracasos sin embargo, la asociación de intereses económicos y políticos promueven un Guevara que sólo existió en la imaginación de los que como él solo sienten odio por la libertad y los derechos de las personas. Su idea de crear un hombre nuevo aparte de una fantasía no estaba sustentada en expectativas reales, lo de Guevara era pura quimera, era un tipo que vivía de fantasías y quería imponérselas a los demás.

Por otra parte su teoría del foco guerrillero, de cómo desarrollar una guerra de guerrillas también estaba equivocada, y no es que lo diga yo. En África fracasó, en Bolivia lo mataron y lo peor, no le sobrevivió ninguna guerrilla ni líderes que asumieran su legado. Si hoy se habla de él es porque los comunistas y los otros enemigos de la democracia siempre están buscando banderas, y no cabe duda de que él es una bandera fácil de usar porque murió joven y encabezando la lucha armada.

Guevara planteó en su libro de guerrillas, que no hacen falta condiciones objetivas o subjetivas para iniciar una acción armada, que es suficiente un foco guerrillero para crear las condiciones necesarias para que la subversión prospere. Eso es una falsedad que rompe todas las tesis conocidas y probadas sobre la lucha de guerrillas. Todas las tesis de guerra irregular comenzando con la de Lawrence de Arabia y terminando con Mao Tse Tung, pasando por Máximo Gómez, el generalísimo del Ejército Libertador cubano, desmienten ese planteamiento.

Para mi Guevara era un prepotente que no tenía una idea apropiada de lo que estaba haciendo. El personaje se creyó sus propias mentiras. Cuando llegó a Cuba él no creo las condiciones, las condiciones tampoco las creó Fidel en el Moncada. Las condiciones fueron creadas por la dictadura militar, el pueblo, una Federación Estudiantil Universitaria, un Directorio Revolucionario, un José Antonio Echeverría, un Frank País.

Quiero agregar que forma parte de la leyenda de que en el proceso contra Batista solo funcionó el Movimiento 26 de Julio. Eso es una gran mentira en el 26 murieron compañeros muy valientes que dieron su vida por la libertad, pero desgraciadamente en el Movimiento 26 de Julio estaba la mayoría de los que traicionaron a Cuba y la libertad, pero también muchos líderes del 26 de Julio fueron traicionados por Fidel Castro. Guevara, al igual que Castro, sentía un gran desprecio hacia el pueblo.

Representantes de todos los sectores de la sociedad cubana lucharon contra el régimen de Batista y no sólo el Movimiento 26 de Julio, estaban el Segundo Frente Nacional del Escambray, estaba el Directorio Revolucionario que ya mencioné, también la Organización Auténticas, la Triple A. Había una oposición fuerte, bien articulada contra la dictadura en la que Guevara no jugó ningún papel, en Cuba había oposición antes del desembarco del Granma, en la isla había una gran rebeldía, participaron muchas organizaciones de lo que en la actualidad se denomina Sociedad Civil. Todo se lo encontró Ernesto Guevara en Cuba y por eso fue que triunfó la revolución.

Además, qué decir de sus condiciones morales, yo tengo un concepto muy malo de gente que no son médicos y dicen que lo son. Guevara era un farsante, vivía entre farsas y mentiras. Un aventurero que si bien pudo haber pasado por la Universidad de Buenos Aires, Argentina, como dice Enrique Ros en su libro, no por eso era precisamente médico.

Creía que Guevara era médico porque no tenía razones para dudarlo, pero hubo un incidente que me llamó la atención aunque nunca sospeché que no fuese un profesional de la medicina.

Desde mi punto de vista en la medicina hay cosas que son discutibles, pero hay otras que no tienen discusión porque son fundamentales en la profesión, les voy a contar una experiencia.

Una mañana me encontraba en un despacho de Ciudad Libertad, antiguo cuartel militar de Columbia, junto al comandante Lázaro Asencio. Teníamos una cita con Fidel Castro y cuando ésta se estaba desarrollando llegó Fidelito, el hijo de Fidel, que tenía en aquel momento nueve años. En ese momento sonó un disparo que nos sorprendió a todos. La detonación se había producido en un cuarto aledaño al que nos encontrábamos reunidos.

Rápidamente fuimos hasta el lugar y era que un capitán del ejército de apellido Chinea, no recuerdo el nombre, se había pegado un tiro. Inmediatamente realicé las operaciones que cualquier médico en esas cirscuntancias, pedí un estetoscopio, le tomé el pulso y le hice rápidamente un examen general de acuerdo a las condiciones del lugar. Tenía la presión en un estado casi normal, el balazo se lo había dado en el pecho.

Hay una característica en las heridas de bala en el pecho. Cuando hay una herida de bala en el pecho si afecta el corazón, toca la orta, la pulmonar o cualquier gran vaso se produce una hemorragia interna y casi siempre en los 10 o 15 minutos, cuando más 20 minutos, la persona muere por hemorragia interna, lo que se identifica porque la presión va bajando, el pulso se va acelerando, se produce el 'shock' cardiaco y la persona muere por un paro cardiaco. Esa es la característica.

Ahora, si la bala no toca ninguno de esos órganos importantes, está en el pulmón y en el pulmón sale y entra, no es una herida mortal por necesidad. Es más, en la mayoría de las veces un porcentaje muy grande se salva. Yo tuve varios casos en el Escambray donde no teníamos condiciones y no podíamos hacer casi cirugías porque no teníamos con qué hacerlas y sin embargo se salvaron.

Es decir, de esos balazos te mueres rápidamente, cuestión de media hora, o después hay tiempo para operarte e hidratarte. Un herido de bala, no importa como haya sucedido, si el proyectil no pasa por el corazón no debe tener problemas serios y este oficial a los veinte minutos tenía la misma presión arterial.

Recuerdo que pasaron unos minutos y Fidel Castro me preguntó: **"¿Tú crees que se muera?"**, antes de que le respondiese el herido habló y refiriendose a Fidel dijo: **"Fidel, yo tengo más valor que tú y por eso hice esto".**

Fidel se puso blanco como un papel; hay testigos de aquello, pues varias personas estaban en la habitación y escucharon y vieron la reacción de Castro.

Respondí a la pregunta con una fuerte afirmación: **"No, no, este señor no se va a morir, a este señor la bala no le ha tocado el corazón ni la aorta ni la pulmonar, este señor puede tener la pleura, puede tener el pulmón, puede tener una serie de problemas, pero en mi criterio se salva".**

Entonces, Guevara, que no había reaccionado como médico, que no había socorrido al herido, dijo: **"Fidel, no creas en eso, eso no es verdad, este hombre se muere de todas formas, por las características de la herida".**

Molesto le dije a Guevara: **"Mira, yo no estoy aquí para demostrar si se muere o no, los hechos lo van a demostrar".**

Tengo la fotografía que apareció en la revista Bohemia

después que el herido fue operado. La bala se le había alojado en el pulmón, pero el oficial Chinea se recuperó. En ese momento me di cuenta que Guevara sabía muy poco de medicina. Su reacción lenta, casi indiferente ante un herido, su falta de interés en prestar los primeros auxilios y por la forma que quiso discutir sobre una situación que no demandaba conocimientos especializados, fueron elementos que me llamaron fuertemente la atención.

Les estoy hablando de un caso sencillo, de cuestiones elementales. Ese día me di cuenta que Guevara era una farsa, que el "Che" no era médico y un hombre que miente de esa manera, que no tiene ningún respeto por una profesión tan sagrada como la medicina, no tiene condiciones morales para nada en la vida.

Quiero hacer notar que el oficial que había intentado suicidarse había estado a cargo de las armas del cuartel de San Antonio de los Baños[94]. El individuo estaba acusado, o involucrado en un incidente en el cual miembros del Directorio Revolucionario se habían llevado unas armas. Aparentemente el personaje estaba abochornado con lo sucedido porque Castro había pronunciado un enérgico discurso, en el que había criticado fuertemente lo ocurrido con las armas de la base de San Antonio de los Baños. Los sucesos de esa base demuestran que el proceso Revolucionario estaba dividido desde el primer día de la victoria.

P: Comandante, hay una leyenda alrededor de Ernesto Guevara que tiene que ver con el famoso tren blindado y la toma de la ciudad de Santa Clara. Usted como dirigente del Segundo Frente Nacional del Escambray, ¿nos puede dar una valoración de la toma de la ciudad y sobre la captura del tren blindado?

---

94 El Directorio Revolucionario Estudiantil en los primeros días de enero de 1959 trató de conservar las armas almacenadas en el cuartel como medio para ejercer influencia o presión sobre los líderes del Movimiento 26 de Julio.

R: No te puedo hablar con propiedad del llamado tren blindado porque en ese momento me encontraba en Estados Unidos en una misión que me había asignado la comandancia del Segundo Frente Nacional del Escambray, pero allí estaban otros compañeros.

Yo recibí información al respecto del comandante Lázaro Asencio. También de la retaguardia, de los oficiales Luis Martínez y Ángel Ruiz de Zárate y otros valiosos compañeros de la división civil y la división militar que tuvieron participación en lo ocurrido.

Se me informó que en un principio la gente de allí quería entregar esas armas al Segundo Frente, pero ocurrieron una serie de acontecimientos que lo impidieron. Muchos dicen que fueron factores económicos, a mi no me consta pero yo si sé que hubo una situación muy especial, que no fue a base de combatir ni de rendirse sin condiciones, por lo que tal vez hubo una transacción económica. No puedo precisarlo y como no fui testigo de lo ocurrido no voy mas allá de lo que he dicho.

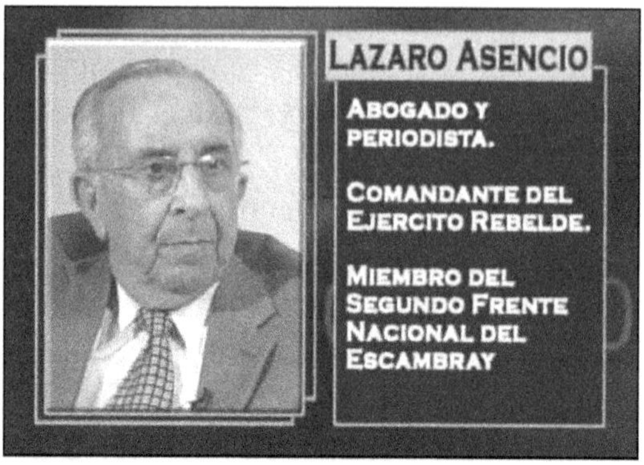

Dr. Lázaro Asencio

Abogado. Periodista.
Dirigente del Segundo Frente Nacional del Escambray.
Comandante del Ejército Rebelde

Aquí se ha estado hablando sobre el tren blindado. El tren blindado fue una de las muchas traiciones del "Che" Guevara al Segundo Frente Nacional del Escambray.

El señor Cuso Gómez fue a verme. Las tropas nuestras estaban peleando en la zona de Manicaragua y Cumanayagua, en la región que ocupan las montañas del Escambray; Cuso fue a verme para decirme que el tren blindado, el hoy famoso tren blindado, estaba dispuesto a entregarse al Segundo Frente Nacional del Escambray.

Me causó sorpresa aquello, además de alegría, porque eso facilitaba el triunfo de la Revolución y le daba la oportunidad al Segundo Frente de tener una intervención más fuerte en el proceso. Nosotros apreciábamos que se cernía una traición, que el sectarismo del Movimiento 26 de Julio iba a dividir el proceso revolucionario, te repito, estábamos viendo la posibilidad de que hubiera una traición.

Las condiciones que nos presentó Gómez eran muy

sencillas. Los oficiales del tren blindado, los soldados del tren blindado iban a entrar por la zona del acueducto de Santa Clara y allí nos iban a entregar las armas con el compromiso de que ellos se quedarían allí y que no pelearían contra sus compañeros de las fuerzas gubernamentales.

Ese era el plan pero por filtraciones de la información el "Che" se enteró que la dotación del tren se iba a entregar a nuestras tropas y para impedirlo decidió atacar al transporte militar. Es así como se produjo lo del tren y el consiguiente ataque a la ciudad de Santa Clara, esa fue la situación real, una traición del "Che" Guevara, dirigida contra el Segundo Frente, contra personas que, como él estaban enfrentando al régimen de Fulgencio Batista.

La verdadera intención estaba en que el 26 de Julio no quería que el Segundo Frente tuviera la posibilidad de adquirir mas armas y que con esas armas estuviera en capacidad de producir una rápida caída de la dictadura de Batista.

Esa fue la historia del asunto del tren blindado. Creo que el "Che" Guevara nos tenía más odio a nosotros que a las propias tropas del gobierno. También estoy seguro que conocía las intenciones de Fidel Castro, sus planes y por eso preparó esa traición. Por otra parte al convertirse en un importante factor en la ocupación de la ciudad y la toma del tren blindado, adquirió un prestigio militar y popular que le incrementó su poder personal.

Nosotros seguimos avanzando hacia la ciudad de Cienfuegos, al sur de la provincia, y dejamos a Santa Clara en poder de Guevara. La intención de Guevara de controlar la ciudad más importante del centro del país, demuestra hasta la saciedad que su personalidad estaba caracterizada por una ambición sin límites.

El "Che" Guevara no fue a participar en la liberación de Cuba, fue a nuestro país para hacerse de una personalidad y para por medio del prestigio adquirido tener poder y posibilidades de convertir sus ambiciones, cuales quieran que estas fueran, en realidad. Era un aventurero sin escrúpulos y muy ambicioso.

Estoy entre los que creen que Fidel Castro llegó, en un momento, a desear la eliminación de Guevara.

Quiero agregar que el hecho de que Castro determinase que Guevara encabezara el proyecto de subvertir América Latina, cuadraba con su plan de que el argentino muriese en el empeño. Enviarlo a Bolivia con un plan tan desastroso era como mandarlo a una muerte segura. El "Che" llegó en un momento muy difícil, no podía, por muchos recursos que tuviese, incluyendo el talento que le faltaba para hacer la guerra de guerrillas, ganarle al ejército boliviano. Fidel Castro creó condiciones para promover sus planes pero también para deshacerse de aliados o subordinados que en un momento pudieran causarle problemas.

Quiero agregar algo que creo muy importante. Estando en la ciudad de Cienfuegos en el mismo año 1959, Fidel Castro me dijo en presencia de Emilio Caballero que vive, y Luis Martínez que ya falleció, que iba a mandar al "Che" Guevara a propagar la guerra de guerrilla para ver si lo mataban y así se quitaba de arriba, de una vez por todas, el lió que significaba.

Algo similar nos dijo sobre su hermano Raúl durante una entrevista que sostuvimos en el Covadonga y en la que hablamos del peligro que significaba el comunismo y los comunistas para la Revolución. Expresó que lo iba a mandar como representante del gobierno a la República Checa para que no fastidiara más con las ideas comunistas que defendía; ese mismo día me propuso que le diera dinero al comandante William Morgan para que se fuera de Cuba. Después que habló de Morgan se refirió por segunda vez a Guevara, diciendo cosas similares a las que había expresado en Cienfuegos. En aquella ocasión dijo: **"Chico ninguno de estos extranjeros nos tienen confianza y sabes lo que yo voy a hacer con el "Che" Guevara, lo voy a mandar a crear las fuerzas libertadoras de América".** Esa les aseguro, es la gran realidad, la gran verdad.

P: ¿Qué nos puede decir sobre la relación del comandante Jesús Carrera y Guevara?

R: Sobre el comandante Jesús Carrera, les puedo asegurar que como dijo el comandante Armando Fleites, había sido designado para sostener la entrevista con el "Che" Guevara. Guevara quería avanzar dentro del territorio que nosotros habíamos ocupado y que le habíamos quitado a las fuerzas de Batista y Jesús Carrera le dijo: **"Tú no puedes pasar de aquí, porque si pasas de aquí te prendo",** y así fue, iba a pasar del punto que Carrera le dijo y Carrera tal y como había prometido le quitó el arma. Eso fue lo que generó el odio asesino del "Che" hacia Carrera, que terminó con el fusilamiento de un comandante de la Revolución.

P: Se aprecia que Ud. tiene la opinión de que Guevara es el responsable de la ejecución en la Fortaleza de La Cabaña del comandante Jesús Carrera.

R: Guevara es el único responsable de fusilamiento de un hombre como Jesús Carrera. El culpable total. Guevara después que Jesús Carrera, le impide que circule libremente por el Escambray, sufre, digamos así, una perdida de prestigio. El hecho de que lo hubiese detenido y no hiciera nada, hace que Jesús Carrera se convierta en su gran enemigo.

Como nosotros estábamos en planes que tenían como único objetivo derrocar la dictadura y traer libertad y democracia para Cuba, no le prestamos gran atención a las sucias maniobras de Fidel Castro y del "Che" y por eso Guevara se aprovecha de la situación y va tejiendo como las arañas una red para poder encerrar y aniquilar a sus enemigos.

Era un individuo realmente peligroso, una de las personas más peligrosas que he conocido en mi vida porque no tenía reparos morales en nada de lo que hacía. No era un hombre de principios, porque no creía en nada, nada más que creía en él. Desde el día del incidente con Carrera, Guevara empezó a planear como eliminar a Jesús. Agarró preso al comandante Carrera, que no estaba en ninguna conspiración y lo involucró en lo de Morgan para poder matarlo.

P: Comandante Asencio, retomando el tema del tren blindado. ¿Considera usted que la acción de Guevara de atacar el tren, conociendo que ya había una especie de pacto entre ustedes y los soldados del tren blindado, tenía como fin satisfacer alguna clase de necesidades políticas y militares de carácter personal?

R: El "Che" en ese momento necesitaba robustecer su personalidad y crear condiciones para poder competir con Fidel Castro, entre ellos había mucha competencia, y poder salir del hoyo que sabía que estaba metido porque en definitiva ya había tenido ciertas dificultades con Fidel. Estoy seguro que esa fue la situación. Miren si lo que estoy diciendo es cierto, que si Fidel hubiera querido habría intentado salvar al Che en Bolivia porque en realidad no le faltaban recursos para hacerlo.

Sobre la toma del tren blindado se ha hecho una puesta en escena. Mucha propaganda porque como arma no era nada eficaz y si muy vulnerable. El famoso tren blindado era un tren normal con chapas de metal para que les dieran alguna protección a los soldados que transportaba. No era un tren fabricado con ese propósito sino adaptado a una función específica, pero aun así era vulnerable porque podía en gran medida ser inmovilizado.

Su función como tren era la de transportar a los soldados; la eficacia estaba cuando el tren transitaba por zonas en conflicto o cuando acercaba a los soldados a las áreas donde se combatía fuertemente. El "Che", mas allá de si hubo algún tipo de soborno o cualquier otro interés se aprovecha de la oportunidad y hace fuego contra el tren blindado que estaba cerca de los "Caballitos", así identificábamos el cuartelillo donde radicaba la policía motorizada de la ciudad de Santa Clara. El inicia el ataque antes que nosotros e impide la operación que el Segundo Frente Nacional del Escambray había proyectado.

Su acción tiene éxito porque impidió que nos apoderáramos

de las armas del tren. Te aseguro que si eso no hubiera ocurrido, tal vez la historia de Cuba la estaríamos contando de manera diferente.

P: ¿Considera que lo del tren blindado fue una maniobra del "Che", que tenía como fin desacreditarlos a ustedes moralmente?

R: Las peores características del "Che" están presentes en todos y cada uno de sus actos. Inclusive en su vida privada, las características del "Che" eran de un hombre sin valores morales, mas aun era un tipo amoral, completamente amoral. No tenía dignidad, pero no se puede negar que fue muy hábil en crearse una imagen pública de héroe justo, de un tipo que no tenía tacha.

Aprovechó la publicidad que se generó alrededor de su persona para proyectarse como un salvador, como un hombre que decía la verdad. Sin embargo, el que estudie su vida, el que lea sus escritos, se puede dar cuenta en realidad de que era un farsante. No entiendo porqué el "Che" Guevara, ha llegado a convertirse en un héroe para ciertos grupos políticos, incluso para aquellos que hablan de paz y están en contra de las guerras.

Guevara era guerrerista, injusto, cruel y no conocía la piedad, su vida en Cuba está plagada de traiciones, una vida en contra de los principios verdaderamente revolucionarios y en contra de lo que defendíamos los cubanos.

P: Varias personas han planteando que Guevara además de ser un hombre despiadado estaba impregnado de un odio irracional hacia el cubano.

R: Una de las cosas más significativas de eso que usted dice es que, como se mencionó anteriormente, cuando ocupó el puesto de Presidente del Banco Nacional de Cuba firmó los billetes que se emitieron durante su administración simplemente con "Che"; ¿dónde usted ha visto que la moneda oficial de un país sólo lleve como firma el sobrenombre, el apodo del funcionario que ocupa la posición principal del centro emisor?

P: ¿Considera eso como algo irrespetuoso que desacreditaba al país y a los cubanos en general?

R: Era un serio vejamen para todos los cubanos. Esa es la gran realidad, y podemos concluir que todo el desarrollo de su vida como dirigente y como comandante del ejército fue un oprobio para nuestra nación, una ofensa. Cualquier persona de mediana inteligencia que hablara con Guevara se percataba que el tipo era un cretino, no porque no fuese inteligente ni porque le faltara preparación, sino porque era demasiado vanidoso, muy petulante, para él sólo servían las cosas en las que participaba de manera sobresaliente y las ideas sólo eran buenas y merecían ser ejecutadas, si habían salido de su cabeza.

Otro hecho que demuestra el desprecio que tenía hacia el género humano y hacia el cubano en particular, fue un incidente que tuvo con Germán Pineli.

Este individuo era un presentador de televisión muy popular en Cuba en la década del 50, y también partidario de la Revolución. Un día Pineli estaba en un acto que tenía que ver con el gobierno y que se estaba trasmitiendo por televisión y en eso vio al "Che" y como para hacerse el gracioso con el personaje, dijo por los micrófonos y frente a la cámara de televisión: **"Aquí está el Che"**, a lo que Guevara con la petulancia y el desprecio hacia el prójimo que le caracterizaba, expresó: **"Oiga, yo soy para mis amigos el "Che", para los que no son mis amigos, y usted no lo es, soy el comandante Ernesto Guevara".**

Te aseguro que eso dejó en una pieza a todos los que estaban viendo el programa. Lo que le pasó a Pineli fue para muchas personas la demostración del verdadero carácter de Guevara. No respetaba a nadie, no tenía una gota de delicadeza, era brusco y muy cruel como lo demostraron sus actos a través de toda su vida.

P: Muchos investigadores apuntan que Guevara estaba particularmente interesado en las ejecuciones que se produjeron en Santa Clara los primeros días de enero de 1959. ¿Tiene usted alguna información sobre eso?

R: Nosotros tenemos conocimiento de eso pero si me pides pruebas no tengo pruebas materiales. Realmente nosotros como Segundo Frente Nacional del Escambray, estábamos comprometidos a pelear por la libertad de Cuba y de los cubanos, que el país recuperase su dignidad, esa era la obsesión de todos nosotros.

Nosotros procedíamos de las luchas estudiantiles y siempre nuestro objetivo fue la libertad de Cuba, la democracia, la compenetración de los pueblos y con ese objetivo fuimos a la pelea y salimos de la pelea luchando por lo que queríamos, pero no era una lucha personal, ni para fusilar a nadie ni para encaramarnos sobre los que perdían el poder.

P: La imagen que se ofrece en la actualidad de Ernesto Guevara es de un hombre tolerante, comprensivo, amoroso, no sectario, un tipo que entendía a los demás, que amaba a la humanidad, que todo lo que hizo fue romanticismo. Usted lo conoció, ¿cómo recuerda al "Che" Guevara?

R: Te voy a decir la verdadera imagen de Ernesto Guevara. Para mí es totalmente contraria a eso que estás diciendo. No sé por qué la gente o los medios de prensa divulgan esa imagen de Guevara, todo eso que dicen los partidarios de Guevara es una soberana mentira.

Te repito una vez más, era un tipo pedante, si usted conversaba de cualquier tema él siempre tenía la razón y además de eso perseguía a las personas por capricho, por que le caían mal, porque no confiaba en ellos, el individuo no tenía que cometer un delito para ser perseguido. Era un hombre vengativo, el caso del comandante Jesús Carrera lo demuestra.

El "Che" nunca luchó por Cuba, era un aventurero que se creía un ser extraordinario y simplemente era un matón, un hombre sin principios que sus partidarios están promoviendo por intereses políticos y hasta económicos.

Olga Morgan

Ex Presa Política
Vda. del Comandante William Morgan

P: Olga, ¿cómo usted estableció contacto con las guerrillas que operaban en el Escambray?

R: Me alcé en armas poco después del fracaso de la Huelga General del 9 de abril de 1958 contra la dictadura de Fulgencio Batista.

Parte de mis actividades en la lucha clandestina fue servir de correo entre el llano y los guerrilleros del Segundo Frente Nacional del Escambray, que era la organización a la que yo pertenecía. En mis idas periódicas al Escambray, entre otros artículos llevaba correspondencia y entre ésta se encontraban las cartas que la madre de William Morgan le remitía desde Estados Unidos, pero a pesar de que le llevaba cartas nunca lo conocí, eso ocurrió cuando decidí alzarme y poco después nos casamos. Estuvimos juntos en la lucha contra Batista y contra Fidel Castro, por enfrentar a Castro fui sometida a un juicio en ausencia, mi esposo el comandante William Morgan, fue fusilado y yo cumplí doce años de cárcel.

P: Se dice que Guevara tuvo muchos conflictos con el Segundo Frente Nacional del Escambray en el que Ud. militaba, ¿Conoció a Guevara?

R: No conocí a Ernesto Guevara personalmente aunque estuve desde el período insurreccional contra Fulgencio Batista al tanto de sus actividades, pero cuando pude tener una imagen más precisa de ese individuo fue cuando arribó a la zona montañosa del Escambray, aproximadamente en el mes de octubre de 1958, con la orden de Fidel Castro de someter bajo su mando a todas las fuerzas guerrilleras que operaban en esa región montañosa de Las Villas.

Yo tenía amplios conocimientos de la difícil situación que los jefes del Segundo Frente Nacional del Escambray enfrentaban con Guevara y el 26 de Julio en general, porque mi esposo William Morgan y el también comandante Jesús Carrera, conversaban todo lo relacionado con la lucha en mi presencia, por dos razones, yo era la esposa de William, era guerrillera al igual que ellos y aunque Morgan hablaba español no era suficiente para entender todo lo que conversábamos entre nosotros.

Recuerdo que cuando terminaron el encuentro que sostuvieron con Guevara, Jesús y William analizaron en mi presencia la entrevista y los posibles resultados de la misma. La persona que más discutió con el "Che" fue Jesús Carrera, Morgan que respaldó a Jesús en la reunión tenía las limitaciones que le imponía el idioma. Ellos comentaron que la reunión había sido muy fuerte, dura, que se habían dicho cosas que eran muy difíciles de olvidar por lo que en el futuro tenían que estar pendientes de cualquier acción o idea que Guevara tratara de impulsar en su contra.

Te digo que todos los que supimos de aquella reunión teníamos la certeza de que Jesús Carrera estaba sentenciado si el Che ocupaba alguna posición importante, porque Guevara no iba a perdonar el desplante de Carrera y las muchas cosas que Jesús le dijo.

P: ¿William Morgan y Jesús Carrera conservaron la amistad aún después del triunfo de la Revolución?

R: Después del triunfo de la Revolución, Jesús Carrera visitaba con frecuencia nuestra casa, al igual que cuando estábamos en las montañas. William y él se ponían a conversar de muchas cosas y uno de los temas era Guevara, de quien Jesús decía que era un tipo muy cruel y sin una gota de escrúpulos cuando se le metía algo en la cabeza. También conversaban sobre el rumbo que estaba tomando la Revolución y acusaban al "Che" de ser uno de los máximos responsables de la presencia e influencia comunista en el proceso revolucionario.

Carrera tuvo muchos problemas con el gobierno. En cierta medida siempre lo estaban acosando a él y a sus escoltas. Imáginate que si un escolta hacía algo indebido la policía detenía a Carrera con cualquier pretexto y esto te lo puedo afirmar porque en una ocasión fuimos al regimiento de Santa Clara, 27 de julio de 1960, lo recuerdo todo muy bien porque estaba embarazada de mi hija más pequeña, para sacarlo de la cárcel.

Cuando llegamos tenían a Carrera incomunicado, recuerdo que nos acompañaba el capitán Onofre Pérez, que luego estuvo en prisión por más de 20 años por enfrentar la dictadura de Castro, nos pusieron mucho reparo para liberarlo y William tuvo que ponerse muy duro, hubo hasta amenazas de ambas partes, pero logramos su excarcelación.

Jesús era muy discreto, todos sabíamos que no estaba con el gobierno, pero como era de la total confianza de William estaba al tanto de los planes, pero no te puedo afirmar que estuviera conspirando. Estaba conciente que había que hacer algo pero te aseguro que no estaba involucrado en nuestras actividades, a él lo relacionan en la causa por sus rencillas con Guevara que habían sido muchas, no sólo en la Sierra, y también porque el gobierno no dudaba que un hombre de la entereza de Jesús Carrera era un peligro para sus planes.

P: ¿Cómo se produce el arresto de ustedes y de Jesús Carrera?

R: El 17 de octubre de 1960 cuando llegué al apartamento donde vivía en la Habana me encontré que el edificio estaba completamente rodeado y que William estaba preso y como sabía que me iban a detener pensé en Jesús que aunque no estaba conspirando con nosotros Guevara podía usar como pretexto su estrecha amistad con Morgan para involucrarlo en las acusaciones en nuestra contra, por eso lo primero que hice cuando tuve la oportunidad, antes de que me detuviera la policía política, fue decirle a la madre del también comandante César Páez, quien murió en la prisión de La Cabaña por falta de atención médica, que le avisara a Jesús que nos estaban arrestando. Estaba clara, como decimos los cubanos, aunque Jesús era inocente, lo arrestaron 3 días más tarde, según supe después.

Aún en la situación que estaba no tenía dudas de que Guevara aprovecharía la oportunidad para canalizar contra Jesús todo su odio, lo que concretó el 11 de marzo de 1961, porque los dos comandantes que se le enfrentaron por primera vez en el Escambray, Morgan y Carrera fueron fusilados.

Estuve arrestada en mi apartamento hasta que me fugué, aquello fue una odisea como te he contado con anterioridad y que no creo que se ajuste a este relato pero sí quiero contar una experiencia personal que jamás podré olvidar.

Después que me fugué de mi apartamento encontré refugio en la casa del embajador de Brasil pero de ahí salí porque me informaron que estaban preparando condiciones para sacar a William y a Jesús de la cárcel y trasladarlos fuera del país.

P: ¿Cuándo ocurrió eso y en qué lugar?

R: Estaba escondida en Santa Clara en casa de la familia Peralta. Allí no ponían ni radio ni televisión por lo que no tenía forma de saber que en esos días, 9, 10 y 11 de marzo estaban celebrando el juicio en el que me estaban juzgando en rebeldía y William y Jesús fueron condenados a muerte y ejecutados.

El 13 de marzo me recogió una pareja que supuestamente me trasladaría para Camagüey donde se suponía que me iba a encontrar con William y el resto de los presos que se encontraban en la galera 22 de La Cabaña porque iban a ser rescatados, pero en realidad me condujeron para la oficina de Seguridad del Estado en Santa Clara.

Allí fui identificada por una antigua amiga miembro de la familia Peralta, de nombre Miriam, y decidieron de inmediato mi traslado para La Habana que se realizó al día siguiente. Cuando llegué al G-2 de La Habana me encontré muchas presas que hoy son mis amigas, me trataron con mucho cariño, pero no mencionaron para nada lo que había ocurrido con William.

El 17, tarde en la noche, me sacaron de la oficina de la Seguridad y escoltada por varios oficiales me ordenaron subir a un vehículo. El recorrido en coche fue largo, dimos muchas vueltas, delante de nuestro automóvil como si fuera una escolta iba otro carro policial, te repito fueron muchas las vueltas para terminar cuando ya todo estaba muy oscuro, en la prisión de La Cabaña, creo que ya era de madrugada.

Cuando el automóvil estacionó uno de los escoltas dijo que no me bajara pero otro que parecía que tenía más autoridad dijo que sí. Nos encontrábamos frente a las oficinas y el que parecía ser el jefe dijo que caminara hacia la parte izquierda de las instalaciones, a lo lejos se veían unas luces, los militares montaron sus armas y te juro que pensé lo peor, pensé que me había llegado el momento, porque estábamos solos, muy oscuro y en una prisión donde habían ocurrido numerosos crímenes.

Seguí caminando, ignoraba que William había sido fusilado, con aquellos hombres detrás y con mucho temor por lo que pudiera pasar, pensé una vez más en William y saqué una fosforera que su madre le había mandado, que tenía el nombre de su hijo y el mío.

Con la fosforera en la mano y aunque me habían prohibido mirar hacia atrás, le pedí a un escolta que también se llamaba

William que me hiciera el favor de entregársela a mi marido y en ese momento otro escolta gritó. **"Donde él está no la puede usar ya"**, en realidad no me di cuenta de lo que había dicho hasta tiempo después y seguí caminando en un estado de ánimo que me es imposible describir.

Caminaba sin que me ordenaran detenerme y según avanzaba una desolación, un sentimiento de tristeza y desamparo iba ganando todo mi cuerpo y mi espíritu pero no dejaba de pedirle a Dios que me diera fuerzas para resistir lo que fuera porque yo sabía que estábamos acercándonos al paredón, que por donde estaba caminando estaba el paredón, una vez más pensé que me iban a matar, recordaba a mis hijas y a William con más fuerza que nunca antes cuando me ordenaron que me detuviera y que regresara. En ese momento sentí mis zapatos pegajosos, húmedos, estaban embarrados de sangre pero pensé que era fango, como no podía ver no lo sabía, al parecer me habían conducido hasta el paredón, a el mismo lugar donde mi marido había sido fusilado seis días antes.

Me hicieron subir una vez más al automóvil y me condujeron hasta la cárcel de Guanabacoa. Seguía sin conocer lo que había ocurrido con William pero cuando entré al Vivac de la prisión un sargento largo y flaco de apellido Leyva de un solo golpe me trajo a la realidad cuando gritó: **"Ya tenemos aquí a la viudita de William Morgan".** Mi reacción fue de locura, me abalancé contra aquel esbirro y cuando me agarraron miré mis zapatos y vi que estaban oscuros y manchados de sangre.

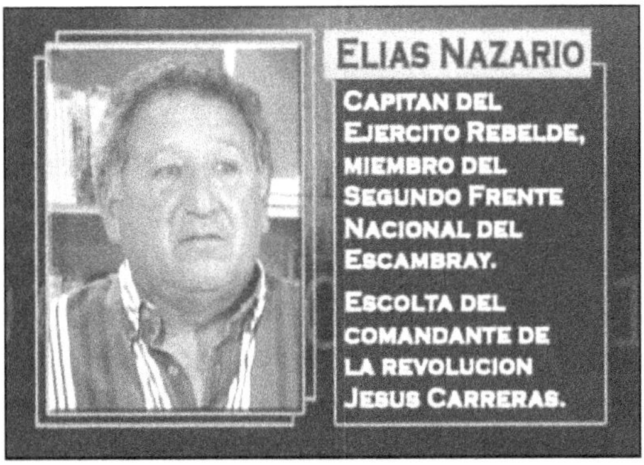

Elías Nazario Sargent

Capitán del Ejército Rebelde.

En mi función de capitán del Ejército Rebelde del Segundo Frente Nacional del Escambray y escolta del comandante Jesús Carrera Zayas, fui testigo de varios hechos que me demostraron desde el principio quién era en realidad Ernesto Guevara.

El "Che" Guevara entró a la provincia de Las Villas por la parte suroeste, por Banao. Los miembros del Segundo Frente nos encontramos con él allí; recuerdo que había acampado con miembros del Directorio Revolucionario, entre ellos el comandante Rolando Cubelas.

Muy pronto el comandante Carrera y Guevara sostuvieron una fuerte discusión, la cuestión era que había una disputa por el mando de ciertas zonas y hasta de quién dirigiría, desde ese momento las operaciones en el Escambray. El "Che" estaba afirmando que él era el Comandante en Jefe del Escambray, y eso no era cierto porque el Comandante en Jefe del Escambray era Eloy Gutiérrez Menoyo.

Quiero decirles que en aquel momento el Directorio Revolucionario y nosotros nos habíamos separado, pero esa es otra historia.

La discusión entre los dos comandantes fue muy fuerte. El comandante Jesús Carrera le dijo al "Che" muchísimas cosas pero éste no le contestó. Agachó la cabeza y sólo dejó escapar un "humhum" y entonces intervino en la discusión el comandante Armando Acosta Cordero, un viejo comunista de Sancti Spíritus que en ese momento lo conocíamos como el capitán Erasmo Rodríguez; también se encontraba el comandante Ramiro Valdés, el capitán Olo Pantoja, que cuando aquello era capitán y el capitán Pablo Ribalta, un negro grande de la provincia de Las Villas que era miembro del Partido Comunista, que en aquellos tiempos se conocía como el Partido Socialista Popular.

La discusión fue fuerte, pero bien fuerte. Jesús le dijo bien claro: **"tu zona es la tuya y la mía es la mía y si brincas a la zona mía vamos a tener problemas",** con esas palabras terminó el encontronazo y nosotros nos retiramos a la zona en la que estábamos operando desde hacía tiempo y Guevara partió para la zona del Pedrero, donde montó su campamento, con Estado Mayor y todo.

El primer ataque que comandó Guevara en el Escambray lo hizo contra un cuartelito que tenía una dotación de once hombres, era el cuartelito de Guinía de Miranda. Los soldados resistieron el ataque como dos horas pero los rebeldes eran muchos y tuvieron que rendirse.

No participé en esa acción porque estábamos en fuerzas diferentes. Poco después cumplí una operación con otros dos oficiales. Fuimos al pueblo de Zaza del Medio y como teníamos que pasar cerca del Pedrero, nos detuvieron la gente de Guevara y permanecimos bajo arresto, sin motivo alguno, como cinco horas.

Recuerdo que tenía lugar una reunión en la que participó Benito Pérez, que fue presidente de la Federación Estudiantil Universitaria (FEU), gente del Colegio Médico de Santa Clara y el capitán Eusebio Ojeda, que está aquí en Miami. La reunión fue para discutir las diferencias entre el Segundo Frente y el Movimiento 26 Julio.

Después de esa reunión el "Che" Guevara me entrevistó y en la conversación me dijo que no venía a pelear contra los que eran revolucionarios, que su problema era unir las fuerzas para luchar en conjunto, que no quería pelear con nosotros. Después de la charla me entregó las armas, mi fusil, mi pistola, el caballo que yo montaba y entonces me retiré.

A mi regreso del pueblo de Zaza del Medio, que está cerca de la ciudad de Sancti Spíritus, me encontré nuevamente con el "Che". En esta ocasión me acompañaba Bombino. Guevara nos obligó a detenernos porque iba a atacar el cuartel de Banao y pensó que nosotros podríamos delatar sus planes.

El cuartel de Banao estaba defendido por el capitán, Manuel Blanco Navarro[95], que era particularmente valiente, también le favorecía que el cuartel estaba en un punto elevado, en un montecito, lo que le daba muy buena visibilidad. El combate empezó a las 9 de la noche y duró hasta las 5 de la madrugada. La defensa del cuartel le hizo cinco bajas mortales a las fuerzas del "Che"; también las fuerzas del "Che" tuvieron el problema de que esperaban tener una bazooka para usarla en el ataque y no les llegó a tiempo. El bazukero del "Che" era el capitán Lázaro Rodríguez, le decían el Capitán Descalzo, era un negro de la provincia de Las Villas que andaba con Guevara desde hacía cierto tiempo.

Posteriormente, después del triunfo de la Revolución, fui para La Habana con mi familia. Un día acompañaba a mi tío, el comandante del Segundo Frente Nacional del Escambray, Aurelio Nazario Sargent, a pedirle a Guevara que liberara al doctor Joaquín Martínez Sáenz, que había sido ministro de Hacienda del gobierno de Batista, un hombre que había trabajado con todos los gobiernos, que había sido varias veces ministro, un hombre serio y que no se metía en nada.

Cuando llegamos a La Fortaleza de La Cabaña, Guevara estaba sentado, casi tirado en el suelo, fumando una cachimba.

---

95 *Miembro de la Brigada 2506, murió frente al paredón de fusilamiento en 1961.*

Recuerdo que Nazario le pidió que soltara a Martínez Sáenz a lo que el "Che" contestó.

"Nazario ¿te estás volviendo contra-revolucionario, ya estás defendiendo a los esbirros estos?". Mi tío Nazario le dijo con mucha firmeza y mirándole a la cara: **"No comandante, cuando usted estaba en su país yo estaba conspirando contra Fulgencio Batista, yo lo que le estoy pidiendo es un favor porque este hombre no ha hecho nada, este hombre no es un criminal de guerra".**

Ahí se acabó la conversación. Nazario dijo que nos retirábamos y nos fuimos de La Cabaña. La noche anterior habían fusilado un burujón de soldados y policías del gobierno y mi tío nos había dicho: **"esto no funciona ya, estas matanzas aquí no pueden seguir".**

Después de esto el descontento creció entre nosotros y mi tío empezó a conspirar contra una Revolución que había traicionado sus ideales.

Empecé a conspirar dentro de las propias Fuerzas Armadas Revolucionarias. Un día me encontraba en Sancti Spíritus, creo que fue en el mes de junio o julio del año 1960, cuando vi al ex -capitán Osvaldo Ramírez[96] García. Eso fue frente al Trust Company, que era un banco, adonde iba a cambiar mi cheque del ejército, que era en aquel entonces de $308. 00 pesos.

Acompañaba a Ramírez, Carlos Bonune, Wititío, lamento no acordarme de su nombre, que había sido primer teniente del Ejército Rebelde. Recuerdo que Osvaldo me dijo: **"Morí, tu estás con los comunistas estos, por que aquí los comunistas se han cogido todo el poder, el "Che" nos degradó a todos nosotros e hizo que nos botaran del ejército".** De inmediato me preguntó: **"¿tienes algún arma arriba?"**, sin pensarlo dos veces le dije que tenía un M3 y una pistola en el maletín. Osvaldo que era un hombre muy decidido me dijo que le hacían falta, que le diese las armas y le respondí que al día siguiente

---

96 *Ocupó la jefatura de los alzados en armas del Escambray entre 1961-62. Murió en combate.*

nos veríamos para entregárselas.

Llegué a mi casa en Zaza del Medio, cogí el M3 que estaba nuevo, casi de paquete y con una lima le quite el número de identificación del ejército. Al otro día en el Punto Uno de Banao que se llama El Pinto, nos entrevistamos y le entregué el arma con seis cargadores. Ese día también acompañaba a Osvaldo Ramírez, que después sería el jefe guerrillero más famoso de las montañas del Escambray contra el comunismo, Wititío y Carlos Brunet. Recuerdo que Osvaldo me dijo: **"Te espero en el Escambray de nuevo"**. De ese lugar, donde se almorzaba, partí para La Habana, pero seguí un tiempo más en el ejército tratando de conseguir más armas para los alzados del Escambray.

P: ¿Usted estaba conspirando con William Morgan?

R: Sí, estuve con William, di dos viajes al Escambray con el comandante William Alexander Morgan y Rudor. En dos ocasiones viajamos específicamente al pueblo de Manicaragua, llevamos armas, también fuimos a la zona de Manaquita. Allí también dejamos armas para que las recogiera Osvaldo, pero la verdad es que nunca supe si las recogió o no.

Regresamos a La Habana, seguí todavía un tiempo más en el ejército, aunque estaba excedente porque aunque éramos oficiales no teníamos mando. Realmente fueron muy pocos los oficiales del Segundo Frente Nacional del Escambray o del Directorio Revolucionario que tuvieron algún mando. Como instituciones, las dos organizaciones fueron apartadas enseguida del gobierno.

El comandante William Morgan cayó preso poco después, también fueron detenidos el comandante Jesús Carrera, el capitán Onofre Pérez, el primer teniente Edmundo González Osorio, el primer teniente Roberto González Pérez "Roberton", y varios más de los que no recuerdo sus nombres en este momento.

Fueron todos arrestados y la señora de William Morgan, Olga, que también había estado alzada en el Escambray en la lucha contra Batista. La dejaron en su casa pero en calidad de detenida.

Según tengo entendido la ayudó a escapar la hermana de Jesús Carrera, Margarita Carrera, que le puso unas pastillas para dormir en el café a las escoltas. Olga pudo escapar y sé que pasó mucho trabajo y enfrentó muchos problemas. Creo que fue arrestada en Santa Clara, en algún lugar de Las Villas, un tiempo después.

Caí preso el día primero de diciembre de 1960 en la ciudad de Trinidad. Cuando me detuvieron habían acabado de matar al comandante Piti Fajardo[97]. Poco tiempo después el capitán Edel Montiel[98], que está aquí en el exilio, se llevó las armas del comandante Alfredo Peña. En esos días fue fusilado Noel Pena en el Escambray.

Me llevaron detenido para el G2 de Santa Clara en la carretera de Camajuaní. Allí se encontraba Luis Felipe Denis y Martínez, en ese momento jefe del G2 en la provincia de Las Villas, un tipo muy malo que no tenía compasión con nada ni con nadie, muchos de los fusilamientos que ocurrieron en Las Villas son de su responsabilidad.

De Santa Clara, a los tres días, me condujeron para las oficinas de la Seguridad del Estado que se encontraba en aquella época en Quinta y Catorce en La Habana, donde me entrevistaron dos oficiales. Después me trasladaron para La Cabaña, donde me encontré con el comandante William Morgan. En esos mismos días el comandante Eloy Gutiérrez Menoyo con un grupo de altos oficiales del Segundo Frente, partió clandestinamente para Estados Unidos.

En la mañana siguiente, al arribo de Menoyo con los otros comandantes a Estados Unidos, me encontré con William Morgan en el patio de La Cabaña, recuerdo que estaba en la galera

---

97 *Médico, comandante del Ejército Rebelde, muy próximo a Fidel Castro. Fue jefe de operaciones en el Escambray en la lucha contra los alzados. Perdió la vida en un confuso incidente el 29 de noviembre de 1960.*

98 *Teniente del Ejército Rebelde. Fue uno de los jefes guerrilleros más importante en la lucha contra el totalitarismo. Pudo salir de Cuba clandestinamente en 1961.*

13 y yo en la 12; en cuanto Morgan supo que los oficiales del Segundo Frente Nacional del Escambray habían llegado a Estados Unidos, le dijo a Jesús Carrera: **"Jesús, ésta es la muerte mía y tuya"**, a lo que pregunté por qué decía eso y Morgan me dijo: **"Porque se fue Eloy, no nos habían fusilado porque él estaba aquí"**.

Esa conversación tuvo lugar cuando se fueron los comandantes Eloy Gutiérrez Menoyo, Armando Fleites, Andrés Nazario, Eusebio Ojeda, Chua, Angelito Ruiz de Zárate que fue ministro en Cuba, durante el gobierno revolucionario.

El día 9 por la noche estábamos en la galera orando el rosario que dirigía un expreso político que murió aquí en Miami de nombre José Manuel García "El Bebo", ese rosario se rezaba noche por noche, lo hacíamos por los fusilados. Cuando estábamos en eso se apareció el guardia de la posta preguntando por Jesús Carrera y por William Morgan.

Jesús Carrera, que dormía arriba de mi cama me dijo: **"Esto está malo"**, cogió la caja de cigarros de la que estaba fumando, eran unos cigarros oscuros, de esos que le dicen pectorales y me dijo: **"Dame una caja más que me la llevo para la capilla, que esta es la pena de muerte de nosotros".**

Se los llevaron el 9 por la noche y el 10 por la mañana fue el juicio. Pena de muerte para los comandantes Jesús Carrera y William Morgan y 30 años para el otro grupo de oficiales que supuestamente estaban complicados en el acto de conspiración.

Se hicieron muchas gestiones para salvarles la vida. Un funcionario de la embajada de Estados Unidos fue a La Cabaña y habló con Morgan pero como éste había perdido su nacionalidad ya que se había hecho ciudadano cubano, no pudo hacer nada.

También Margarita Carrera y la esposa de Jesús, fueron a hablar con Ramiro Valdés, ellas lo conocían y le explicaron toda la situación. Al planteamiento de ellas Ramiro les dijo: **"Estos son problemas del argentino que se va a cobrar completa todas las que Jesús le hizo".**

Jesús había tenido más de una diferencia con el "Che". Jesús era piloto y fuimos un día a Ciudad Libertad, ese fue el nombre que le pusieron al campamento militar de Columbia, el más importante de la Cuba de aquella época, cuando triunfó la Revolución.

Ese día Jesús voló una avioneta, una piper grande y yo me quedé esperándolo en tierra. Después de aterrizar y ya saliendo de la avioneta, avisaron por la radio que quitasen de la pista la nave en que había llegado Carrera porque el comandante Ernesto Guevara iba a salir a volar, cuando Jesús escuchó eso atravesó la avioneta en el medio de la pista, en vez de guardarla en el hangar, le quitó la llave y la botó.

En otra ocasión, también en Ciudad Libertad, durante una reunión en la que participaban unos 18 o 20 comandantes y se encontraba Raúl Castro, Fidel no participó, el argentino se paró y dijo que había un grupo de oficiales del Ejército Rebelde, entre ellos varios comandantes que se dedicaban en La Habana a emborracharse en cualquier esquina, después de esto Jesús se paró de inmediato y le dijo: **"Oye, argentino, ¿ese problema es conmigo? Si el problema tuyo es conmigo sabes que esa la tenemos tú y yo hace rato ya, cuando tu quieras, cuando salgas para la parte de afuera lo tenemos".** Raúl no dijo nada, fue Ramiro Valdés el que se metió por el medio para decir: **"Jesús siéntate y Ernesto tranquilo que estamos discutiendo otras cosas que no son esas. "** Esas fueron acciones y conductas que el "Che" Guevara nunca le perdonó a Jesús Carrera.

P: ¿Jesús Carrera conspiró? ¿En qué medida estaba involucrado Carrera en la causa de William Morgan?

R: Jesús Carrera no conspiró con nadie. Cuando cogen a William Morgan enredan a Jesús en la misma causa, porque tenía que ser una causa completa, dos comandantes. A William lo detuvieron como a las dos de la tarde.

P: Pero, ¿Por qué usted cree que fusilan a Jesús Carrera si no estaba conspirando?

R: Eso fue una venganza del "Che". El fusilamiento de Jesús Carrera es producido por los problemas que tuvieron el "Che Guevara" y Jesús Carrera en el Escambray primero y después en el Estado Mayor del Ejercito y en Ciudad Libertad. Fue una venganza porque jamás perdonó a Jesús Carrera. No tengo dudas que tenía a Carrera en la mirilla y sé que el comandante Aurelio Nazario le dijo a Jesús: **"Jesús cuídate del "Che", que el "Che" te va a pasar la cuenta en cualquier momento",** y se la pasó, no estuvo tranquilo hasta que lo fusiló.

Te aseguro que se hicieron todas las gestiones para salvarle la vida a Carrera. En el juicio a Jesús no lo acusó nadie, ninguno de los testigos dijo algo en su contra o mencionó que estuvieran haciendo contrarrevolución.

Mario Marín Puerto fue el que acusó al comandante William Morgan, lo acusó directamente y el fiscal le preguntó a Mario Marín Puerto en el juicio si Jesús Carrera había asistido a alguna reunión conspirativa con William Morgan y Mario Marín dijo que no.

Cuando esto ocurrió el abogado del comandante Jesús Carrera pidió la absolución, y creo, aunque no lo recuerdo bien, que el abogado defensor fue Aramis Taboada, creo que fue él pero no lo puedo asegurar. Todos creían que iba a salir absuelto. Se esperaba que lo fueran a soltar pero no fue así, porque a las 9 de la noche del día 11 de abril fueron pasado por las armas los comandantes Jesús Carrera y William Morgan, y los demás que integrábamos el grupo fuimos condenados a 30 y 25 años de cárcel. Esa fue una venganza personal del "Che" que se quería sacar de arriba a Carrera y se lo sacó de arriba mandándolo a matar.

Margot Menéndez

Hermana de Rafael García Muñiz.
Fusilado por orden de Ernesto "Che" Guevara.

Eran los primeros días de enero de 1959. Los familiares de los presos nos situábamos frente a la prisión de La Cabaña donde estaban recluidos nuestros esposos, hijos, hermanos, etc. Allí se sabía que se fusilaba, que muchos hombres habían sido ejecutados sin haber tenido un juicio justo.

Mi hermano Rafael también estaba preso en La Cabaña, al igual que mi esposo, y yo había ido a visitarles o por lo menos saber como se encontraban.

Recuerdo que estaba conversando con una señora mayor de nombre Agustina, cuando alguien dijo que por la parte de atrás de la prisión era mas fácil entrar, lo que determinó que todas nosotras, la mayoría éramos mujeres, nos dirigiéramos a ese lugar.

Cuando llegamos allí nos dijeron que dentro de la cárcel se había armado una trifulca, que había habido algún problema y que en consecuencia habían suspendido las visitas familiares.

Les repito que en aquel lugar había una gran cantidad de mujeres familiares de los presos, muchas con niños en brazos. Había muchísimas personas y todas estábamos muy tensas y preocupadas por lo que podía estar pasando más allá de las puertas y ventanas que podíamos ver.

En ese momento de mucha tensión se abrió la puerta y salió un automóvil muy lujoso, todas las mujeres salimos corriendo y nos arrimamos al vehículo con la intención de ver quién estaba en el carro para preguntarle, para averiguar la situación de nuestros familiares.

Pudimos ver que quien estaba en el auto era Ernesto "Che" Guevara, en compañía del hombre que manejaba. Cuando lo vimos, todas las mujeres espontáneamente y sin que se pueda decir que alguien nos orientó empezamos a preguntarle que estaba sucediendo en el penal, a pedir que nos dejaran pasar para ver a nuestros familiares ya que hacía semanas que no nos daban visitas. Les digo que todas nosotras llevábamos jabas, bolsas de comida porque la alimentación que los presos recibían era muy mala.

Guevara no dijo nada, nos miró con una cara de estúpido por un tiempo, que nos pareció larguísimo, para decirnos que todos los presos estaban castigados y que no había visita para nadie. Al decir aquello todas las mujeres empezamos a gritar y nos abalanzamos sobre el carro y empezamos a moverlo como si lo fuéramos a virar, le dábamos golpes por todas partes, sin cesar de reclamar el derecho de ver a nuestros familiares en prisión.

La situación se había complicado y el chofer le dijo a Guevara, que se había puesto pálido cuando nos vio tan furiosas, que subiera la ventanilla y de inmediato llamó por el radio que tenía el automóvil a algún lugar, porque de pronto apareció una patrulla de soldados con unas fustas o látigos en las manos que empezaron a golpearnos a todas, eso motivó que nos mandáramos a correr por el camino por el que habíamos entrado antes.

Recuerdo que agarré a Agustina por la mano, la señora que me acompañaba, que por cierto tenía una sombrilla que rompió dándole sombrillazos al carro de Guevara, y la saqué de allí para que no le fueran a pegar a ella porque aquellos guardias estaban dando golpes a troche y moche y no importaba que las personas fueran más viejas o más nuevas. Eso sucedió uno de los días que fui a visitar a mi esposo, Agustina había ido a visitar a su hijo, que se encontraba preso en La Cabaña, donde Ernesto Guevara era el jefe todopoderoso.

Pero lo más importante que les voy a contar es que mi hermano, Rafael García Muñiz, fue fusilado por orden de Ernesto Guevara. La historia es un poco larga y muy dolorosa, trataré de hacerla lo más corta posible.

Mi hermano como policía estaba asignado a una perseguidora, carro patrullero, como se dice hoy en día. Él estaba asignado a esa unidad junto a otros tres miembros de la Policía Nacional, él era quien conducía la perseguidora.

Cerca de mi casa en la barriada de Santos Suárez, La Habana, habían asaltado una armería los partidarios de la Revolución. La situación en el país era complicada y muy inestable. Mi hermano conducía como he dicho antes, un patrullero que estaba asignado a cuidar a Irenaldo García, que era a la sazón uno de los jefes de la Policía Nacional.

Mi hermano escuchó en algún lugar que el general Fulgencio Batista se iba porque habían dado un Golpe de Estado, entonces se subió a la perseguidora y llegó a mi casa que se encontraba a unas cuantas cuadras del lugar donde le correspondía estar. Rafael despertó a mi esposo que en ese momento estaba durmiendo porque le había tocado trabajar toda la noche. Recuerdo que le dijo a mi marido que se despertara porque había problemas en la estación de policías, de inmediato mi esposo se vistió y se fue con él.

Cuando llegaron a la estación se presentaron ante las nuevas autoridades y se pusieron a disposición de las mismas. Ellos estaban tranquilos porque no habían cometido ningún delito y suponían que no tenían que temerle a nada, pero de inmediato fueron arrestados.

Todos fueron detenidos, pero evidentemente la situación mas complicada era la de mi hermano porque enseguida lo acusaron de haber transportado en el carro patrullero a dos individuos revolucionarios a los que supuestamente le habían ocupado algunas armas y después les habían asesinado. Responsabilizaron a mi hermano Rafael de aquellos crímenes porque supuestamente él conducía la perseguidora cuando los mataron.

Mi hermano aclaró que él no tenía nada que ver con eso, que no estaba en el carro cuando transportaron a las personas que fueron asesinadas y que lo habían recogido sus otros tres compañeros después de haber ocurrido los hechos.

Nosotros hicimos nuestra propia investigación; la información que conseguimos fue que esos individuos si habían matado a los dos revolucionarios pero que todo había ocurrido sin la participación de mi hermano Rafael, quien fue arrestado y separado de mi esposo, que también quedó detenido.

Estuvo un tiempo recluido en la prisión del Castillo del Príncipe[99], La Habana, y posteriormente lo enviaron a La Cabaña, fue allí donde le dijeron que iba a ser sometido a un proceso, a un juicio. En el primer juicio que le celebraron ninguno de los que estaba presente le acusó de lo mas mínimo y menos de un asesinato. Los testigo declararon que la perseguidora, el carro patrullero, era el número 100 y ese número no correspondía al de la perseguidora que conducía mi hermano Rafael.

Mi hermano juró que no había participado en ningún crimen y como a esto se suma que no había la más mínima prueba, pues tuvieron que suspender el juicio para otro día.

Al día siguiente el Tribunal fue integrado por otras personas, ya que los que participaban como jueces o fiscales cambiaban. Cuando le juzgaron por segunda vez, al que le tocó dirigir el proceso fue a un hombre que tenía muchas historias de maldad, un individuo tan sanguinario que se le conoce como Pelayo "Paredón".

La información que teníamos es que este hombre había declarado que tenía interés en juzgar a mi hermano porque había

99 *Construcción militar de la época colonial. Fue usada como prisión por los gobiernos de la República y también por el régimen totalitario. En el "Príncipe" falleció el mártir Pedro Luis Boitel.*

sido él quien lo había acusado el día primero de enero y que por lo tanto era a quien correspondía pronunciar la pena de muerte, cosa que hizo sin haber tenido pruebas para la condena.

Sergio García

Hermano de Rafael García Muñiz.
Fusilado por orden de Ernesto "Che" Guevara.

Soy hermano de Rafael García Muñiz, asesinado por los sicarios de Fidel Castro en el año 1959, específicamente el 18 de marzo.

Mi hermano era un muchacho decente. Nunca en su vida atropelló o maltrató a una persona, su delito para la Revolución triunfante fue haber sido policía del régimen derrocado.

A Rafael lo acusaron injustamente de haber participado en el asesinato de dos revolucionarios. A pesar de que la acusación fue injusta y que nunca presentaron pruebas de su culpabilidad, lo sentenciaron y me lo fusilaron el mismo día de la condena.

Días antes que ocurriera la tragedia, fui a La Cabaña con un ingeniero que trabajaba en la compañía de electricidad. Fuimos a ver al comandante Ernesto "Che" Guevara que era quien estaba al mando de La Cabaña y era quien dirigía los procesos que terminaban, con mucha frecuencia, en fusilamientos.

A Guevara le dio mucho gusto ver al ingeniero porque habían estado alzados juntos en la Sierra Maestra en el período insurreccional, pero cuando el ingeniero empezó a hablarle y explicarle el por qué de su presencia, el tipo se puso a la ofensiva, grosero y con expresiones tan crueles que parecía otra persona; de pronto se le olvidó que estaba frente a un viejo amigo, un antiguo compañero de armas.

Recuerdo que dijo con mucha fiereza, que en la Revolución no habría toallas para nadie, que nadie sería protegido, cuando expresó esto mi amigo ingeniero le dijo que Rafael era inocente, a lo que Ernesto Guevara contestó con una expresión que nos dejó espantados: **"No, no, tenía el traje azul de Batista, y tiene que pagar por todo eso, porque fue cómplice de todos esos crímenes".**

Después de eso no pudimos hablar más. Prácticamente nos botó de la oficina y nos fuimos del lugar con muchas mas preocupaciones que con las que habíamos llegado.

Antes de las gestiones con Guevara habíamos hecho muchas más pero todas con resultados negativos. Fui testigo de la crueldad de Ernesto Guevara y de muchos de sus sicarios.

Pelayo Fernández Rubio, Pelayo "Paredón", fue quien condujo el segundo juicio en el que mi hermano fue condenado a muerte. Recuerdo que el día 13 cuando le correspondía testificar a Suárez de la Fuente, otro de los tantos asesinos que ellos tenían allí, Pelayo Fernández Rubio le dijo que le dejase conducir el caso de mi hermano porque tenía un interés particular en el mismo, de inmediato se dirigió a uno de los esbirros que le acompañaba y le ordenó que encargase tres *cajas* más, ataúdes, porque esos tres tipos "van p'allá".

Una vez más y en carne propia, podía comprobar que los juicios eran una falsa, que las personas procesadas ya habían sido condenadas por el supuesto tribunal que debía juzgarles.

Ernesto Guevara era quien dirigía todos los procesos en La Cabaña y las decisiones las hacía efectivas en la mayor brevedad posible. Mi hermano fue juzgado a las doce de la noche y a la una y veinte de la mañana lo asesinaron, junto a otras tres personas. Uno de ellos fue Elpidio Medero que era también policía de la perseguidora.

El viejo Serrano se salvó porque estaba viejo y en un "gesto de clemencia", es para reírse, lo condenaron a 30 años de cárcel, tiempo después murió en la prisión. También fue fusilado otro muchacho que no estaba presente cuando ocurrieron los hechos de los que les acusaron, a éste le decían el "Rubio" y se llamaba Rodolfo.

El "Che" Guevara, como sanguinario y asesino que fue, porque gracias a Dios está ya en buen recaudo, no tuvo compasión con nadie en La Cabaña, allí no se perdonó a nadie, todos fueron juicios amañados, injustos, sin que las personas se pudiesen defender, tal y como le pasó a mi hermano.

Los sucesos con los que involucraron a mi hermano tuvieron lugar un día en el que estaba de posta en la casa del hijo de Irenaldo García Báez, uno de los jefes de la Policía Nacional, la casa del hijo del jefe policial estaba en la calle Milagros y Mayía.

Rafael estaba haciendo una posta fija en esa casa. Ese día habían asaltado una armería en La Habana Vieja, lo habían dado por radio. Mi hermano terminaba el servicio a las dos de la tarde pero le dijeron que no podía irse, que tenía que continuar haciendo la posta, la vigilancia del lugar y que cuando viera a más de tres personas en un auto, que detuviese el vehículo y chequeara a los ocupantes.

Da la casualidad que poco tiempo después pasó por donde se encontraba estacionado el carro patrullero, que conducía mi hermano, otro vehículo con tres personas a bordo. Su compañero de trabajo de nombre Serrano, fue el que se dio cuenta que venía un carro con el mismo número de personas que le habían indicado y le avisó a mi hermano.

Detuvieron el carro, le hicieron unas preguntas a las personas que viajaban en el vehículo pero no les hicieron bajar, ni registraron el automóvil, poco después le permitieron marcharse sin mas inconvenientes.

Esos tipos tenían mala suerte y eso se reflejó en mi hermano. La gente del automóvil entraron en un garaje que estaba en

Santa Catalina y Mayía Rodríguez, entraron allí para llenar el tanque de gasolina, no sé si iban a hacer algo mas. La cosa es que se ponen fatales y en ese momento llega la tropa que custodiaba la casa de Irenaldo hijo, el propio Irenaldo y una partida de oficiales que le acompañaban.

Aquellos tipos que eran unos matones cuando vieron a los tres tipos decidieron registrar el carro, encontrando armas, varias escopetas y revólveres. Dicen que a uno de los del carro, al más viejo, lo estaban buscando desde el asalto al Cuartel Moncada.

Inmediatamente al lugar llegó una perseguidora, subieron a los tres hombres al vehículo y se los llevaron para la parte de atrás del Latino, una calle que iba para el Latino en el cruce con Rancho Boyeros, allí los asesinaron, los mataron a los tres; se dice que los mató un moreno que usaba patillas largas al que le decían "Malanga". Desde ese lugar se llevaron los cadáveres a la casa de Socorro y de allí los transportaron hasta Santa Catalina.

Después de estos sucesos mi hermano continuó haciendo postas en la casa del hijo de Irenaldo. Nunca pudo dejar ese lugar.

Cuando triunfó la Revolución investigaron aquel suceso y los que hicieron el trabajo señalaron que cerca del lugar estaba la perseguidora número 100, cosa que era cierta, porque era el carro patrullero que conducía mi hermano y que estaba estacionado en la casa del hijo de Irenaldo. El problema es que, como dije antes, la casa estaba cerca del lugar donde habían detenido a los tres hombres que fueron asesinados.

Da la casualidad, o quien sabe que cosa, que él que estaba manejando la perseguidora 84, que era de apellido Delpino, había desertado de la policía y se había alzado en la Sierra el mismo día de los asesinatos. El tipo hasta invitó a mi hermano para alzarse y le dijo que lo que habían hecho con aquellos tres hombres había sido un crimen y que se iba para las montañas.

Mi hermano que no tenía nada que temer porque no había

participado en ningún crimen le dijo que él no traicionaba al coronel, refiriéndose al coronel Francisco "Paco" Pérez, padre de la conocida periodista exiliada Ninoska Pérez Castellón. Sin embargo, y eso demuestra la calidad de hombre que era mi hermano Rafael, no dijo que el policía se iba a alzar, no lo denunció.

Cuando este hombre bajó de la Sierra, por supuesto que no lo iban a responsabilizar por haber manejado el patrullero 84, que era donde habían sido detenidos y asesinados los revolucionarios. A mi entender mi hermano cometió dos errores garrafales, cuando le dijeron que se quedara en la policía y decidió permanecer en el cuerpo y se quedó manejando la perseguidora hasta el 31 de enero, un mes después del triunfo de la Revolución, y después cuando solicitó a sus superiores que le dieran de baja porque no quería seguir siendo policía.

Carmina Benguria Rodríguez

Poetisa y Declamadora.
Premio "Alfonso El Sabio".

P: ¿Cómo conoció a Ernesto Guevara?

R: Mi anécdota del Che es diferente a la de otras muchas personas que le conocieron. No puedo describir un hombre cruel ni falto de respeto, como sé que se comportó con otras muchas personas.

Tiempo después de llegar Ernesto Guevara a La Habana, que por cierto fue el primer jefe de la Revolución que llegó a la capital, el "Che" envió a mi casa a un teniente del Ejército Rebelde, también de origen argentino, que me dijo que su jefe quería hablar conmigo. Te aclaro que no conocía a Guevara y tampoco simpatizaba con la Revolución, porque yo soy de las que siempre ha creído en las elecciones.

Recuerdo que me encontré con Guevara en casa de mi hermana que vivía cerca de la residencia de Hornedo[100]. El "Che" llegó solo a la entrevista, sin escoltas y fue muy respetuoso y

100 Alfredo Hornedo y Suárez. Fundó varios periódicos en Cuba y fue senador de la República.

halagador conmigo. No olía mal como dicen muchas otras personas que le conocieron, pero estaba muy mal vestido. Se apreciaba que sus zapatos y uniforme estaban sucios.

Su visita tuvo como objetivo pedirme que iniciara una gira por toda Cuba para que en parques y plazas hablara sobre José Martí. Creo que él quería en ese momento dar la impresión de que sabía mucho de Cuba y de Martí en particular, dar la imagen que era más cubano que los cubanos. Te apunto que me pidió que empezara la charla por Oriente, que por cierto, terminé en la Universidad de La Habana.

P: ¿Qué tenía que ver el "Che" con ese tipo de actividades?

R: Realmente no tenía que ver con su cargo pero evidentemente se tomaba atribuciones para las que supongo estaba autorizado, porque cuando me preguntó cuáles eran mis honorarios y se lo dije, me pagó en el instante sin ningún contratiempo ni recibo. Recorrí toda Cuba, di las conferencias para las que me había comprometido, pero nunca me llamó para que le dijera los resultados de las mismas, parece que había perdido interés.

P: ¿Vio a Guevara de nuevo?

R: Ya los tiempos estaban cambiando en Cuba y cogían presa a la gente por cualquier cosa, entre ellos a mi padre al que acusaban de prohibir en las clases que impartía en la escuela de Comercio que se hablara de política. Para lograr una pronta liberación de mi padre, le pedí una entrevista a Guevara, tenía sus teléfonos privados desde la época en que me había visitado en casa de mi hermana.

Recuerdo que estaba afectado por un ataque de asma pero aún así nos atendió enseguida, cuando llegamos allí estaba José Pardo Llada[101], sentado en una especie de antesala desde hacía

---

101 Comentarista radial cubano. Muy próximo a Fidel Castro en el período insurreccional y en los primeros años del triunfo revolucionario. Fue hasta su exilio, un firme defensor de los actos de la Revolución.

rato sin ser atendido. Mi hermana fue la primera que habló y lo hizo con mucha firmeza, al extremo que Guevara ordenó la liberación de nuestro padre. Te repito conmigo fue muy educado, atento. Era un individuo con cierta educación, hablaba bajito y muy poco.

La última vez que lo vi fue cuando mi hermana iba a salir del país, como consecuencia de la ocupación de uno de los diarios más importantes de Cuba. Le pedí una nueva entrevista que me la concedió de inmediato.

Cuando llegué estaba en la puerta el capitán Antonio Núñez Jiménez, muy allegado a Guevara, que me hizo pasar enseguida. El "Che" me pidió que me sentara y cuando le expliqué que mi hermana se iba de Cuba, que ella contaba con todos los permisos correspondientes y que mi visita era simplemente para solicitarle que la casa no fuera ocupada por militares mientras que la familia estuviera en ella.

Para mi sorpresa Guevara no se molestó ante mi solicitud. Me contestó que se ocuparía del asunto y lo cumplió. La casa como ha sido costumbre en Cuba desde el triunfo de la Revolución, la ocupó otro jerarca, Osmani Cienfuegos, hermano de Camilo, pero por la residencia no se portó ningún militar tal y como él dijo.

Te repito tengo amplios conocimientos de las acciones de Guevara y no dudo de que era un asesino sin escrúpulos, pero si te digo que fue grosero conmigo, faltaría a la verdad. A mí me fue muy difícil salir de Cuba, por supuesto que nunca fui a verlo para me ayudara, porque en esa época su fama de asesino y hombre cruel era muy comentada en La Habana. Para salir de Cuba tuve muchos problemas. Salí gracias a una gestión del presidente de honduras Villeda Morales[102] que me cursó una invitación oficial para inaugurar el curso escolar de su país.

---

102 *Ramón Villeda Morales, presidente de Honduras de 1957-1963.*

JOSE M. ILLAN
ECONOMISTA.
SUB SECRETARIO DE HACIENDA, MIEMBRO DEL PRIMER GABINETE MINISTERIAL DE LA REVOLUCION CASTRISTA.

José M. Illán y González

Economista.
Viceministro de Hacienda
del primer gobierno revolucionario.

En enero de 1959, en los primeros días del triunfo revolucionario fui nombrado subsecretario de Hacienda de la República de Cuba. Hoy en día ese cargo se denomina Vice-ministro.

Trabajaba directamente con el doctor Rufo López Fresquet, que había sido mi profesor en la universidad de Villanueva cuando estudié economía y que era un economista muy prestigioso y una persona muy conocida por todos los sectores del país. Frequet era uno de los tantos hombres y mujeres notables que formaron parte del primer gabinete del gobierno revolucionario que presidió el doctor Rafael Urrutia Lleo.

Recuerdo que entre aquellos hombres de mucho prestigio estaba el doctor José Miró Cardona, distinguido profesor de la Universidad de La Habana. La verdad que de aquel gabinete de gobierno todos nos fuimos en menos de año y medio. En ese corto tiempo prácticamente todos, incluyendo los viceministros, habían renunciado o abandonado el gobierno.

Recuerdo que eran los primeros días del mes de abril del año

1959, el cuarto mes del gobierno revolucionario. Llegué a mi despacho a eso de las 9 y media de la mañana y me encontré una nota del despacho del ministro López Fresquet, en la que me indicaba que quería hablarme urgentemente, me comuniqué con la secretaria por el intercomunicador y me dijo: **"Óigame, el comandante Ernesto Guevara ha llamado y dice que quiere que el ministro vaya a verlo al Tribunal de Cuentas".**

Le respondí: "**Bueno, supongo que usted le habrá dicho que el ministro no está aquí, que lo vuelva a llamar más tarde",** y le colgué.

Continué en mi trabajo y una hora después otra llamada procedente del despacho del ministro López Fresquet.

"Óigame señor subsecretario, el comandante Guevara ha vuelto a llamar y dice que necesita ver urgentemente al ministro". Le contra pregunté, si el ministro había llegado; a su respuesta de que Fresquet no estaba en la oficina, le dije que se lo informara a Guevara.

La tercera llamada a eso de las once de la mañana fue del propio ministro López Fresquet: **"Illán ven acá, a mi despacho inmediatamente".**

De inmediato salí para el despacho del ministro quien me dijo: **"Óigame este hombre, el "Che" Guevara, el comandante Ernesto Guevara, el argentino, me está llamando, está reunido en el Tribunal de Cuentas, porque allí hay una reunión con el sector de los tabaqueros, de los productores de tabaco, y no creo que yo deba ir como ministro a verlo, él es el comandante de La Fortaleza de La Cabaña y creo que debe ser él quién me venga a ver a mí".**

Le respondí al ministro que por qué no le decía eso a Guevara y me contestó que no, que fuera yo a verle de inmediato. Traté de quitarme aquella encomienda de encima en base a la confianza que tenía con el ministro, pero no fue posible. El ministro no se convenció con mi propuesta y me dijo: **"Tienes que ir para allá".**

Después de eso no había mas nada que hacer, di media

vuelta, y cuando regresaba para mi despacho para buscar unos documentos me encontré con el Dr. Nicolás Muñiz que era funcionario del Tribunal de Cuentas y estaba cooperando con nosotros en Hacienda. En cuanto lo vi le dije que me esperara y que me hiciera el favor de entregarme todo el material que se había elaborado hasta ese día sobre los impuestos.

En aquellos papeles estaban señalados todos los tipos de imposición fiscal para cualquier clase de contribuyente. También le pedí que me acompañara. Le dije que iríamos al Tribunal de Cuentas y que cuando llegáramos al edificio tenía que conducirme hasta un despacho en particular, porque yo no sabía donde se encontraba. Muñiz me comentó que al despacho al cual nos dirigíamos era el despacho de los magistrados del Tribunal.

Salimos para el lugar y por el camino le dije: **"Nicolás, por favor, revisa en estos documentos todos los impuestos que tengan que ver con el tabaco. No importa si corresponde a la producción agrícola, a la producción industrial o cualquier otro tipo, pero quiero tener clara mi mente porque esta citación tiene que estar relacionada con algo de eso".**

Llegamos al tribunal, tomamos el ascensor y encontramos que en la antesala del despacho en el que estaba el comandante Guevara, estaba esperando el ministro de Comercio, el Dr. Raúl Cepero Bonilla[103].

Cepero Bonilla estaba sentado en una butaca y cuando me vio se puso de pie y me preguntó qué hacía en ese lugar, a lo que le contesté que venía a ver al comandante Guevara, Cepero me respondió que el "Che" quería ver al ministro y no a uno de sus subsecretarios.

Cuando le dije que el ministro no estaba disponible me preguntó que yo iba a hacer y le respondí que iba a tocar en la puerta del despacho. En verdad, yo no podía entender que un ministro estuviese esperando a las puertas de un individuo que

---

103 Ocupó importantes cargos en el Gobierno Revolucionario. Falleció en un accidente aéreo en Perú.

podía haber combatido y tener mucha autoridad pero que en realidad era simplemente el comandante de un bastión militar, porque el "Che" no era jefe del ejército ni nada parecido. Increíblemente la autoridad civil estaba supeditada a la militar y Guevara demostraba tener más autoridad que los propios ministros de gobierno.

Toqué la puerta y después la abrí para poder entrar. Vi en el despacho al comandante Ernesto Guevara en traje de faena militar, tenía una gorrita puesta y caminaba por el centro de la sala de un extremo al otro. En una de las esquinas de la oficina se encontraba la señora Hilda Gadea, la distinguida internacionalista marxista peruana que aunque ya el comandante se había casado con la cubana Aleida March, seguía siendo la señora Gadea la persona más cercana y más responsable de su actuación política, por lo menos esa es mi opinión.

Cuando entré, el individuo me miró y me le presenté diciéndole quién yo era y la posición que ocupaba en el ministerio de Hacienda. Después de la presentación le dije que estaba allí porque el ministerio estaba interesado en conocer en que podíamos cooperar con él.

El personaje me miró entre sorprendido y disgustado y me dijo que estaba esperando a "Rufo", así, sin identificarlo como el ministro de Hacienda, ni siquiera le dio la jerarquía, para nada mencionó que se refería al ministro de Hacienda. Cuando me dijo aquello le dije que el ministro Fresquet estaba cumpliendo compromisos previos que le impedían asistir a la reunión, pero que el ministro consideraba que era importante estar presente y trabajar en lo que fuese necesario.

De nuevo me miró fijamente por unos segundos y me explicó que estaba reunido con cultivadores de tabaco, que estos tenían un problema grave porque no podían pagar los impuestos y que por lo tanto había que suprimirlos. En una palabra el jefe de la Plaza Militar de la Fortaleza de La Cabaña estaba decidiendo sin tener conocimientos y sin la autoridad debida, qué impuestos se debían suspender en el país. Les aseguro que en ese momento me olvidé que el tipo era un tira tiros, que tenía fama de guapo y de no conocer los límites cuando actuaba contra las personas que le iban a la contraria. Hay que tener presente que Guevara fusilaba gente en La Cabaña y que hacía lo que le venía en gana.

Les repito que me olvidé de toda precaución, de todo el cuidado que hay que tener cuando se está enfrente de un tipo que no tiene escrúpulos. En aquel momento actué como el profesional que era, como el hombre de 33 años que era, y que había vivido en el mundo de las obligaciones fiscales. Pensé y actué como contador público, como el economista que era y le dije que lo que estaba proponiendo era lo que se había hecho en el pasado, incluyendo bajo la dictadura del general Batista y que eso tendía a destruir el sistema fiscal de la República.

Le expliqué en detalles que suprimir un impuesto para resolver un problema circunstancial, temporal, no era lo mas adecuado porque eso sólo servía para colocarle una especie de parche al sistema tributario y que esa decisión dificultaba la administración del sistema fiscal por el ministerio de Hacienda.

Cuando terminé mi explicación, que me salió espontánea, pensé para mis adentros que había ofendido al tipo porque le había dicho que estaba proponiendo lo mismo que se hacía bajo el gobierno de Batista. Me quedé callado unos segundos, mientras al parecer Guevara reflexionaba, cosa que también yo hacía.

Una vez más me miró muy serio y me preguntó que creía yo que se debía hacer para resolver el problema de los tabaqueros. Cuando escuché esas palabras me tranquilicé. De más está decir que no tenía instrucciones del ministro para hacer nada en particular, pero en aquel momento yo estaba fungiendo como ministro y como tal debía actuar.

Le manifesté que se podían tomar algunas decisiones por decreto ministerial, que lo que se aprobara no tenía que ir al consejo de ministros y que prepararía la propuesta que firmaría el ministro del ramo.

Le propuse que al final de la cosecha los tabaqueros podrían tener un formulario y aquellos que demostraran que no habían tenido utilidades durante el período fiscal, serían exonerados del pago de los impuestos que correspondieran. De esa forma, agregué, no modificamos la legislación y no creábamos en consecuencia una situación de anarquía en las relaciones del contribuyente con el ministerio.

Nos quedamos mirándonos el uno al otro, hasta que me preguntó si yo creía realmente que el Ministro podía hacer todo eso. Cada vez me tranquilizaba mas porque continuábamos en un terreno que yo conocía, por lo que le dije que podía estar seguro que lo que había propuesto podía ser elaborado por el ministro y aprobado. Cuando terminé mi parlamento me dio una mirada de aprobación, como se dice, me permitió largarme, lo que me dio una mayor tranquilidad todavía.

El tipo dio media vuelta sin que mediaran palabras, hice lo mismo y empecé mi camino hasta la puerta de salida. Les aseguro que todo el tiempo que permanecí en la oficina en ningún momento Guevara me dijo que me sentara, tampoco movió su mano con intención de estrechar la mía, su desplante y falta de respeto eran absolutos. Aprecié en aquel momento que era un hombre que no sentía respeto por nada y que simplemente no había actuado brutalmente como acostumbraba porque no tenía la más remota idea de lo que yo estaba proponiendo y él quería buscarle una solución a la situación que me había planteado.

Me percaté, como nunca antes, que la técnica que él y sus iguales preferían era la de la intimidación. Meterle el miedo en el cuerpo a la gente, hacer que se sintieran inseguros, lo que sucedió fue que cuando vio que yo hablaba con propiedad, que le exponía cosas razonables no le quedó otra alternativa que aceptar mi posición.

Cuando llegué a la puerta de salida del despacho en que estaba Guevara, mi amigo el ministro Raúl Cepero Bonilla, ministro de Comercio, se levantó de nuevo y me preguntó que cómo me habían ido las cosas, qué había sucedido, tranquilo, porque estaba satisfecho de cómo había conducido la situación le expliqué que todo había salido bien, a lo que Cepero Bonilla contestó con un gran gesto de asombro en su rostro.

En el camino de regreso al ministerio de Hacienda, en compañía de mi amigo Muñiz, comentamos el desprecio evidente que los militares sentían hacia todos los miembros civiles del gobierno, no importaba el rango, ministros, viceministros, o directores, para ellos no éramos nadie. Por su parte, salvo contadas excepciones, los militares eran sólo un grupo de ignorantes que estaban tratando de resolver problemas de los que no tenían la más remota idea, por eso a pesar de su desprecio, nos tenían que buscar para encontrar las soluciones a los problemas del gobierno.

Por supuesto que la mentalidad de estos individuos no cambió y poco a poco los civiles que formábamos parte del gobierno fuimos saliendo por nuestra propia voluntad o separados de cualquier responsabilidad gubernamental. Un año y meses después de constituido el primer gobierno revolucionario, por sólo mencionar los más relevantes, el Presidente, el Primer Ministro, los ministros de Hacienda, Agricultura, Salubridad y Obras Públicas, estaban fuera del gobierno. La mayor parte de los funcionarios de diferentes niveles que ocuparon posiciones claves en los 18 primeros meses de la Revolución, habían abandonado sus cargos.

¿Por qué pasó ésto? Porque en el fondo eran una pandilla, no un equipo de trabajo, un grupo de individuos que se formó y se desarrolló en un ambiente de guerrilla paramilitar, pero absolutamente ajena a lo que es el respeto a la ley, a lo que es el respeto a la persona humana, a lo que es la conciencia y a lo que es gobernar un país. Nunca lo supieron y nunca han aprendido a hacerlo, por eso, la República, ha llegado al nivel tan bajo en que actualmente se encuentra, no solamente en el orden económico sino también en los valores, en la forma de vida del pueblo cubano que ha sido separado de sus tradiciones, de sus mejores virtudes y cultura.

Nicolás Quintana

Arquitecto.

Felipe Pazos[104] que era presidente del Banco Nacional de Cuba, creo que en el mes de abril de 1959, había acabado de llegar de Nueva York donde se había hospedado con Fidel Castro en el Hotel Teresa, para pedirme que diseñara lo que en la actualidad es el hospital Efigenio Almejeira y que en aquel momento se proyectaba sería la sede del Banco Nacional.

Como consecuencia del proyecto que me encomendara conocí a Ernesto Guevara ese mismo año.

No recuerdo bien pero la entrevista con Pazos fue en la calle por lo que le pregunté por qué estábamos caminando si había un calor del demonio, a lo que contestó: **"Porque hay micrófonos"**, y agregó: **"el problema es que esto se acabó, no ha empezado y se acabó, yo acabo de llegar del exterior, este**

104 *Fue uno de los miembros de la delegación cubana a la Conferencia de Bretton Woods (1944). Sirvió de 1946 a 1949 como jefe del Departamento de Hemisferio Occidental y como Director Asistente del Departamento de Investigaciones del FMI. Pazos fue el fundador del Banco Nacional de Cuba y su primer presidente entre 1950 y 1952. Cargo al que renuncia con el golpe de estado de Batista, regresando a ese puesto en 1959 con la caída de Batista y la llegada de Fidel Castro al poder. Rompió con el gobierno de Fidel Castro, en el exilio fue un alto funcionario de la Alianza para el Progreso y ocupó importantes posiciones en la economía venezolana, donde falleció en febrero de 2001.*

hombre no me ha dejado hablar con nadie, no se ha podido cerrar ninguna operación, le han ofrecido lo que quisiera y no lo aceptó, ésto es un desastre".

Eso ocurrió, repito a fines de abril o principio de mayo, no recuerdo exactamente. Más o menos en el mes de octubre, Felipe me manda a buscar de nuevo, pero en esta ocasión voy en compañía de mi socio de firma, Miguel Ángel Muenca, yo era íntimo amigo de mi socio que tenía muchos mas años que yo, ya que había estado asociado a mi padre en la compañía de la familia "Muenca y Quintana".

Felipe nos dijo: **"Yo me voy, pedí que me sacaran a España por razones de salud, apenas llegue voy a pedir asilo y posiblemente termine en Venezuela"**, que fue como ocurrió. Dirigiéndose directamente a mí, dijo: **"Prepárate".** Miguel Ángel era mucho mayor que yo como había dicho antes. **"Tú te tienes que ir de este país, el próximo jefe del Banco Nacional de Cuba es el "Che" y va a presidir la destrucción de un país".** Aquello me sorprendió, ninguno de nosotros esperábamos que nombraran a Guevara en una posición tan determinante.

Creo que fue en noviembre de 1959 cuando Ernesto Guevara entró en la presidencia del Banco Nacional, porque si no me equivoco fue ese mismo mes que me mandó a buscar a su despacho para sostener una entrevista. Esa fue una de las primeras cosas que hizo ya que como éramos los arquitectos del edificio tenía sentido que lo hiciera. Me sorprendí al encontrar el edificio sucio y descuidado, en sólo una semana que era lo que Guevara llevaba en el control de la sede del Banco Nacional.

El día de la entrevista me puse de cuello y corbata. Nunca, nunca uso cuello y corbata y tampoco saco y ese día me lo puse todo, al extremo de que mi socio me preguntó: **"Y tu ¿de qué estás disfrazado?, no te conocí por la forma en que estás vestido".**

Cuando entré a su despacho, que yo había visitado tantas veces cuando Felipe Pazos presidió el organismo, me encontré a ese señor con los pies arriba de la mesa, una bota se la había quitado, las medias estaban rotas y me acuerdo todavía como si fuera hoy como movía los dedos de los pies, aquello me pareció increíble, increíble que el presidente del Banco de la República de Cuba fuera un personaje que se conducía de esa forma.

Su primera frase fue: **"¿Usted es burgués, no?,** no sé porqué la cogió conmigo. Le contesté: **"No comandante, yo no soy burgués",** a lo que comentó: **"Ah, ahora usted es revolucionario". "No, no, yo no soy revolucionario, burgués era mi bodeguero, yo soy gran burgués, nací con una cuchara de plata en la boca y me he pasado la mitad de mi vida trabajando para ayudar a los que nacieron sin ella, por lo tanto tengo la moral para poder hablar".**

La respuesta fue: **"Si todos los cubanos fueran tan honestos como usted estaríamos en un nivel distinto**. Le dije: **"No, todos son tan honestos como yo, el único problema es que no le tengo miedo ni a usted ni a nadie desgraciadamente, tal vez sea la edad, yo no sé".**

Aquello no le gustó y me dijo: **"Las revoluciones persiguen la justicia final"**, mi respuesta fue: **"sí, pero a Cuba no ha llegado la justicia final ni a ningún país ha llegado jamás la justicia final a través de las revoluciones, lo que llegan son los ajusticiamientos".**

Aquello fue un enfrentamiento estúpido que tal vez me hubiera podido costar la vida, se creó una situación extraña que es lo que ocurre, me imagino, cuando uno está preso y depende mucho de otras personas.

Cuando abordamos el tema de la construcción me pidió que le diera la relación de los materiales que hacían falta para hacer la torre del Banco y cuando vio que había que poner como 20 ascensores me preguntó en qué sitio estaba su oficina y cuando le respondí que en el piso 29, me dijo: **"Si yo puedo caminar que soy asmático que camine todo el mundo, aquí no se van a poner ascensores".**

Fuimos viendo todo lo relacionado con el edificio y cuando

llegamos a los cristales a prueba de vientos de hasta 200 kilómetros por hora, me dijo: **"Mira arquitecto, tira eso para la basura..."**, pero dicho con una palabra muy grosera y agregó: **"Para lo que vamos a guardar aquí dentro de uno o dos años, que se lo lleve el viento".**

Fueron varias mis visitas y en cada una apreciaba mejor lo que deparaba el futuro a Cuba. Las visitas de trabajo que hacía eran una especie de termómetro que marcaba el desastre de lo que venía para el país.

Los enfrentamientos, las discusiones y los silencios entre los dos eran cada vez más intensos. Como nunca me quedé callado ante sus comentarios que tenían de todo, menos ponderación, las cosas se ponían verdaderamente feas.

En un momento de la conversación me preguntó: **"¿Usted está conspirando?"**, y de inmediato le contesté que no.

En realidad un grupo de amigos y compañeros nos reuníamos en el muro del malecón para pintarlo y por supuesto que conversábamos y analizábamos la situación. Discutíamos lo que estaba ocurriendo en Cuba y estudiábamos que se podía hacer para cambiar las cosas, me acuerdo de aquella época de Manolo Ray[105], que después fundó un movimiento contrario al gobierno.

Por lo que me dijo Guevara me di cuenta que con nosotros se reunían personas que le informaban, en una palabra estábamos infiltrados. Después de mi negativa Guevara me dijo: **"Mire, vamos a hacer una cosa, usted tiene tres alternativas..."** y prácticamente me metió los dedos en los ojos: **"...Una alternativa es que usted se vaya de Cuba, la segunda alternativa son 30 años de cárcel..."**, fíjate con la facilidad con que este hombre disponía de la vida de la gente: **"...Y la tercera alternativa, como que usted es gran burgués, es el paredón de fusilamiento".** Después de ésto intenté decir algo

---

105 Militante del Movimiento 26 de Julio, jefe de la Resistencia Cívica en la provincia de La Habana, ministro de Obras Públicas del primer gobierno revolucionario y líder del Movimiento Revolucionario del Pueblo (MRP), agrupación que organizó en la primavera de 1960 para enfrentar el incipiente totalitarismo. En el exilio organizó otra agrupación contraria al régimen cubano, el JURE, Junta Revolucionaria Cubana.

y me interrumpió diciendo: **"Escoja la que le de la gana y no vamos a volver a hablar más de ésto".**

Lo que a mi me sorprendió fue la frialdad absoluta con la que este señor determinaba sobre la vida o la muerte de una persona, sin tomar en cuenta nada. No respetaba a los demás. El no pensar como Guevara pensaba, era un peligro.

Es muy triste que un ser humano, vamos a llamarle ser humano a Ernesto Guevara, actuara de esa manera, cuando al final de cuentas ha terminado siendo una especie de Mickey Mouse de la extrema izquierda, un símbolo que sirve para promover intereses económicos y políticos diferentes y hasta para divertir a las personas, muy lejos de lo que él aspiraba.

Todo el que es de extrema izquierda y lo que es peor, muchos que no lo son, ni saben quien era Guevara, usan un pulóver con su imagen como otros usan frívolamente un pulóver con Mickey Mouse. Hay quienes usan prendas con el rostro de Guevara porque creen que era un roquero o un tipo que está a la moda. En mi manera de pensar su paso a la posteridad está al mismo nivel que los del ratón Miguelito. Desgraciadamente Cuba tuvo que soportar, entre otras, una personalidad con sus características para encontrarse en la triste situación que padece desde hace muchas décadas.

JOSE I. RASCO
ABOGADO.
COMPAÑERO DE
FIDEL CASTRO
DURANTE 11 AÑOS
DE LA ETAPA
ESTUDIANTIL,
LLAMADO POR ESTE
A COLABORAR CON
LA "REVOLUCION"
EN 1959.

Dr. José Ignacio Rasco

Fundador del Movimiento Demócrata Cristiano de Cuba.
Miembro del Directorio del
Consejo Revolucionario Democrático.
Periodista. Abogado.

P: ¿Cuál fue su relación con Ernesto Guevara?

R: Mi relación con Ernesto Guevara no fue una relación permanente, ni mucho menos, lo vi en varias ocasiones pero fui testigo de un acontecimiento, que considero histórico y relevante, porque demuestra el verdadero carácter de Ernesto Guevara y el tipo de relación que sostenía con Fidel Castro, porque les aseguro que vi como moralmente se arrodillaba ante Fidel Castro.

Los sucesos se produjeron de la siguiente manera. Una tarde fui a Palacio, sede del gobierno de Cuba en la época, para ver a Fidel Castro por encargo de los profesores y estudiantes de la Universidad de Villanueva[106].

---

106 Universidad católica, fundada en 1946, fue cerrada por el régimen cubano en 1961 cuando se privatizó la enseñanza en Cuba. El último rector de la Universidad fue el arzobispo coadjutor de La Habana, Monseñor Eduardo Boza Masvilal, expulsado de Cuba con otros 135 sacerdotes el 17 de septiembre de 1961.

Yo conocía a Fidel desde nuestra infancia. Habíamos estudiado juntos, por lo menos durante once años y después estuvimos juntos en la Universidad de La Habana. Esa relación estrecha que tenía con Fidel, determinó que mis compañeros me pidieran que me entrevistara con él y le expusiera en detalles la situación de la Universidad de Villanueva.

Fidel me citó a Palacio, estaba programado que después de la entrevista los estudiantes de la Universidad, un grupo de profesores y Monseñor Eduardo Boza Masvidal se llegaran hasta el lugar. Me encontraba conversando con Fidel Castro, que en aquel momento era Primer Ministro del gobierno revolucionario, en el tercer piso del Palacio Presidencial.

Recuerdo que ese día me empezó a preguntar como andaban las cosas, también recuerdo que en la conversación ridiculizaba a los ministros de su gobierno. En verdad Fidel no respetaba nada, ni a nadie. Cuando estábamos conversando llegó el "Che" Guevara, quien le dijo a Fidel que había que proteger a un individuo que estaba siendo acusado de que podía traicionar la causa revolucionaria y algunos hasta estaban planteando que debía ser fusilado.

Nunca escuché el nombre de la persona de la que hablaban, pero en el momento en que el "Che" dijo esto último Fidel lo agarró por la solapa de la guerrera y sin ningún respeto y sin que importara que yo estuviera presente le dijo: **"Che, no seas idiota ¿tú no te das cuenta de quién era este hombre? ¿Cómo tú vas a tratar de tirarle una toalla?".**

Guevara le contestó a Castro que el individuo era el que les hacía el café cuando ellos estaban alzados en la montaña; la discusión se puso todavía más acalorada por parte de Castro quien le recordó a Guevara que el individuo de marras, era un anticomunista redomado, el más anticomunista de los hombres que le acompañaban.

Guevara, como para defenderse, le planteó a Fidel que había muchas protestas porque el hombre estaba arrestado en La Cabaña, que había recibido muchos telegramas y cartas y también llamadas telefónicas que lo defendían, después de eso, Fidel, un poco más contemporizador, le dijo a Guevara que hiciera lo que le viniera en ganas, pero que no se acobardara, que no se dejara intimidar, que si quería fusilarlo que lo hiciera pero que si le parecía mejor ponerlo en un avión que él, Fidel, no iba a poner objeción, pero que si ninguna de estas propuesta le servía que lo dejara pudrirse en La Cabaña.

Tengo entendido que al día siguiente el "Che" Guevara lo puso en un avión y el individuo partió para la ciudad de Nueva York. Escuché un tiempo más tarde que el hombre se había suicidado aquí en Estados Unidos. Les cuento esta anécdota porque a mi juicio retrata la sumisión del "Che" Guevara a Fidel Castro desde los primeros meses del triunfo revolucionario, creo que el "Che" siempre sintió pánico ante Fidel, le tenía miedo, ellos podían discutir mucho pero al final el "Che" siempre agachaba la cabeza ante Fidel Castro.

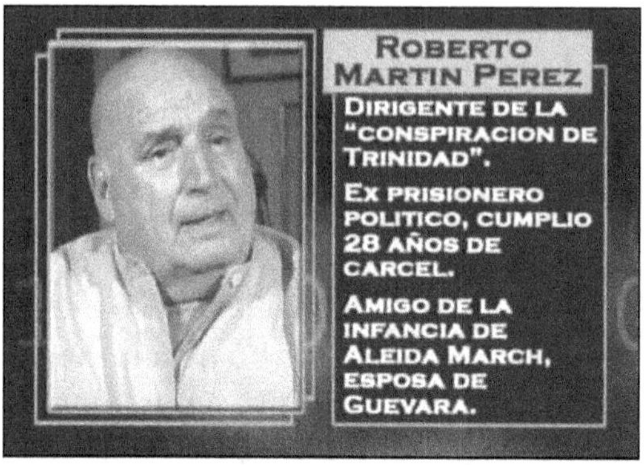

Roberto Martín Pérez

Ex Prisionero Político.
Conspiración de Trinidad. Agosto de 1959.

P: ¿Cuál fue su experiencia con Ernesto Guevara?

R: Me encontraba prisionero en la Fortaleza de La Cabaña en el mes de agosto o septiembre de 1959, llevaba unos quince días encerrado cuando me llamaron a la oficina para una visita, aquello me resultó muy raro porque el régimen de vistas era muy estricto, prácticamente los presos no teníamos acceso a ninguna persona que no fuese militar o que estuviese preso también.

El hecho de que me concedieran una visita era casi un milagro, pero la persona que me visitaba sobrepasaba mi imaginación; la visitante era Aleida March, esposa en esos momentos del comandante Ernesto Guevara, venía con una muchacha, también de la ciudad de Santa Clara, de apellido Tres Palacios. Yo conocía a Aleida desde muy joven y teníamos una buena amistad.

Me condujeron a un salón en el que habían unos bancos, desde ese sitio se iba a las galeras de los condenados a muerte. En esos tiempos, en La Cabaña, como en otras muchas prisiones de Cuba se fusilaba con extrema facilidad. La vida de los presos no tenía ningún valor y La Cabaña había sido el lugar donde posiblemente, más cubanos fueron ejecutados sin juicio y sin respetar sus derechos y el que estaba al frente de La Cabaña en esos tiempos era el propio Guevara.

Aleida March, que también había estado alzada en el Escambray, que fue donde conoció a Guevara, me preguntó que cómo yo había llegado al extremo de desembarcar en Cuba, que estaba enfrentando una situación muy grave. Recuerdo que me dijo: **"Macho, nosotros somos amigos y vamos a hacer por ti todo lo que esté en nuestras manos, pero te has metido en un problema tremendo, imagínate venir de Santo Domingo**[107] **y llegar a Cuba con la ayuda del gobierno de ese país".**

Con mucha sinceridad le expresé mi gratitud porque ella hubiese ido a verme a la cárcel, incluso recuerdo que me llevó un paquete que contenía manzanas, una caja de tabacos, y cuando se iba, me depositó en las oficinas del penal, cincuenta pesos, que en aquellos tiempos eran equivalentes a 50 dólares.

Después que conversamos de variados temas le expuse las razones que me asistían para haber participado en la incursión militar, después de ésto me dijo que su marido, Ernesto Guevara, estaba en Egipto y que seguiría viaje a otros países árabes pero que cuando estuviese de regreso me visitaría de nuevo pero en su compañía, para que así pudiéramos hablar los dos.

Realmente ante aquel gesto no tenía nada más que darle las gracias y eso fue lo que hice. Al poco rato Aleida March se retiró en compañía de su amiga y yo retorné a mi celda.

Unos dos meses más tarde me llamaron nuevamente por el altoparlante de la cárcel y un guardia me condujo hasta las oficinas de la prisión. Cuando llegué estaban Aleida March y Ernesto Guevara, me indicaron que me sentara en un banco, Guevara no se sentó, todo el tiempo estuvo caminando por el pasillo como una persona que esta furiosa y apenas logra con

107 En agosto de 1959, una expedición organizada en República Dominicana desembarcó en Trinidad, Cuba, con el propósito de derrocar al régimen de Fidel Castro.

tenerse, recuerdo que llevaba las manos a la espalda.

Aleida se sentó junto a mí y nos pusimos a conversar; cuando estábamos entretenidos en nuestra charla y sin que lo esperásemos, aquel individuo se paró frente a mí y me dijo con mucha fiereza, con mucho odio, que a mi lo que había que hacerme era llevarme al paredón de fusilamiento. De veras que no me sorprendió porque aunque estaba conversando con Aleida, no dejaba de darme cuenta que aquel tipo era una caldera a punto de estallar, porque en verdad era un hombre con mucho odio, mucho resentimiento.

A pesar de su exclamación, cuando hablé, no me referí a él sino a su mujer y le dije: **"Aleida, éste es tu esposo y ésta es la fuerza que ustedes quieren emplear aquí, este hombre sin haberme llevado a juicio me dice que me tienen que matar, como si yo fuera un mosquito y no un ser humano. Te juro que yo no creo que esta revolución pueda conducir a nada bueno cuando es la voluntad de un hombre la que se puede imponer ante los tribunales y decir a quién hay que fusilar y a quién no hay que fusilar".**

Yo tenía conocimientos de que Ernesto Guevara en muchas ocasiones anteriores había sacado a presos de sus celdas y los había fusilado sin un previo juicio, así que no me extrañó nada su bravuconada. Después de ese encontronazo se terminó la visita. Aleida March no fue a visitarme mas, permanecí en prisión por 28 años más. Esa fue la experiencia que tuve con Ernesto Guevara de la Serna.

José "Pepín" Pujol

Práctico de Puerto.
Trabajó con Ernesto Guevara de la Serna.

Mi nombre es José "Pepín" Pujol soy natural de Santiago de Cuba. Estuve involucrado en el movimiento clandestino con Frank País[108], luché bajo su dirección contra el gobierno de Batista y durante esa lucha fue que conocí a Ernesto "Che" Guevara.

Después del triunfo de la Revolución retorné a mi trabajo de Práctico de Puerto en Moa, era uno de los superintendentes del área del puerto cuando el "Che" pasó a ser ministro de Industria.

La Moa Bay Mining Company[109], la compañía americana que operaba las instalaciones se vio tan hostigada y maltratada por el Gobierno Revolucionario que decidió cerrar sus operaciones, en Cuba.

Nueves meses después del cierre llegaron los soviéticos y como Moa produce níquel y cobalto, materiales estratégicos

108 Principal organizador del Movimiento 26 de Julio, fue el jefe de la lucha clandestina en Cuba de esa organización.

109 Empresa minera, originalmente de capital estadounidense. Fue nacionalizada por el gobierno revolucionario en 1960. Actualmente es explotada por el gobierno de Cuba y una empresa canadiense, anteriormente había sido explotada por la URSS.

para la cohetería y con aplicación a la tecnología de satélites, era muy importante para los aliados del régimen cubano controlar la producción.

Muchos de los ingenieros más capacitados ya se habían marchado de Cuba, la situación en el país se deterioraba rápidamente, se había deteriorado en todos los órdenes y ellos decidieron irse del país.

A pesar de la partida de muchos profesionales, permanecimos en Cuba muchos técnicos con altas calificaciones, personas que conocíamos el manejo de una industria tan compleja. El gobierno, al ver que se habían ido tantos ingenieros, obligó a los técnicos de la Planta de Moa, que estábamos en otras funciones que regresáramos a trabajar en la mina. No importaba la labor que cumplías en otro lugar, eso no tenía importancia, si el gobierno sabía que tú conocías algo de la Planta de Moa, te obligaban a incorporarte. La opinión de uno y las necesidades personales, no contaban.

Ernesto Guevara me asignó la misión de viajar a Moa y elaborar un reporte sobre la situación del Puerto, pero también me indicó que debía preparar las instalaciones portuarias para recibir buques petroleros y cualquier tipo de navío que tuviera que entrar al Puerto.

En La Habana participé en numerosas reuniones, en ellas estaban presentes ingenieros de diferentes calificaciones.

Guevara preguntaba insistentemente en las reuniones sobre todo lo que tenía que ver con la Planta, sobre los camiones, las grúas, remolcadores, etc., una lista interminable de preguntas y cuestionamientos.

En uno de esos encuentros en la capital tuve la oportunidad de apreciar un rasgo de su personalidad que no había captado antes. Durante el mitin, le dije que la planta de hacer bloques para construir casas la estaban desmantelando y según instrucciones se la iban a llevar para Santiago de Cuba, a lo que Guevara me contestó que por qué me preocupaba, si yo y los demás presentes en la reunión vivíamos en mansiones.

Yo no había expuesto lo de la Planta de Bloques porque me afectara personalmente, sino porque el barrio obrero que estaba en construcción se vería seriamente afectado, cosa que le había explicado antes de su respuesta, por lo que me impactó mucho lo que dijo.

Con un desprecio increíble dijo que obrero era cualquiera, después de dicho eso se agarró la barba y agregó: **"Bueno, nosotros vamos y le hablamos y ellos esperan, no como ustedes qué porque tienen los títulos hay que hacer todas estas reuniones, si esto fuera comunismo las personas irían con sentido patriótico a donde se les enviará".** Cuando dijo aquello le contesté automáticamente que nosotros no éramos comunistas.

Guevara era un tipo arrogantes, se veía que despreciaba a las demás personas y que no soportaba que le fueran a la contraria. Se apreciaba que muchos de los ingenieros jóvenes que se habían incorporado a la empresa, estaban intimidados por su conducta y sus amenazas, no cesaba en sus intentos de disminuirlos como seres humanos, les decía en las reuniones que ellos como ingenieros disfrutaban de todos los privilegios, pero que no cometieran un sabotaje porque la revolución no tenía a menos fusilar al mejor de los comandantes, así que no era nada fusilar al mejor de los ingenieros.

Imagínense ustedes bajo que presión trabajábamos nosotros. Un trabajo que de por sí es complicado y cuando lo estás haciendo bajo amenazas de ir a prisión o perder la vida ante un paredón de fusilamiento, se hace casi imposible de realizar.

Guevara se prestó a ordenar y dirigir los fusilamientos en la época en que comandó la Fortaleza de La Cabaña. Les puedo decir que fusilar siempre ha sido una de las políticas de la Revolución cubana. Sembrar el terror.

Primero empezaron con la gente del gobierno anterior que estaban manchados de sangre, simultáneamente, el doble juicio de los pilotos y luego contra todos los que habían hecho revolución y que no eran comunistas, porque hay que recordar aquella consigna de: **"No me digas lo que hiciste, dime lo que estás haciendo".**

P: ¿Era Guevara un hombre eficiente en su trabajo, organizado, tenía talento para dirigir o era un individuo que cometía muchos errores?

R: Guevara controlaba a las personas a base del terror, de la intimidación. La impresión que teníamos todos los que trabajábamos con él, era que en el primer error que cometieses, tu primera falla, iba a ser contemplada como un acto políticamente hostil y por lo tanto actuarían los cuerpos de seguridad del estado.

El resultado de vivir constantemente bajo una amenaza, determinó que no estuviésemos dispuestos a correr riesgos. Por ejemplo, en mi condición de práctico de puerto, suspendí la entrada de barcos en la noche, no fondeaban de noche, sólo de día. El temor a un error en la navegación que resultase con un perjuicio en el barco o en las instalaciones me podía llevar al paredón, así que tomé esa decisión, que por supuesto afectaba la economía, la rentabilidad de la empresa. Era un riesgo entrar un barco de noche por lo que el barco se tenía que quedar esperando mar afuera, eso costaba, incrementaba el costo por las demoras.

Es doloroso decirlo pero la verdad era que si tú eras del Partido, todo estaba bien, y no tenías problemas, pero si tú habías sido un simple combatiente, un idealista que no estabas de acuerdo con las decisiones, con las gestiones, entonces corrías un peligro serio. Bajo esa presión era muy difícil trabajar y sólo pensabas en irte, en abandonar la empresa y el trabajo.

P: ¿Presenció algún gesto o acción de Guevara contra algún trabajador o funcionario, cualquier persona de cualquier categoría?

R: Hay un señor del que sólo recuerdo el nombre, Alberto, este hombre era revolucionario. En la época en la que Guevara era el jefe todopoderoso de La Cabaña, a Alberto le correspondió organizar una de las muchas concentraciones multitudinarias y para hacerlo necesitaba un permiso del "Che"; el asunto fue que el individuo estaba en la reunión en la que se estaba discutiendo, entre otras cosas, como requisar los medios de transportes que se necesitaban para el acto político. Cuenta que en ese momento se apareció uno de los ayudantes del "Che", al que el comandante le dijo que pasara sin problemas que estaba reunido con un grupo de revolucionarios, el tipo traía un montón de papeles que Guevara firmó sin apenas echarle un vistazo; aquellas eran las condenas a muerte de un número de presos que iban a ser ejecutados al día siguiente. El asunto era sembrar el terror, que la gente se sintiera insegura.

P: ¿Usted presenció eso?

R: No, un íntimo amigo que estaba allí, me lo contó y por lo que allí ocurrió se decepcionó inmediatamente de la revolución. Uno evitaba confrontaciones, no había posibilidades de defenderse de una acusación.

Les cuento que a varios meses de la victoria de la Revolución me encontré con "Papito" Serguera, un personaje de la cúpula, muy próximo a Fidel Castro, como tenía confianza con él, a su pregunta de cómo me encontraba le dije que estaba bien pero que la Revolución marchaba mal, que en la "Historia me Absolverá", el documento programático del Movimiento 26 de Julio, se apuntaba que a los seis meses de la victoria revolucionaria se realizarían elecciones y que ya habían pasado ocho meses y no se decía nada de elecciones. "Papito" Serguera cambió su semblante y en un tono nada agradable y muy sentencioso me dijo: **"es que tú no entiendes, tú no entiendes".**

Poco a poco fuimos entendiendo que habíamos perdido nuestros derechos. Para mí, el doble juicio a los pilotos, lo mencioné con anterioridad, fue un acontecimiento que me permitió avizorar lo que se acercaba para Cuba. La vida de los ciudadanos cubanos iba perdiendo valor en las manos de hombres como “Che” Guevara y el resto de la pandilla de criminales que encabezaba Fidel Castro.

En mi opinión trabajar con Guevara era un riesgo, el tipo era un fanático, una persona intolerante que veía enemigos en cualquier lugar, hasta dentro de la misma revolución.

Fernando Arias

Ingeniero.
Ex Prisionero Político.

P: ¿Cómo entraste en contacto con Ernesto Guevara?

R: A finales del año 1960 me interesé en cambiar de trabajo para una planta de utensilios domésticos de tecnología Checa que se iba a fabricar en Santa Clara. El cambio me favorecía porque al mismo tiempo que estaba cerca de mi casa, me permitía cambiar del departamento de Centrales Azucareros donde ya había tenido algunos problemas personales por razones políticas con los que dirigían esa entidad.

Me citaron a La Habana, al ministerio de Industria, donde volví a ver al "Che". Lo había conocido el 30 de diciembre de 1958, cuando el ataque al cuartel de la policía en Santa Clara, porque participé en la destrucción de las paredes de las casas contiguas del edificio policial para allanar la jefatura.

P: ¿Se acordaba Guevara de ese incidente?

R: Se acordaba de la acción y los resultados, pero de mí no se acordaba, lo que era lógico suponer.

P: ¿Cómo fue la entrevista?

R: En general la entrevista fue suave, habló de la importancia que tendría la fábrica para el futuro de Cuba y me dijo que se había nombrado como director de la planta a un viejo miembro del Partido Socialista (comunista), quien sería mi jefe a partir del momento que yo asumiera la nueva posición.

La primera tarea que me encomendaron fue evaluar los productos que se iban a fabricar y elaborar y en consecuencia hacer un informe con las experiencias y evaluaciones que fuera haciendo. Detalle interesante de esa entrevista fue que salió a colación que yo me había graduado en una universidad de Estados Unidos y me pareció haber notado un gesto en la cara del "Che", que eso no era de su agrado. Parece que mi contacto con el imperio no le era placentero.

P: Dijo inicialmente que había tenido problemas en los centrales azucareros por razones políticas. ¿Qué problemas fueron esos?

R: Después de graduarme fui a trabajar al central Santa Marta con el ingeniero Camacho, en el sur de la provincia de Camagüey. Por esas casualidades de la vida el párroco que oficiaba en ese central, era el padre Rojo, que después cayó preso por estar alzado en Oriente con un grupo de jóvenes estudiantes, miembros del Directorio.

En esa época se produjeron intervenciones masivas en diferentes sectores de la industria nacional, particularmente en el azucarero, y todos los centrales pasaron a manos del INRA. Como consecuencia de la intervención del central empecé a ver y sufrir innumerables idioteces y estupideces que cometían a diario personas incapacitadas e ignorantes que iban asumiendo posiciones claves en la industria más importante del país.

Cuba era un hervidero de comentarios y especulaciones en los años 1959 y 1960, ya habían intervenido los periódicos y la libertad de prensa estaba siendo restringida a pasos acelerados, creo que aquellos que todavía dudaban hacia dónde se dirigía la Revolución eran los que se asustaban al tener que decidir a que bando del conflicto se incorporaban. Creo que esas personas mantenían la esperanza, sólo la esperanza, de no ser engañados una vez más.

Hay un detalle que tengo que contar. El día que el gobierno de los Estados Unidos le quitó la cuota azucarera a Cuba, yo estaba en La Habana, en la sede del departamento de Ingenios, y todos murmuraban lo que se estaba produciendo.

El Sr. Menéndez que era el director del departamento salió al pasillo y al acercársele alguien para darle la noticia, en voz muy alta para que todos lo oyeran dijo: **"No importa que nos quiten la cuota azucarera, porque después cuando nos quieran comprar el azúcar de nuevo, no se la vamos a vender".** Yo no podía creer lo que acababa de oír, o sea, que nos íbamos a negar a venderle azúcar a un mercado que usualmente nos pagaba un precio que era el doble del valor del azúcar en el mercado mundial.

Todavía recuerdo con exactitud lo que pensé en ese momento, si este sistema no fuera comunista, por el solo hecho de tener dirigentes tan incapacitados sería necesario eliminarlos, porque de lo contrario nos van a conducir a la miseria. Eran sorprendentes las barbaridades que decían o querían hacer en los centrales. La realidad es que participé en muchas discusiones que me fueron aislando del resto de mis compañeros de trabajo.

P: ¿Qué resultados tuvo la evaluación de los productos domésticos checos?

R: La evaluación reveló lo atrasada e ineficiente que era la tecnología del campo comunista. Te voy a dar unos ejemplos que saltaban a la vista.

La olla de presión checa tenía en el fondo un 75 % más de espesor que las otras ollas de presión existentes en el mercado. ¿Te imaginas la cantidad de energía extra que han necesitado las amas de casa cubanas para calentar esas ollas? Además, las prensas que se necesitaban para conformarlas deben de haber sido el doble de las que se usaban en los países más adelantados, haciendo que el valor de la maquinaria necesaria para formarlas fuera el doble de lo normal. Además, mayor gasto de electricidad, más desgaste, en fin, muchos mas gastos de lo que era realmente necesario.

Quizás el ejemplo más elocuente e increíble era el de la válvula de la olla que es el elemento clave para mantener la presión dentro de la misma y que es la que, al cocinar a mayor presión, produce el ahorro de tiempo y energía que las hizo famosas.

Todas las válvulas, de todas las marcas desde que se empezaron a fabricar las ollas de presión, presentan un doble cono, que es el que evita que la válvula se desprenda de la tapa. Hay que tener en cuenta que la olla cuando está cocinando es una pequeña bomba, que si perdiera la válvula de pronto puede ocasionar daños serios. Especialmente quemaduras. La válvula de estas ollas eran rectas, de forma que cuando se levantaba la presión dentro de la olla, la válvula se escapaba hacia arriba, bastante estrepitosamente. Por un lado salía el vapor a presión y a una temperatura de más de 100 grados centígrados y por otro lado la válvula salía como un proyectil, lo que era un serio peligro.

Estuve días y días, pero no podía creer lo que estaba viendo, aún más, llegué a pensar que me habían dado ollas falsas para ver si yo no hacía un análisis profesional, hoy es de reírse, pero en aquellos momentos era difícil creer que aquello fuera real. Desgraciadamente fue bien real. No me habían puesto una trampa, simplemente la tecnología que estaban trayendo para Cuba era muy deficiente, atrasada.

Lo refrigeradores que se producían en aquel tiempo en

Checoslovaquia, utilizaban fibra de vidrio como aislante entre sus paredes, esa tecnología era obsoleta, además de presentar un problema para la salud de los trabajadores que laboraban en esa planta. Ya en esa época, hacía más de 10 años que se había cambiado para variedades de poliuretano, que tenían mayor coeficiente de aislamiento, más economía y rapidez y por supuesto sin riesgos para la salud.

Te diría que la lista era interminable, desde los fregaderos que son unos utensilios muy sencillos de producir. En ellos se encontraban defectos cuando los comparabas con productos similares de cualquier país libre del mundo. Debo señalar que la industria brasileña, fue una de las tecnologías que usé para comparar, tenía mejores productos que los checos.

P: ¿Qué se hizo con estos datos?

R: En la medida que comprobaba el atraso y falta de avance de esos productos, como dije anteriormente, cogí miedo de que fuera una trampa para apresarme o algo peor. Tonto que fui al pensar tal cosa, porque poco después comprobé hasta la saciedad que el gobierno no necesitaba excusas de ningún tipo para aplastar y sepultar en las cárceles a cualquiera que le molestase, pero en aquel momento todo estaba en tinieblas.

Decidí informar a mi jefe, que era miembro del partido comunista, cuando aquello se llamaba las ORI o el PURS, no estoy seguro, de los pormenores de lo que había encontrado. Es necesario dar alguna información sobre ese personaje, que era de la verdadera vieja guardia del Partido, era un hombre que tenía una historia muy interesante, entre las cosas que supe fue que le había tratado de vender armas a los japoneses durante la Segunda Guerra Mundial, que tenía una acusación de alta traición en los EE.UU. y que si hubiera llegado a este país era muy probable que lo hubieran arrestado. Una frase suya que nunca olvidaré por su contenido sin principios ni moral fue, **"Prometer no es cumplir",** pero bien, creo que ese ha sido el lema más practicado por los actuales gobernantes de Cuba.

La idea fue buena, yo le iba notificando por adelantado lo que escribiría. Realmente su actitud era pasiva y sólo quería verificar lo que yo le decía. Como dato curioso les cuento que me conseguí un guante de pelotero para agarrar las válvulas de las ollas que estaban muy calientes, cuando salían disparadas.

P: ¿Le presentó alguna vez el informe a Guevara?

R: Sí, unos 60 días después de nuestra primera entrevista en el Ministerio de Industrias, me informaron que el "Che" iba a estar en la oficina que habíamos habilitado frente a donde se iba a construir la INPUD[110] y que quería conocer los resultados de los trabajos que habíamos realizado hasta ese momento.

Recuerdo que llegó como una hora más tarde del tiempo que se nos había anunciado. Entró con otros tres militares que aunque ingresaron a la oficina no participaron en la reunión.

Guevara fue directo al grano y preguntó sobre el reporte. Se habían hecho copias y se le entregó una. En la medida que iba leyendo yo notaba como se contorsionaba, el reporte contenía solo cuatro páginas y se había hecho con gráficos que eran de mucha ayuda para interpretar mejor la información. Se levantó y le preguntó a los participantes, que éramos tres, si estaban de acuerdo con lo que yo decía en el documento que tenía en las manos.

En ese momento el Ing. Serafín Sarduy formaba parte de nuestro equipo de trabajo. Afortunadamente dijeron que sí y a esta respuesta fue como si le hubieran puesto un cohete, se levantó de un tirón, dio un manotazo en una mesa y empezó una arenga de más de 15 minutos donde básicamente el mensaje era que los únicos que estaban dispuestos a darnos el crédito para construir esa fábrica eran los checos y que por ese gesto de solidaridad con la revolución cubana no podían recibir una

---

110 Industria Nacional Productora de Utensilios Domésticos.

respuesta por parte nuestra de que sus productos eran una basura, usó una palabra mucho más fuerte, que realmente le hacía un mejor juicio a los productos checos.

Durante toda la alocución a quien único miraba era a mí y a quien único se dirigía era a mí. El ingeniero Sarduy lo trató de interrumpir al principio y sin siquiera mirarlo lo mandó a callar. Debo confesar que, aunque nada más que fueron 15 minutos, a mí me pareció una eternidad, porque su lenguaje era duro, aunque no utilizó ninguna palabra obscena y ofensiva contra ninguno de nosotros en particular. Pero creo que hizo esfuerzos para contenerse porque con mis explicaciones sobre los atrasos de la tecnología del país socialista, me estaba oponiendo a lo que evidentemente él había decidido hacia tiempo.

Aprendiendo de lo que le había pasado a Sarduy, no intenté interrumpirlo, ni aclararle que lo que estaba hablando no tenía nada que ver con los datos que le había suministrado en el informe. Estaba hablando de asuntos políticos y yo le había presentado un análisis 100% técnico. No hubo ni siquiera una referencia a los números o datos presentados en el trabajo, fue algo inverosímil, porque no se refirió en absoluto a ninguno de los datos presentados.

Aparentemente cuando terminó, porque de pronto se había hecho un silencio sepulcral, le pregunté que si podía decirle algo, me miró con una cara de pocos amigos pero sin decir nada asintió con la cabeza, mostrando una vez más la falta de educación que lo caracterizaba, bien despacito le dije: **"Los datos que le he suministrado le aseguró que son minuciosamente correctos, ahora bien si usted dice que esta fábrica es la única opción y aparentemente ya usted lo tiene decidido, usted es el ministro, por lo tanto tiene que hacerse lo que usted diga".**

Cambió totalmente de actitud, dio explicaciones de por qué decía esas cosas y trató de hacernos ver que él conocía lo que sucedía y que por lo tanto estaba en la capacidad de tomar las decisiones. Ahora bien, en ningún momento pronunció palabras de satisfacción por el trabajo que habíamos hecho. El pensó que nos tenía de su lado y ya no necesitaba seguir utilizando el miedo, como han hecho siempre para lograr sus fines.

P: ¿Qué sucedió después?

R: No lo vi más y en la INPUD se empezaron a construir utensilios con tecnología atrasada y obsoleta. El pueblo cubano recibió productos mediocres y de baja calidad, mientras existió esa fábrica como había sido concebida.

Meses más tarde, el 20 de julio de 1961, caí preso por tratar de evitar el precipicio a que el gobierno ha llevado al pueblo cubano, la única frustración que tengo es el no poder haber logrado mi objetivo, que le hubiera ahorrado al pueblo de Cuba toneladas de dolor.

Dariel Alarcón, BENIGNO

Oficial del Ejército Rebelde.
Sobreviviente de la Guerrilla de Bolivia.
También participó con Guevara en la aventura del Congo.

Yo vi al Che Guevara por primera vez en el mes de enero del año 1957 en un lugar llamado La Plata, en la Sierra Maestra. Lugar donde yo vivía en aquel entonces. Lo vi como uno más del grupo, no me causó ninguna sensación, simple y llanamente hubo algo que me hizo fijarme en él y fue, que al oírlo hablar su acento me era extraño, no era igual que el de los demás y eso fue lo único que me hizo prestar más atención hacia su persona y preguntar por qué hablaba así, yo era un campesino y nadie me respondió.

Me gustaba la forma en que hablaba y me gustaba el eco de su voz y por eso buscaba estar a su lado para escucharlo hablar, ahí estaba la admiración que sentía por él; después seguí viéndolo esporádicamente cada quince o veinte días, o un mes, hasta que me incorporé a la guerrilla a los dos o tres meses.

Me incorporé a la guerrilla muy temprano, hice el número 63 del Ejército Rebelde. Ya había cosechado algunas amistades dentro de aquel pequeño grupo. Cuando llegaron por primera vez a mi casa, era un pequeño grupo que no pasaba de los 40 o 45 hombres, no eran más.

Yo vivía en un lugar muy aislado, solo había otro campesino en aquel lugar que se llamaba Ciro Algarada. La pequeña aldea mas cercana estaba a más de 60 kilómetros a través de la selva por un camino de caballo donde había una bodega pequeñita que solo vendía azúcar, sal y otras pocas cosas. El campesino estaba muy distante. Bueno aquello era como cuando lo cogen a uno, lo meten en un saco y lo tiran al mar, esas fueron las condiciones en que crecí.

Hice una gran afinidad con Camilo Cienfuegos por el carácter que tenía; era el típico jodedor cubano, dicharachero, hacedor de cuentos, inventaba los cuentos en el aire, era genial en eso. Aparte de eso, era una persona simpática porque siempre tenía una sonrisa en su rostro y eso lo hacía ser más agradable. Tuve una afinidad muy grande con él y así fue corriendo el tiempo hasta que me planteó que si tenía algún problema yo sabía donde encontrarlo y cómo encontrarlo, porque me conocía bien la Sierra Maestra.

Yo vivía en uno de los lugares mas inhóspitos de la Sierra, que posteriormente fue la comandancia de Fidel Castro en La Plata, específicamente mi casa fue la cárcel de la comandancia para tener allí a los prisioneros de Batista como a los prisioneros del Ejército Rebelde que por cualquier indisciplina se les hacía preso. Cuando me incorporé, Guevara era uno más, después, no sé por qué, no lo puedo explicar, va surgiendo la figura de Guevara y su nombre comenzó a correr de boca en boca entre los campesinos, fue así como se inició el mito.

Lógicamente, hay que reconocer, que el "Che" Guevara participaba en todas las acciones combativas al igual que Camilo y le gustaba hacerlo en primera línea. Eso fue obligando a los miembros del Ejército Rebelde a reconocer su sangre fría en el combate, su forma de actuar y hubo acciones suyas que fueron ampliando un poco más su nombre y fue cuando empezó a ser diferente a los demás.

El empezó a discutir todos los asuntos e hizo que todo lo que teníamos se repartiera por igual. Apreciábamos una legalidad en él y por esos lo distinguíamos del resto. Por ejemplo, Fidel tenía siempre un bolsillo lleno de tabacos y después que comíamos, no importaba lo que fuese, él prendía uno, se sentaba a fumar plácidamente, disfrutando el tabaco y nosotros goloseándole porque no podíamos hacer lo mismo, ya que no teníamos tabaco.

Sin embargo en una ocasión alguien le dio un tabaco al "Che", cogió aquel tabaco, se lo dio a Vilo Acuña y le dijo, pártelo en partes iguales y le das un pedacito a cada uno para que se hagan un cigarrito, aquello fue una bobería pero nos llegó fuerte. Eso nos permitió ir haciendo de él un juicio diferente y por eso su figura se fue engrandeciendo entre nosotros. El otro aspecto, repito, fue su decisión de pelear siempre en la primera línea de fuego.

Otra de sus características era que cuando venía un individuo a congraciarse, a traerle un chisme de cualquier otro combatiente que había cometido una indisciplina, el "Che" lo llamaba guataca, arrastrao y eso nos gustaba, aunque no nos dábamos cuenta que estaba atropellando a aquella persona de una forma brutal y sin ningún tipo de consideración y ese individuo era nuestro compañero y hasta nos podía caer bien.

Nuestro bajo nivel cultural nos hacía ver aquella conducta como buena. Cuando alguien tomaba algo, un poco más que los demás, lo sancionaba, lo criticaba públicamente y lo hacía, inclusive, renunciar a aquella cuota de comida. Cuando el cocinero se guardaba la mejor parte se la quitaba y la repartía entre los demás, le entregaba las cosas a la gente más sacrificada, o al puesto de vanguardia o a los que le tocaba hacer la guardia esa noche y dejaba al cocinero sin comer.

Esos gestos nos fueron gustando y fueron ejemplos que para nosotros eran positivos, aunque tenían su parte mala que nosotros no veíamos. Para mí todas las cosas que él hacía en aquella época eran positivas. Un tiempo después, cuando fui adquiriendo cierta madurez y un nivel que me permitía evaluar las cosas, me fui dando cuenta que había acciones muy humanas en Guevara pero también muy inhumanas.

Creo que todo hombre en la guerra es útil, el que no sirve para una cosa, sirve para otra, es como dice ese refrán ***"el que no sirve para matar sirve para que lo maten"***. Hay hombres que sirven para combatir, otros para ser exploradores, ametralladoristas, pero el que no sirve para eso sirve para cocinar o para buscarle comida al que combate o cuidarle sus bienes.

Recuerdo un caso que siempre tengo presente. Fue un individuo que ingresó al Ejército Rebelde en el momento que Guevara era el comandante de la columna #4 en la zona del Hombrito y en La Mesa. Este señor que nosotros le pusimos por apodo "el músico", se apareció con una guitarra y en los momentos libres rascaba la guitarra y aquello era un rato de alegría para todos nosotros.

Verdaderamente aquel tipo no era nada corajudo. Un día fuimos a un combate, precisamente el primer combate de Manzanillo que atacamos por la parte donde estaba la cárcel de Palmas Altas. El músico tuvo miedo y botó el fusil. Cuando sintió los estruendos de las granadas y morteros explotando, entró en pánico, botó el fusil y desapareció.

Cuando nos dimos cuenta empezamos a correr la voz de que "el músico" no estaba, que había huido. Después del encuentro nos internamos en la selva. Ya estábamos en el campamento cuando, como al tercer día, apareció "el músico", era como el mediodía y todo el mundo comentaba, **"ahí, viene "el músico"**.

El "Che" se encontraba almorzando y cuando lo vio ni se inmutó. "El músico", como era lógico, fue hasta donde se encontraba el "Che" que era el jefe, se paró delante suyo y el "Che" siguió comiendo sin hacerle caso, sin mirarlo, como si no estuviera presente, el desprecio que manifestaba hacia aquella persona era inmenso. Al poco rato miró hacia donde estaba "el músico" y le preguntó: **"¿Ya apareciste?"**, pero siguió comiendo sin hablar más. El hombre trató de explicarle lo que había ocurrido y el "Che" siguió comiendo y el hombre continuaba de pie frente a él.

Después que terminó de comer, le echó picadura a su pipa, la prendió fuego y le dijo: **"músico, cuéntame, cuéntame"** pero aquello se lo decía con una sonrisa de burla y le repetía sin dejarlo hablar: **"Cuéntame, ¿qué paso?".**

El músico empezó a explicarle y nosotros nos íbamos agrupando a su alrededor para escuchar la historia, cuándo estábamos todos vimos que el "Che" metió la mano en un bolsillo del pantalón y le dijo: **"No, no, músico, yo sé lo que es eso, espérate"**, y sacó un billete de 5 pesos y agregó: **"Mira "músico", el problema tuyo es un problema de cojones, toma, vete a comprar 5 pesos de cojones"**, el infeliz que se encontraba en una situación que no podía ser más humillante, como para aliviar la situación, estiró la mano pero Guevara recogió la suya, volvió a guardar los cinco pesos en el pantalón de campaña y le dijo: **"Mira, he pensado que es mejor que te quedes sin cojones".**

Aquello provocó risas entre todos nosotros, un verdadero show, pero años más tarde cuando uno reflexiona sobre situaciones en general, en lo que uno ha vivido, te das cuenta a que nivel de humillación y degradación fue sometido aquel hombre, aquello fue terrible desde el punto de vista humano, lo que se contradice abiertamente con los valores que la gente le atribuyen a Guevara, unos valores humanistas que no tenía. Nos reímos, pero más tarde te dabas cuenta de la crueldad de quien conducía la conversación.

En el Congo, Guevara nos dijo que el cubano que se relacionara con una congolesa se la tenía que llevar para Cuba, aunque fuera casado, que él los casaba allí otra vez. Hubo dos que lo hicieron porque verdaderamente era tentador ver aquellas morenas, que por razones de su cultura, apenas se cubrían.

Recuerdo que hubo otros dos que se pasaron de la raya, pero como suele suceder siempre hay un chivato que cuenta las cosas. Alguien le contó al "Che" y el "Che" llamó a los dos compañeros por nombre y apellido y les dijo que tenían que llevarse ésas mujeres. Uno se sintió tan altamente comprometido que se quitó la vida como a los 5 o 6 días del incidente, el otro desapareció. Años después supimos que había logrado salir para Portugal, había salido no sé si por Guinea, Cabo Verde o Angola, no sé porque parte, pero desapareció y lo dimos por perdido.

Parece que las tropas portuguesas lo hicieron prisionero, creo yo. La conducta de Guevara con sus hombres era demasiado dura, porque está muy mal que un soldado abuse de una mujer, pero cuando la relación era de mutuo consentimiento y esa situación se comprobaba, no tenía sentido una medida tan radical.

Había cosas en Guevara que chocaban. Aquella actitud con "el músico", con esos dos hombres en África que habían ido a combatir bajo sus órdenes.

Un día en la Sierra Maestra estábamos cargando sal de la costa sur, él cogió un saco y fue a cargar sal con nosotros a la vez que dio la orden de que los que quedaran en el campamento sacrificaran una vaca que tenían allí, para que prepararan una buena comida para cuando estuviéramos de regreso. Desgraciadamente era un tiempo de temporal y llegamos bajo el agua. Los hombres habían matado la vaca, habían hecho dos bistés por persona y tres trozos de malanga para cada uno, más el café.

Cuando llegamos el hombre vino hasta donde estaba Guevara y le dijo: **"Oiga, ya el almuerzo está"** y Guevara contestó: **"pues métele mano, a servir, ¿a cómo tocamos?"**, a lo que contestó que a dos bistec y tres pedazos de malanga.

Empezaron a servir por el orden que estaba establecido y cuando el "Che" cogió su turno, porque no le volaba el turno a nadie, el cocinero le echó tres bistés y cuatro trozos de malanga y cuando Guevara se dio cuenta le dijo: **"oye, creo que conmigo te has equivocado, ¿a cómo tú estas repartiendo?"**, a lo que respondió: **"A dos bistés y tres trozos de malanga"** **"Bueno a mí me tienes tres bistés y cuatro trozos de**

malanga", a lo que el tipo le dijo: **"No, no, yo se lo di a usted a propósito porque usted es el comandante**". El Che cogió aquel plato y se lo tiró contra el pecho y le gritó: **"Hijo de puta, te levantas de ahí inmediatamente que el ser cocinero de una tropa es un honor porque el cocinero tiene en sus manos a la tropa y tu no mereces ese honor".**

Este suceso lo vimos todos los que nos encontrábamos en el campamento como de una gran justicia, pero a la vez recordamos las otras experiencias que para mi fueron catastróficas y te quedas con un sentimiento muy difícil de explicar.

Por ejemplo, yo recuerdo cuando lo nombraron jefe de La Cabaña, cargo que en mi opinión le asignó Fidel Castro para comprometerlo más; no es que niegue la responsabilidad del "Che" de todo lo que ocurrió allí pero también hay que tener en cuenta que Guevara fue un instrumento de esa maldad maquinada y diabólica que hay en la mente de Fidel, pero insisto, que fue una posición que Guevara aceptó con conocimiento de todo lo que iba a pasar y tenía que hacer y por eso no tiene disculpas, no era ningún analfabeto al que pueden engañar con facilidad.

En aquellos momentos Guevara era un profesional, un doctor y tenía una capacidad política que le permitía analizar cualquier rejuego o cualquier ficha mal movida en el tablero de ajedrez de la Revolución. Él aceptó la posición sin tener el conocimiento legal para aplicar la justicia, se pudo haber negado, pero no lo hizo.

Me parece, por ejemplo, que "Papito" Serguera, que tenía más conocimiento de asuntos de leyes porque había estado estudiando derecho o algo así, hubiera podido ocupar esa posición.

Cuando Camilo Cienfuegos llegó a La Habana situó en lugares claves a muchos ignorantes como yo, pero que le éramos fieles e incapaces de apropiarnos de algo que no nos perteneciera. Éramos analfabetos, pero muy honrados. Recuerdo que me mandó con Carlos Mel Marrero y Luis Manso Moreno, dos miembros de nuestra columna, para un punto de La Habana. No conocíamos absolutamente nada de lo que había a nuestro alrededor y teníamos que aprenderlo todo.

Allí, todas las noches se celebraban juicios, yo fui en distintas oportunidades a La Cabaña porque ahí estaban mis amigos, aparte de eso, no sabía ir a más ningún otro sitio en La Habana. Me era muy fácil coger por la orilla del malecón, por San Ambrosio, pasar el túnel y llegar a La Cabaña.

La Cabaña era el lugar que más visitaba porque como dije antes allí estaban mis amigos del Ejército Rebelde, allí pasaba las horas, era una época en la que no tenía ni amigos ni familiares en la capital. En mis visitas vi la preocupación del "Che" porque siempre estaba preguntando si había llegado el correo militar y cuando no tenía respuesta llamaba a Columbia[111], para preguntar si habían remitido el correo.

Hay una persona que vive aquí en Francia, en Marsella, y es sobrino del ex presidente Osvaldo Dorticós Torrado, Andrés Alfaya, que en ocasiones estaba de oficial de guardia, a quien yo le preguntaba el por qué la insistencia del "Che" y me respondía siempre que todo era por el correo militar, que llegaba todos los días a las seis de la tarde.

Aquel correo consistía en un legajo de papel que venía en un sobre de Manila, según supe después, el sobre traía la lista de las personas que iban a ser condenadas con el tipo de sanción que iban a recibir, incluyendo las penas de muerte.

Por ese conocimiento considero que el "Che" hizo un papel de payaso, pero lo responsabilizo porque permitió que lo usaran como payaso. El conocía que en los papeles venían las sentencias. Considero que actuaba como un payaso, pero lo culpo porque se prestó para hacer ese papel. El sabía que allí venía dictado todo lo que había que hacer.

Para mí el "Che" participaba activamente en la degradación de los procesados. Es denigrante, abusivo parar a un hombre a que esperara una sentencia cuando ya había sido condenado con anterioridad. En ocasiones permitía que los acusados implo-

111 La base militar más importante de Cuba durante el período republicano.

raran perdón, que elaboraran pretextos y excusas de cualquier tipo para evitar la condena y en el caso de una condena a muerte, buscar la salvación con cualquier argumento. No entiendo que se prestara para eso, que escuchara fríamente a un hombre que ya estaba condenado sin apelación, cuando él sabía mejor que cualquier otra persona que no tenía salvación. Eso lo considero criminal y por eso lo critico.

Nosotros, los campesinos analfabetos que estábamos en cero en todo lo que era el combate, le dimos un título al "Che". Yo era un buen ametralladorista, aprendí a serlo porque cuando entré en el Ejército Rebelde no sabía andar ni con un cuchillo. Yo era capitán en el momento que triunfó la Revolución, en esa época tenía muy pocos conocimientos, en verdad no estaba capacitado ni para mandarme a mí mismo. Estoy convencido que en esa parte de mi vida no sabía mandar ni una escuadra.

Yo le hago una crítica al "Che" Guevara. Él sabía todo y yo me considero engañado por él porque el mismo amor y respeto que sentíamos por Fidel Castro lo sentíamos por el "Che". Yo nunca hubiera querido que me hubiesen preguntado a cual de los dos quería más porque no sabía dar la respuesta y creo que todos los que estaban a mi alrededor así lo sentían y digo que critico al "Che" porque el "Che" conociendo nuestras condiciones, conociendo de nuestra lealtad, no confió en lo mas mínimo en nosotros y nunca nos dijo la verdad.

¡Mira hasta donde llegaba la ignorancia de todos nosotros! El día 3 de octubre de 1965 Fidel Castro le dio lectura a una carta que le hizo Guevara, mira a donde llega nuestra estupidez que cuando Fidel le dio lectura a aquella carta yo lo veía como un mérito muy grande para el "Che" Guevara y no era capaz de pensar, ni yo ni todos los imbéciles que habíamos a su alrededor, que esa carta estaba condenando al "Che" a muerte.

Esa carta fue la sentencia de Guevara, después fue que nos dimos cuenta que Guevara había renunciado a su grado de comandante, a su cargo de ministro, a sus responsabilidades ante el Comité Central, a su nacionalidad cubana, que hacía poco había adquirido. Entonces señor mío si renuncia a todo ¿Cómo quedaba el Che? Ni como un miliciano quedaba en Cuba, es ahí donde se reafirma la traición de Fidel.

Una de las condiciones que Ernesto Guevara le puso a Fidel fue no darle lectura a la carta hasta el día de su muerte o el día que lograra una victoria revolucionaria en cualquier parte del mundo. Fidel, como que sentía necesidad de deshacerse de Guevara porque hay que reconocer que en los años '64 y '65, el nombre del "Che" sonaba tanto como el de Fidel Castro. El pueblo no estaba dividido en sus sentimientos hacia los dos líderes, pero de haberse formado una situación de desacuerdo entre ellos, se habrían divididos las fuerzas y Fidel, no tengo dudas, de seguro que iba a perder, porque una gran parte del Ejército Rebelde se habría ido al lado del "Che" Guevara.

Estoy seguro de lo que estoy diciendo, es igual que lo que Fidel Castro hizo con Camilo Cienfuegos. El "Che" Guevara lo sabía todo.

Guevara venía de uno de sus viajes cuando le informan desde Cuba que tiene que seguir para Argelia para que represente a Cuba en la Cuarta Cumbre de los No alineados[112], que se iba a celebrar en Argel.

Guevara llegó allí, tengo su discurso, lo tengo aquí en París, el discurso que dijo en Argelia, en francés. Después que Guevara habló se reunió con todos los dirigentes africanos y algunos latinoamericanos y les dio una visión clara de quiénes eran los dirigentes del campo socialista y de qué era el imperialismo yanqui. Fue allí donde el "Che" Guevara hizo sus primeros pasos hacia su pena de muerte, porque después de ese discurso, el embajador ruso en Cuba se personó ante Fidel Castro, con

112 *El Movimiento de Países No Alineados tiene su antecedente originario en la Conferencia de Bandung, Indonesia en 1955. Se reunieron 29 Jefes de Estado para valorar los problemas mundiales del momento a fin de desarrollar políticas conjuntas en las relaciones internacionales. La II Conferencia Cumbre se celebró en El Cairo entre los días 5 y 10 de octubre de 1964. En esta ocasión participan 47 países miembros, 10 observadores y 30 representantes de denominados Comités de Liberación de países que aún no habían alcanzado su independencia.*

una carta del Kremlin. donde le decía: **"O el comandante Guevara o la ayuda de Europa del Este".**

Lógicamente, entiendo que pusieron a Fidel en una posición difícil porque en aquellos momentos pensábamos que Fidel amaba y quería a su pueblo y que Fidel luchaba para su pueblo. En ese momento lo creíamos todos, una gran parte del pueblo, la mayoría.

Entiendo que Fidel en aquellos momentos tuvo que escoger, pero tenía que escoger como un hombre de fundamento y de lealtad hacia el hombre y el amigo y decirle: **"Mira Guevara, aquí hay esta situación, ante la situación que tenemos tu no cabes aquí".** Fidel estaba obligado a hablarle claramente, no engañarlo y forzarlo a una renuncia, y eso no lo sabía el pueblo de Cuba y todavía la gran mayoría no lo sabe, por que las grandes discusiones que ocurrían a puertas cerradas no las conocía el pueblo cubano.

Allá no es como aquí en Francia o como en otro país donde existe una cierta democracia, que se reúne el congreso y uno sabe lo que el congreso discute y lo ve por televisión o lo lee por la prensa, en Cuba no, sólo sabíamos lo que Fidel decía.

Ellos se reunían, llegaban a acuerdos y después Fidel decía ésto o lo otro, él decía lo que quería decir porque desde el primer momento se impuso como el Comandante en Jefe y como tal y de cierta forma, el "Che" Guevara se veía como el comandante subalterno, con ésto lo libero porque hay que hacer honor a la verdad.

Después que se dio lectura a la carta, Guevara se convenció que tenía que irse de Cuba, que no cabía dentro del gobierno, aunque sí dentro del pueblo, pero en el gobierno no, pero el pueblo no lo sabía. No sabía nada de las interioridades del gobierno, que los dirigentes debatían.

Cuando el "Che" llegó a Argelia, no tenía idea de ir para el Congo, hay que estar claro en eso, él fue a Argelia a hablar con Ahmed Ben Bela[113] que era su amigo, parece que ambos líderes

---

113 Líder político argelino, fue presidente del país.

habían hablado algunos temas y Ben Bela se había mostrado muy a favor del "Che" porque estaba viendo también la realidad de lo que era el campo socialista, y por eso creo que el argelino se proponía ayudar al "Che".

Fue allí donde surgió lo del Congo y fue allí donde el "Che" decidió ir para el Congo. Cuando el "Che" fue para el Congo la derrota ya estaba escrita, porque allí no había hombres con qué luchar, no existían recursos de ningún tipo, uno de los máximos dirigentes congoleses era Laurent Kabila, que dirigía desde París la revolución en su país.

Cuando llegamos al Congo lo único que encontramos fueron mujeres con cuatro, cinco o seis niños cada una, hombres no habían, los pocos hombres que aparecieron cuando tuvimos el primer combate o el primer tiroteo, dejaron las armas y se fueron. Así fue. Así quedó el "Che" como un barco a la deriva, sin apoyo y sin ayuda de nadie, allí cargó su primera derrota a la que ayudó mucho Fidel Castro.

Cuando partió del Congo lo hizo en condiciones muy difíciles porque, aparte de haber sufrido el dolor de la lectura de la carta, el asma lo está atacando despiadadamente. Otro factor que le perjudicó fue la pésima alimentación que teníamos, lo que le provocó problemas estomacales con diarreas muy severas. El "Che" salió del Congo con un peso entre 90 y 95 libras, no más de 45 kilos.

De África partió para Checoslovaquia, allí los médicos lo trataron y al parecer Fidel sintió alguna compasión por su viejo compañero de luchas y le pidió que regresara a Cuba. Fidel mandó inclusive a Ramiro Valdés a entrevistarse con Guevara y le pidió que le presionara para que regresara a Cuba.

El "Che" puso como condición que sólo regresaría a la isla si entraba de manera clandestina, pidió que lo llevaran directamente al aeropuerto de Pinar del Río y de ahí a un punto de la Cordillera de los Órganos de su elección, pero que después de eso, Castro cumpliera con la ayuda que le había prometido.

Esas fueron las condiciones bajo las que ingresó a Cuba. En

el lugar de su elección recuperó su salud y fue a ese mismo sitio al que nos citaron a un grupo de miembros del Ejército Rebelde. Allí hicimos el entrenamiento y recuerdo que Fidel 10 o 15 veces nos dijo lo importante que era la ayuda que estaba prestando y nos describió el nivel de preparación que había para garantizar nuestra llegada y estadía en Bolivia, también nos habló de la participación del Partido Comunista Boliviano en el Proyecto y como la Juventud de esa agrupación estaba comprometida con nuestros planes.

Es cierto que la llegada de nosotros a Bolivia estaba cubierta en un 100%, Cuba había hecho contactos para que nos ayudaran en todos los países en los que íbamos a hacer escala y también se situaron contactos en todas las fronteras con Bolivia.

¿Pero dónde falla Fidel? Castro nos planteó que todos esos contactos, que son buzones móviles, como se llama en el argot de la inteligencia, iban a permanecer en un lado u otro de la frontera, para cualquier eventualidad que se nos presentara en Bolivia y hasta que el "Che" Guevara lo estimase conveniente.

Sin embargo, no habíamos encontrado todavía las armas cuando Fidel ordenó retirar a casi todos los contactos y nos enteramos porque Hernán Montero, más conocido por "Iván" en el diario del "Che", que estaba al frente de las operaciones fue a comunicarle al "Che" a Ñancanguasu que se iba a retirar, que estaba enfermo y que iba para Francia a revalidar sus documentos y hacerse curar de una gastritis que padecía.

Entonces fue cuando se me prendió un poquitico la luz que dije: **"bueno, pero cómo es posible que Iván tiene que ir a Francia a revalidar sus documentos si Iván tiene toda la documentación boliviana que se hizo oficial y si tiene que revalidar sus documentos es en Bolivia, en La Paz".** El tenía hasta una inscripción de nacimiento de Bolivia, todo se le había comprado oficialmente, no había quien dijera que no era boliviano y hasta se le habían preparado condiciones para que se asentara en Cochabamba, al frente de una granja avícola.

El plan era que "Ivan" dirigiera todas las operaciones de

inteligencia y de pronto, en el mes de enero, le comunica al "Che" que se retiraba y que había retirado a todos los que estaban en la operación. Todo aquello fue una sorpresa, como decimos nosotros, nos desayunamos con aquella noticia.

Unos días después el "Che" en una reunión nos dice: **"Bueno, estamos solos, estamos aquí y con lo que tenemos es con lo que tenemos que luchar".** Es en ese momento cuando nos dice claramente y sin pelos en la lengua la realidad. Recuerdo que dijo: **"Aquí vinimos con un sueño y el sueño se nos ha desvanecido en el aire, no tenemos nada que hacer, los bolivianos pueden retirarse a sus casas, a sus hogares, a sus respectivos trabajos si los tienen, el cubano que crea que puede retirarse con algunos de los bolivianos puede también hacerlo porque aquí ya no hay nada que hacer".**

Eso lo reconoció pero no nos dijo: **"Fidel nos ha abandonado", "Cuba nos ha abandonado", "Todo lo que nos prometieron es mentira"**. Nosotros tuvimos que ir sacando nuestras propias conclusiones, tuvimos que irlas sacando, pero yo voy un poco más allá.

El "Che" centralizó todo el mando en su persona de una forma extraordinaria. Nos siguió viendo, en mi opinión, unos de sus grandes errores, como los campesinos de la Sierra Maestra donde nos habíamos conocido. No se daba cuenta que la mayoría del pequeño grupo de cubanos que estábamos allí, habíamos pasado academias militares y que estábamos preparados militarmente. Yo que era uno de los más brutos podía dirigir una división, porque había pasado un curso básico, conocía y seguía en los preparativos de los hombres para la lucha.

Pinares era un comandante que mandaba ejércitos, Gustavo Machín otro comandante, Vilo Acuña, otro comandante, pero todos éramos para él simple reclutas. Ninguno podía tomar decisiones por su cuenta, ni aun para situar una posta. Éramos nulos ¿Por qué no aprovechó nuestra capacidad militar? Yo se la demostré porque fui ametralladorista, explorador, fui el hombre de la vanguardia y hasta cocinero, pero bueno, cocinero es cualquiera.

Quedamos seis el día 8 de octubre, después de su captura y muerte, y saqué cinco hombres por la frontera con Chile, después de caminar 3500 kilómetros con tres divisiones del ejército persiguiéndonos día y noche. Ahí demostré mi capacidad militar. Yo le hice más bajas al ejército boliviano que cuando el grupo estaba completo. Lógico, tuvimos más encuentros, nos perseguían más, ofrecían diez millones de bolivianos por la captura de uno de nosotros, vivo o muerto y por eso se hizo una búsqueda masiva contra nosotros.

Pero atravesamos la selva y el altiplano y salimos a Chile desde el oriente boliviano, hubo días que tuvimos tres combates. Rompimos catorce cercos del ejército y perdí un solo hombre en cinco meses. Ahí le demostramos al "Che" destreza militar, capacidad militar y por eso digo que a él le faltó fe en nosotros, al extremo de que nunca nos reconoció el derecho de discutir las cosas internas de la guerrilla.

Él lo pensaba, lo elaboraba todo y nos transmitía sus conclusiones. Lo que dijera era lo que había que hacer. Nosotros no teníamos ni voz ni voto. Ninguno. No importaba el grado.

Hay que tener en cuenta que en la guerrilla en Bolivia había tres miembros del Comité Central del Partido Comunista de Cuba, San Luis[114], Pinares[115] y Vilo Acuña[116], los tres eran miembros del comité central, pero para él eran simples soldados. Ese fue un error gravísimo. En esas luchas hubo muchos errores y eso es algo que no se puede rebatir.

Fue lo que pasó con Allende. Fue lo que pasó en Nicaragua, Lo que ha pasado en todos los lugares donde ha surgido un foco guerrillero o la posibilidad de hacer una revolución. Siempre ha habido esos errores garrafales que llevan a la centralización del mando y a que los jefes piensen que los demás no tienen cabeza para pensar. En una palabra, nosotros éramos una especie de

---

114 Eliseo Reyes Rodríguez

115 Antonio Sánchez Díaz

116 Juan Vitalio Acuña Núñez

soldaditos de plomo que se mueven en los tableros, nosotros éramos esos soldaditos de plomo en Bolivia, de esos que si los ponen detrás de una piedra ahí se quedan, si los ponen detrás de un palo ahí se quedan porque no tienen otra opción, porque no pueden pensar ni decidir sobre nada.

El "Che" Guevara tenía gran respeto y admiración por Fidel Castro. Aun en la propia carta en la que lo botaba de Cuba y despojaba de todos los cargos que había ganado por sus propios esfuerzos le escribe a Fidel que lamentaba no haber confiado más en él. Son cosas tristes. Es por eso que describí a Fidel en mi libro como una hiena y para mi sigue siendo la madre de todas las hienas porque se sacía con el dolor, la sangre y el sacrificio de los demás.

Pero lo peor de Fidel Castro es el haber traicionado a un pueblo que lo siguió y lo llevó al poder y a mí que no me hagan cuento, vi con mis propios ojos como más del 70% de la población lo apoyaba. Él es el único hombre que ha tenido tanto apoyo en mi país y sé que es verdad porque, aún el exilio, es difícil encontrar uno que pueda decir que no fue miliciano, que levante la mano uno que diga que no fue miliciano, que no fue guardia del CDR o que no fue a la Plaza de la Revolución y no dijo "Viva Fidel", en un momento determinado de su vida.

Hoy en día hay muchos que lo niegan, pero bueno que vamos a hacer. Yo sí sé que lo dije en una época y que lo amé y lo quise y quise la Revolución y que amé al Partido Comunista como el trofeo más grande que había obtenido en mi vida. Después que vi lo que era ser comunista me da asco haber sido comunista. Sí, honradamente así lo digo.

Félix Rodríguez

Expedicionario de la Brigada 2506.
Agente de la CIA.

P:¿Usted fue entrenado, preparado para la lucha antiguerrillera por la Agencia Central de Inteligencia de Estados Unidos?

R: Sí, nosotros fuimos entrenados y teníamos la experiencia que nos había dado el haber participado en actividades previas a las acciones de Bahía de Cochinos[117] en 1961.

P: ¿Ese entrenamiento que ustedes recibieron consistía en detectar a los elementos subversivos que en la década de los '60 trataron de desestabilizar los gobiernos de América Latina?

R: El entrenamiento básico de nosotros era de inteligencia, ya que lo que era entrenar al batallón especializado que estaba en Bolivia fue responsabilidad de las fuerzas especiales de Estados Unidos. Ese batallón fue enviado de Panamá y a nosotros nos

---

117 El 17 de abril de 1961 desembarcó en Cuba un grupo de expedicionarios que integraban la Brigada 2506. Esta fuerza militar que fue preparada por Estados Unidos entrenó a un grupo de cubanos que tuvieron la misión de ingresar clandestinamente a Cuba y desarrollar allí labor de inteligencia, organización y actos de sabotaje. La Brigada 2506 combatió por tres días en las playas del sur de la provincia de Las Villas.

enviaron como asesores de inteligencia a nivel de toda la división y del batallón que iba a empezar las operaciones.

P: ¿En qué consistía esa asistencia de inteligencia?

R: Mira, primero lo que se hizo fue impartir un curso de inteligencia a un grupo de soldados bolivianos que hablaban el *omechua* y el *aymará.*

Ese grupo iba a ser desplazado al frente del batallón cuando saliera de operaciones, ellos iban a estar vestidos con ropa de civil, se tenían que confundir con el campesinado para lograr toda la información que fuese necesaria. La idea era ubicar a las fuerzas insurgentes, detectar sus posiciones, contactos y buscar los métodos que posibilitasen su eliminación.

Yo me quedé a nivel de división como asesor del Jefe de Inteligencia, del jefe de la 8va División del Ejército de Bolivia, asesorándolo en lo que fuese necesario cada vez que se capturaban documentos o se capturaba a un guerrillero.

El asunto era que cada vez que tenían un prisionero había que interrogarlo adecuadamente para sacarle toda la información posible con el propósito de estar en mejores condiciones, más aptos para acabar con el enemigo. Teníamos que buscar la información más precisa para conocer los movimientos y la composición de la guerrilla del "Che".

P: ¿Este tipo de asistencia se dio antes o después que detectaron que había una fuerza subversiva en Bolivia?

R: Eso se hizo después que se comprobó que Guevara estaba en Bolivia y eso se comprobó cuando capturaron a Regis Debray, el intelectual francés que escribió "Revolución en la Revolución", junto con Debray fue apresado Ciro Bustos[118], periodista argentino.

---

118 *Pintor. Operó con los grupos clandestinos que subvirtieron Argentina en la década del 60. Trabajó directamente con Jorge Ricardo Massetti con el Ejército Guerrillero de Pueblo. De una condena a 30 años de cárcel sólo cumplió cuatro.*

Ellos fueron los que confirmaron la presencia del "Che" Guevara en Bolivia, ya que había una versión de un jefe de un estado africano que afirmaba que el "Che" había muerto cuando estaba en la laguna de Tanganica. Eso, supuestamente, había ocurrido en un enfrentamiento en el que la Agencia Central de Inteligencia, CIA, había hundido cuatro de las barcazas que le acompañaban, pero la verdad fue que lograron escapar dos embarcaciones y el "Che" estaba en una de ellas.

P: Esta situación que se presenta en Bolivia, ¿Qué tipo de trabajo demandó por parte de los hombres que estaban prestando asistencia de inteligencia, que tipo de labor exigió esa situación?

R: Primero que todo el ejército boliviano no estaba preparado para una guerra de guerrilla ni para ninguna otra guerra, esa es la verdad. Los conscriptos del ejército boliviano estaban dedicados a la construcción de carreteras porque no tenían problemas que demandaran que se dedicaran a operaciones militares, por lo tanto no tenían ninguna experiencia, muchos de ellos ni siquiera sabían como manejar un fusil y por eso al principio trabajar con esas unidades fue un desastre.

Al principio de las operaciones las guerrillas capturaron a un grupo de soldados, le quitaron las armas, la ropa y después los soltaron, lo que causaba un efecto psicológico muy fuerte en la tropa. Poco a poco, los grupos guerrilleros empezaron a tener mas experiencia y a tener mas éxitos por eso se preparó un batallón especializado que contaba con 800 hombres verdaderamente entrenados en la lucha antiguerrillera, también se les dotó de armas modernas, de equipos de comunicaciones, lo que es muy necesario para una unidad antiguerrillas.

Eran cuatro compañías de 200 hombres cada una y esas fueron las que se entrenaron con las tropas especiales de Estados Unidos y a su vez nosotros como miembros de la Agencia Central de Inteligencia, le impartíamos los conocimientos necesarios para que pudieran cumplir lo mejor posible su trabajo.

P: ¿A qué conclusión llegaron los Estados Unidos sobre lo que motivó que Guevara escogiera como objetivo a Bolivia después de haber salido del Congo?

R: Mira una de las razones fue que Bolivia es un país que tiene frontera con cinco países, si ellos hubiesen tenido éxito les habría sido muy fácil exportar la revolución a cinco países: Argentina, Brasil, Perú, Chile. Estas fronteras eran muy importantes para los planes que auspiciaba la subversión castrista.

P: ¿Cuál fue el principal error de Guevara en Bolivia?

R: Realmente el área que escogieron era muy mala, la selección fue desastrosa. Fue una zona donde el campesinado les cogió miedo; por otra parte llevaban un mensaje totalmente vacío para el campesinado. Ellos debieron haber sabido que el presidente René Barrientos[119], que era muy popular y que hablaba el dialecto de los indios de esa área, había hecho una Reforma Agraria.

Por ejemplo, ellos llegaban a un lugar y les decían a los campesinos, al grupo de campesinos que reunían: **"Te voy a dar las tierras que Barrientos te quitó"**, y los tipos se miraban unos a otros como diciendo: **"Usted está loco, nosotros tenemos todas las tierras que nos ha dado precisamente Barrientos"**.

La prueba del fracaso es que la única guerrilla que yo conozco en todo el mundo, que jamás logró reclutar a un solo campesino fue la guerrilla que comandó Ernesto Guevara en Bolivia. Eso nunca había sido visto en una guerra de guerrillas.

---

119 General de la Fuerza Aérea de Bolivia. En 1964 fue elegido Vicepresidente de la República y presidente Víctor Paz Estensoro. Dirigió un golpe militar hecho que derrocó a Paz. Presidió una junta militar de 1964-1965 y dirigió el país junto al también general Alfredo Ovando. En 1966 fue elegido Presidente de la República. Llevó adelante un gobierno de desarrollismo económico, se acercó a los campesinos y se enfrentó a los obreros y mineros. Promulgó la Constitución de 1966 considerada muy importante en la historia de su país. Murió en un confuso accidente en el helicóptero que lo transportaba.

P: ¿Entonces fue mala la elección que hizo Guevara al escoger a Bolivia como el país de América donde iba a iniciar su proyecto guerrillero?

R: Mira, en el gobierno americano se utilizó y se utilizan los malos ejemplos de la guerrilla de Ernesto Guevara como lo que un guerrillero, lo que una fuerza insurgente, no debe hacer. Te aseguró que se puede hacer un manual con esos errores porque representan la antítesis de una guerrilla con éxitos. El tipo, Guevara, fue un desastre completo como guerrillero.

P: ¿Fue Guevara incapaz de seleccionar un área de operaciones en términos militares adecuados?

R: Esa selección fue parte del problema y todo parece indicar que era una ruptura que había habido entre él y Fidel Castro, porque aparentemente Guevara era pro maoísta[120]. Existen antecedentes que cuando estuvo en Argelia se entrevistó con el embajador soviético en Egipto, en una recepción y casi se van a las manos.

Después de eso fue prácticamente eliminado del mundo político cubano, por decisión de Fidel Castro. Con el apoyo de Castro fue para África en los años 64 o 65. El armamento, todo lo que llevó, dicho por el coronel Dariel "Benigno" Alarcón Ramírez, que vive exiliado en Paris después que desertó, lo transportó en un barco de la China comunista.

Él no tenía ningún apoyo de los soviéticos, solo le respaldaban los chinos, los soviéticos no tenían ningún interés de que triunfara en América del Sur, ni en ninguna otra parte, su propósito era iniciar una Revolución que se inclinase hacia la China comunista.

120 *Relacionado con el líder comunista chino Mao Tse Tung.*

Cuando va para Bolivia ya Mario Monje[121], líder del partido comunista boliviano, se había entrevistado con Fidel Castro hacía dos o tres meses. Monje lo visitó el 31 de diciembre de 1966 en Camire, para conocer cuáles eran los planes de la guerrilla. Me imagino que cuando lo visitó tenía instrucciones de Fidel Castro.

En esa entrevista hay un rompimiento total entre Guevara y Monje. Los miembros del Partido Comunista de Bolivia que se le habían sumado se convierten en disidentes del propio Partido. Según informaciones, Mario Monje le planteó que para aceptar una guerrilla en Bolivia el líder tenía que ser un boliviano, que el "Che" podía ser asesor de este, pero nunca el jefe.

El "Che" le dijo que no, que él era el líder de las guerrillas latinoamericanas y eso provocó un rompimiento completo, por lo que a Guevara se le cerraron, como se dice, las puertas del Partido Comunista de Bolivia. Por otra parte el único contacto que tenían con el gobierno cubano en La Paz fue retirado por decisión de las autoridades cubanas con el pretexto de que se había expirado la visa que le permitía estar en Bolivia, lo que no dejó de ser un pretexto ridículo.

Otro detalle que hay que tener en cuenta es que le entregaron un equipo de radio transmisor que estaba roto. El aparato no funcionó, o sea, que él jamás pudo contestar ningún mensaje por radio de los que le enviaban de Cuba. Recibía los mensajes que le trasmitía Radio Habana Cuba, tenía libros de clave que le habían sido suministrados por China comunista, eran claves numéricas, que son muy seguras. Recibía mensajes pero si quería mandar a pedir algo tenía que utilizar los puntos de correo que le indicaron y usar *microfilms*.

121 Fundador en la década del 50 del Partido Comunista de Bolivia. Y posteriormente su secretario general. Monje y otros militantes recibieron preparación militar en Cuba pero rechazaba una acción guerrillera en su país. En diciembre de 1966 Guevara y Monje sostuvieron una reunión en un campamento guerrillero en la que Monje reafirmó su idea de no permitir que personas extranjeras estuvieran al mando de un ejército guerrillero en su país a lo que Guevara se opuso terminantemente.

le llamamos "acomodadas". Una estaba en Ciudad Méjico, otra en Montevideo, Uruguay, y una tercera en París, Francia. En una palabra si recibía un mensaje un día como hoy y quería mandar a pedir algo tenía primero que hacerlo con escritura secreta y enviarlo a pedir a uno de esos tres países.

Por supuesto que el sistema de correo boliviano no es tan eficiente como el nuestro y menos cuando está saliendo de una selva, o sea, para que una carta llegara a Cuba, tenía que salir del sistema de la selva al sistema postal boliviano, llegar a uno de los tres países escogidos, Méjico, Francia o Uruguay y de ahí a la embajada de Cuba en el país que fuese. Estamos hablando de dos o tres meses, lo cual hacía que las comunicaciones fueran totalmente desastrosas.

P: Como líder de una fuerza subversiva, ¿demostró capacidad?

R: Ninguna. Primero no escogió el área correcta, después comandó una guerrilla que no tenía comunicaciones, el armamento que portaban era pésimo para el medio. Hay que apuntar que en Venezuela, a principios del año 59 llegaron los modernos FAR. Esta gente llevó a Bolivia en 1966 carabinas M1, M2, fusiles viejos de la Segunda Guerra Mundial, el armamento era pésimo y sin comunicaciones, era como mandarlos a todos a la muerte.

P: ¿Usted dijo que en ningún momento contó con apoyo popular, con el respaldo de los campesinos?

R: Ya te dije, lo nunca visto, no hubo un solo campesino que se le uniera. La única persona en que ellos confiaron como campesinos fue uno de nombre Oronato Rojas.

A Rojas lo fueron a ver porque en una oportunidad los ayudó, pero la segunda vez que lo fue a ver el comandante Juan

Vitalio Acuña Núñez[122] con la guerrilla que comandaba, Rojas lo que hizo fue decirles: **"Quédense aquí que voy a buscar el punto apropiado para cruzar el Río Grande",** cosa muy razonable porque son lugares donde la corriente es muy fuerte en esa época del año y si no escoges el lugar apropiado la fuerza del agua te arrastra.

Oronato Rojas en vez de hacer lo que prometió, le llevó la información de dónde estaba la guerrilla al capitán Mario Vargas[123] quién preparó una emboscada de la que prácticamente no quedó vivo ningún insurgente. Recuerdo que se escapó uno por el río que fue eliminado en la otra orilla por las tropas del coronel Roque Terán de la Cuarta División.

En ese mismo lugar fueron capturados dos guerrilleros, Ernesto Maimura y José "Paco" Castillo, al que le salvé la vida. Castillo, nos dio muy buena información, nos dio detalles de cómo operaba el "Che", como se movía de un punto a otro, quiénes eran los que componían la guerrilla, tanto en la vanguardia como en el centro y la retaguardia.

P: ¿Cómo se produjo el arresto de Guevara?

R: Mira, fueron una serie de acontecimiento que tenían que terminar en la lógica que se habían iniciado, la captura o muerte de Guevara.

El Batallón estaba casi terminando su entrenamiento finales del mes de septiembre hubo un encuentro de una unidad regular que comandaba el teniente Galindo, con la vanguardia de la guerrilla del "Che". En ese momento no sabíamos que eran de la vanguardia. En el enfrentamiento mueren tres de los hombres de la vanguardia, Mario Gutiérrez Andaya, médico boliviano, el líder boliviano Coco Peredo y matan a un cubano que en ese

---

122 Comandante del Ejército Rebelde. Miembro del Comité Central del Partido Comunista de Cuba.

123 Mario Vargas Salina, llegó a general del Ejército de Bolivia y fue quien reveló el lugar donde supuestamente estaba sepultado Ernesto Guevara.

momento solo supimos que le decían Miguel, después nos enteramos que era el capitán Hernández Osorio[124].

Esos tres cadáveres los llevó el teniente Galindo a Apucara. Yo me movilicé con un jeep del ejército boliviano y fui para Apucara, recibí los cadáveres y la información del teniente Galindo que me contó que tenía localizada la guerrilla a un kilómetro de distancia aproximadamente.

La situación determinó que se iniciaran los preparativos para una emboscada, pero el teniente Galindo no se dio cuenta que estaba viendo el grueso de la tropa del "Che" y que la vanguardia de éste estaba en sus narices, ya que estaba subiendo la loma.

Ahí revisamos toda la información que teníamos de "Paco", que era del grupo del "Che". El prisionero nos había dado muchos detalles, gracias a esa información constatamos que los tres muertos eran de la vanguardia del cubano argentino. Con toda esa información fui a ver al coronel Centeno Anaya[125], Jefe de la División y le pedí que movilizara inmediatamente el batallón al área de operaciones porque el jefe de la guerrilla estaba en esa zona. Para avalar esto le presenté las pruebas de la información que nos había suministrado "Paco" y le hablé que los muertos formaban parte de la vanguardia del "Che".

Por esa razón se suspenden las dos semanas que le faltaban de entrenamiento al Batallón, que se movilizó a finales del mes de septiembre.

El primero de octubre ya estaban de operaciones. Una compañía se quedó para cumplir con el abastecimiento en Valle Grande y las otras tres compañías fueron para el campo comandadas por el capitán Gary Prado[126] que tenía a cargo la búsqueda de los insurgentes.

---

124 Combatió con Guevara en Cuba. Jefe de la vanguardia en la guerrilla boliviana.

125 El Coronel Joaquín Centeno Anaya, murió víctima de un atentado en París en 1975. Varias fuentes atribuyen el asesinato a partidarios de Guevara y del régimen cubano.

126 General en condición de retiro. Alto dirigente del Movimiento de Izquierda Revolucionaria. Herido por la espalda cuando intentaba controlar un intento de golpe militar.

Los equipos de inteligencia también estaban en la zona de operaciones. Estaba en el frente el capitán Celso Torrelio[127] que dirigía una fuerza de apoyo que reaccionaría en caso de que Gary Prado hiciese contacto con el enemigo. La otra compañía estaba bajo el mando del capitán López Quito, esta unidad se quedó en el área del río Grande para que los insurgentes no pudieran pasar al otro lado del río, todo esto era responsabilidad de la Cuarta División del Ejército.

La operación como dije se inició el día primero, incluyendo las unidades de inteligencia que debían buscar la mayor cantidad posible de información sobre el enemigo.

El día 7 de octubre de 1967, por la noche, regresaron parte de esos soldados de inteligencia y le reportaron al capitán Gary Prado que un campesino les había dicho que se escuchaban voces en la Quebrada del Yuro, un lugar en el que se suponía no estaba habitado.

El mismo día siete por la noche, con doscientos hombres, se rodeó la Quebrada del Yuro y al otro día por la mañana el ocho, empezó el avance y se entabló el combate con la guerrilla del "Che". En ese combate murieron la mayor parte de los guerrilleros, cayó preso el "Che" Guevara con Simón Cubas, conocido en la guerrilla como "Willie" que era el que lo estaba ayudando a salir. Fue capturado gravemente herido otro guerrillero que se llamaba Aniceto.

De inmediato nos llegó una información en clave que decía, yo me encontraba en Valle Grande, **"Papá cansado"** que significaba en el código establecido por los bolivianos que **"papá",** era el líder de la guerrilla, y **"cansado"** que ese líder estaba preso, herido y vivo.

En ese momento no se sabía si la información se refería al "Che Guevara" o Inti Peredo[128], el hermano del Coco[129], que

---

127 *Ostentó el cargo de general del ejército. Presidente de fausto de Bolivia entre 1981-1982.*

128 *Guido Álvaro Peredo Leigue. Uno de los líderes boliviano de la guerrilla. Sobrevivió a Guevara. Murió en un enfrentamiento con las autoridades en 1969*

129 *Roberto Peredo Leigue, líder boliviano de la guerrilla, murió en septiembre de 1967.*

venía siendo el equivalente de Guevara por la parte boliviana. Recuerdo que había instalado unos equipos de radio FRS10 a los aviones AT6 de la Fuerza Aérea boliviana para poder tener comunicación con las tropas que operaban en tierra, porque los radios anteriores no eran compatibles con los que se usaban en tierra. Dos de esos aviones estaban terminados y en ese momento estaba concluyendo la instalación en el tercero.

Ante esta situación tomamos la decisión de ordenar volar los aviones que tenían radio para así tener un mejor conocimiento de lo que estaba ocurriendo. En uno de los aviones fue el mayor Serrat que era el Jefe de Operaciones, en la otra nave volé yo. Gracias a los radios pudimos constatar que el guerrillero apresado era el extranjero, el "Che".

Esa noche compré dos botellas de *Scotch*, celebramos en un hotel de Valle Grande y le pedí al coronel Centeno Anaya que me permitiera acompañarlos. De más está decir que todos querían ir en el helicóptero pero en la nave sólo podían viajar el piloto y dos más, de acuerdo con la altura y las especificaciones del helicóptero. Yo tenía una excelente relación con todos ellos y cuando el coronel les preguntó si aceptaban que yo le acompañara, todos accedieron, él les explicó que Guevara le había hecho mucho daño a mi patria.

Muy temprano en la mañana despegamos en el helicóptero que era el helicóptero del Presidente y que estaba siendo piloteado por el piloto Jaime Niño de Guzmán[130] que posteriormente llegó a ser general en jefe de la Fuerza Aérea de Bolivia y más tarde embajador en Austria.

Llegamos a la población de Higuera alrededor de las 7 y media de la mañana. Nos estaba esperando el capitán Gary Prado con el mayor Miguel Ayoroa, que era el ejecutivo del

---

130 En entrevista concedida a la agencia AP y publicada por el Nuevo Día de Puerto Rico, el general retirado dijo que Guevara le confesó sentirse traicionado por Fidel Castro. "Yo fui probablemente una de las últimas personas que conversó largamente con el Che", dijo el ex piloto que trasladó en helicóptero el cuerpo del guerrillero hasta la pista del aeródromo del poblado de Vallegrande, donde fue sepultado en una fosa común. Los restos fueron hallados el año pasado y trasladados a Cuba.

batallón y otros oficiales que portaban una cartera de cuero de color camello. La cartera era gruesa, bastante ancha, allí era donde estaba el diario del "Che" que era un diario impreso en Alemania y escrito en español. También tenían varias fotografías del "Che", los libros de clave, varias libretas, algunas escritas en maquina y firmadas por un tal "Ariel".

En un momento nosotros pensamos que "Ariel" era Fidel Castro, que las mismas venían de Cuba pero después el coronel Dariel Alarcón Ramírez nos dijo que "Ariel" era el responsable de las comunicaciones en Cuba y que su nombre era Ariel Carretero, el oficial que se ocupaba de las comunicaciones. En la cartera también había ciertos medicamentos e instrumentos, que Guevara usaba para el asma.

Después de esto entramos en la habitación donde tenían recluido a Guevara, el coronel Zentero Anaya lo miró e intentó hablar con él, pero Guevara no le contestó nada. El coronel salió y yo le pedí que si me podía dar el diario para fotografiarlo, me entregaron el diario con toda la documentación y con dos cámaras que tenía, una Pentax y una Minolta, lo fotografié todo.

Me quedé con las tres direcciones "acomodadas". Eran tres los *microfilms* con esas direcciones. Le pregunté al coronel que si me podía quedar con los micro, ya que ellos no tenían en que usarlos y el coronel permitió que quedasen en mi poder.

El coronel Zenteno Anaya se había marchado para el punto donde se sostenían encuentros con la guerrilla porque todavía las operaciones estaban en progreso, todavía se escuchaba el tiroteo.

Me quedé en el área donde teníamos a buen recaudo a Guevara y en eso entró una llamada telefónica en la que pedían hablar con el oficial de mayor graduación en el lugar. El oficial de más rango era yo porque en ese momento tenía el grado de capitán y en la Higuera solo había dos tenientes del ejército boliviano.

Esa situación determinó que el que tomara la llamada fuese yo. La llamada provenía del alto mando del Ejército en Valle

Grande y eran instrucciones específicas del señor Presidente, Comandante en Jefe de las Fuerzas Armadas de Bolivia, que indicaba que había que aplicar el código 500-600. Este código tenía un doble significado: "500", identificaba al "Che" Guevara; "600" muerto, y "700" vivo. En una palabra al decirme por teléfono 500-600 me decían que Guevara tenía que morir. Ante tal orden pedí confirmación y me la repitieron y de nuevo me dijeron: 500-600.

Cuando regresó el coronel Centeno le pedí que me acompañara y nos fuimos a un lugar donde estábamos solos y le dije: **"Mi coronel, hay órdenes de su gobierno de eliminar al prisionero"** y le di los códigos 500-600 que me habían dicho vía telefónica y de inmediato agregué: **"Las órdenes que tengo de mi gobierno es tratar de mantenerlo vivo a toda costa. Nosotros tenemos aviones y helicópteros para transportarlo a Panamá, para poder interrogarlo en un lugar que cuente con las condiciones adecuadas".**

Después que le expuse las instrucciones que tenía me miró y dijo: **"Oye Félix"**, yo usaba el nombre de Félix Ramos, **"Hemos trabajado juntos, te agradecemos mucho todo esto pero estas son órdenes del señor Presidente, del señor comandante de las Fuerzas Armadas, si yo no las cumplo me botan deshonrosamente".**

Después de eso miró su reloj y me dijo: **"Tienes hasta las dos de la tarde para interrogarlo, nuestro helicóptero va a venir varias veces, va a traer comida y municiones para nuestros soldados y se va a llevar nuestros heridos y nuestros muertos, yo quiero tu palabra de caballero de que a las dos de la tarde me traerás el cadáver del "Che", lo puedes ajusticiar en la forma que tú quieras porque sabemos el daño que le ha hecho a tu patria".**

Después de escuchar eso le dije: **"Mi coronel, trate de hacerles cambiar de idea pero si no hay una contraorden yo les doy mi palabra de hombre de que le llevo el cadáver del "Che", como usted ha indicado".** Después de esta conversación el coronel Centeno se fue y efectivamente, tal y como me había dicho, el helicóptero realizó varios vuelos hasta el punto donde me encontraba.

Un rato después entró a la habitación el mayor Niño de Guzmán y me dijo: **"Mi capitán, el Mayor Salcedo quiere una foto con el prisionero".** Salcedo era el jefe de inteligencia de los bolivianos.

Después de esta solicitud fuimos hasta donde estaba Guevara y le pregunté si le importaba que le tomara una foto a lo que respondió que no. Lo llevamos al frente de la casa y en un costado de ésta y con la cámara que yo portaba le tiré una foto que es la que aparece en mi libro[131] y la otra foto con la cámara de ellos, como yo no sabía lo que iba a pasar, le puse 200 de velocidad y le cerré el lente a 22, o sea que no salió la fotografía.

Recuerdo que cuando entregué ese rollo de fotografía en La Paz, para que lo llevaran para Washington les dije: **"Hay una foto del "Che" conmigo riéndose",** porque en el momento que iban a tirar la fotografía le puse la mano por alrededor del hombro y le dije: **"Comandante, mire al pajarito"** y ahí se sonrió. Estoy seguro que lo hizo porque estaba consciente lo que significaba la foto para que la historia valorara sus actividades. Estaba claro del momento histórico, de lo que se podía hacer con esa foto y te digo que fue así porque cambió su expresión en el momento de la foto. Antes de que nos retrataran tenía otro semblante y cambió su expresión en el momento que tiraron la fotografía.

Después de esa foto entramos de nuevo a la habitación, conversamos, entré y salí varias veces del cuarto porque tenía que hacer un contacto por radio con Washington, después de ese contacto regresé y conversamos nuevamente.

Hubo un momento cuando estábamos hablando que sonó un disparo en la habitación de al lado, con ese disparo habían acabado de eliminar a Aniceto. Inmediatamente cerró los ojos y

131 *El Guerrero de las Sombras.*

movió la cabeza como diciendo que no, en ese momento dejó de conversar, pero al rato retomamos la conversación.

Durante la charla tocamos el punto de su estadía en África. Le señalé que sus compañeros capturados me habían dicho que los soldados africanos eran un desastre, al principio no quiso admitirlo y evadió el tema todo lo más que pudo, pero cuando le dije: **"Bueno, nos dijeron que usted había comandado 10,000 soldados africanos"**, y me señaló: **"Mire, si yo hubiera tenido 10,000 soldados africanos a mi mando las cosas hubiera sido diferente, pero es verdad, el soldado africano era muy malo".**

El sabía por las preguntas que le estaba haciendo que yo no era un soldado boliviano o por lo menos un militar típico. Durante un momento en la charla, se me quedó mirando y me dijo: **"¿Tu no eres boliviano?"** y le contra pregunté: **"Comandante, ¿quién cree usted que sea yo?".** Me contestó: **"tu puedes ser puertorriqueño, tu puedes ser cubano y por las preguntas que me has hecho estás trabajando para el servicio de inteligencia de Estados Unidos".** A eso le contesté: **"efectivamente, soy cubano. Miembro de los teams de infiltración de Bahía de Cochinos, de la Brigada 2506".**

Después de esto me preguntó cómo me llamaba, la pregunta era válida porque ellos habían tenido un agente que había penetrado nuestro equipo de infiltración. El nombre de aquel tipo era Benigno Pérez, este individuo se quedó con ellos y lo utilizaron llevándolo a las cárceles para que identificase el personal nuestro que había sido apresado por el gobierno cubano.

No le dije mi verdadero nombre porque, aunque tenía una orden, al final yo no sabía lo que podría ocurrir y le contesté simplemente que me llamaba Félix, lo que no tenía ningún significado para él. Salí de la habitación. Terminé de fotografiar el diario y esperé a ver como se desarrollaban los hechos de aquel día.

Como a las 12 y 30 del mediodía, hora de Bolivia, vino una profesora del colegio que traía un radiecito en las manos, más tarde me enteré que se llamaba Julia Cortés, la maestra me preguntó: **"Mi capitán, mi capitán ¿Cuándo lo van a matar?"**, a lo que contesté: **"Señora, ¿por qué usted dice eso?"**, y me respondió: **"Es que nosotros hemos visto que usted se ha fotografiado con él allá afuera y mire (me enseña el radiecito) ya la radio está diciendo que murió de heridas en combate".**

Cuando dijo eso ya no me quedaban duda de lo que iba a pasar. Las órdenes ya habían sido dadas por el Alto Mando boliviano. Después entré a la habitación. Guevara estaba sentado en un banquito, en ese momento no se encontraba atado, porque yo le había quitado las amarras durante nuestra conversación.

Me paré frente a él y le dije: **"Comandante, yo lo siento, son órdenes superiores, yo he tratado"**. En ese momento se puso blanco como un papel pero me dijo: **"Es mejor así, yo nunca debí haber caído preso vivo".**

Después sacó una pipa y me dijo: **"Quiero entregarle esta pipa a un soldadito que se portó bien conmigo"**. En ese momento irrumpe en la habitación el sargento Mario Terán que yo sabía era el que había estado ejecutando a los demás y me dijo: **"Yo quiero la pipa, mi capitán, yo la quiero**" y el "Che" que tenía la pipa afuera dice: **"No, a tí no te la doy".**

Después de eso le ordené en dos ocasiones al sargento Terán que saliera de la habitación, Guevara tenía la pipa pegada al pecho y le dije: **"Comandante, ¿me la da a mí?"**, se quedó pensando unos segundos y me dijo: **"Sí, a tí si te la doy",** me la dió y me la guardé en un bolsillo; después de esto le pregunté si quería enviar un mensaje a su familia, que yo haría lo posible por hacerle llegar el recado.

Me contestó de forma muy sarcástica, dijo: **"Bueno, si puedes dile a Fidel que pronto verá una revolución triunfante en América"**, lo que yo interpreté como un mensaje encubierto en el que quería decirle a Castro: **"Vaya, me embarcaste pero esto va a triunfar eventualmente".** Después cambió la expresión y me dijo: **"Si puedes dile a mi señora que se case otra vez y**

que trate de ser feliz". Esas fueron sus últimas palabras.

Después de esto se acercó a donde yo estaba, me dio la mano, un abrazo y se paró en atención pensando que era yo el que le iba a tirar. Salí de la habitación, el lugar estaba lleno de soldados que obviamente estaban escuchando la conversación, también estaba el teniente Pérez al lado del sargento Terán.

Me paré frente a Terán y le dije: **"Sargento, no le tire de aquí para arriba (señalando del cuello a la cabeza), tírele de aquí para abajo (señalando el torso), esas son las órdenes de su gobierno, se supone que este hombre muera de heridas en combate".** El sargento Terán me contestó: **"Si mi capitán, si mi capitán".**

Inmediatamente me retiré hasta el puesto avanzado donde me puse a escribir ciertas notas. Tengo entendido que el sargento Terán le pidió prestada una carabina M2 que es automática, de ráfaga, al teniente Pérez y con esta arma lo ejecutó en la habitación.

No estaba presente pero sí me contaron que cuanto Terán entró a la habitación le dijo: **"Che, vengo a hablar contigo"** y éste le contestó: "**No, yo sé que viene a matarme"** a lo que Terán ripostó: **"No, no, si tu vales más vivo que muerto"** y eso se lo dijo el sargento porque en el momento en que Guevara fue capturado, lo que ocurrió en una parte muy tupida de la selva, cuando estaba frente a las unidades de combate del ejército de Bolivia, Ernesto Guevara gritó : **"No tiren que yo soy el Che, yo valgo mas vivo que muerto",** después que dijo eso agregó **"No tiren que van a matar a un hombre".**

Salí de la habitación en la que estaba Guevara a eso de la una de la tarde y la ráfaga la escuché unos diez minutos después. Por eso anoté en mi libro que había sido ejecutado a la 1.10 de la tarde.

Alrededor de la 1 y media de la tarde bajó de la zona de operaciones el capitán Gary Prado que venía acompañado del capitán Celso Torrelio, quien posteriormente llegó a presidente de Bolivia. Los tres de mutuo acuerdo entramos a la habitación donde yacía el "Che". Estaba boca arriba, la cara la tenía llena de fango porque posiblemente al caer, la habitación tenía piso de tierra y estaba mojada, se embarró la cara.

Recuerdo que Celso Torriello con una varita le cruzó la cara y le dijo: **"Hijo de puta, me has matado soldados".** Después nos abrazamos los tres y el capitán Gary Prado me dijo: **"Capitán hemos acabado con las guerrillas en América",** a lo que contesté: **"Mi capitán, si no las hemos acabado por lo menos le hemos hecho un gran daño que va a demandar mucho tiempo para que se recupere".**

Después de eso nos separamos y al poco rato escuchamos un helicóptero que se acercaba, eran cerca de las dos de la tarde, cogí un balde con agua, me acerqué al cadáver del "Che" y le lavé la cara. Entonces unos militares trajeron una camilla, lo amarramos en la camilla y entonces lo llevamos al portón derecho, a la parte derecha del helicóptero.

P: ¿Hubo por parte de la población alguna forma de rechazo, de repudio al ajusticiamiento de Guevara?

R: Mira, en el tiempo que estuve ahí ninguno de los del pueblo se acercó por donde estaba Guevara, así que no puedo contestar al respecto. Aunque obviamente ninguno le ayudó. El había pasado por ese lugar, La Higuera y no tuvo ningún apoyo. Ninguna persona de la población le ayudó. Fueron los mismos campesinos, los que habitaban las regiones donde operó la guerrilla del "Che" los que le facilitaron información al ejército para que pudieran capturarlo junto a los hombres que le acompañaban. Los mismos campesinos fueron los que le dieron información al batallón que los capturó.

P: ¿Guevara fue herido en combate? ¿Resultó herido en el encuentro con el ejército?

R: Sí, cuando lo entrevisté tenía una herida que ya le había sido curada por el cuerpo de enfermeros del batallón. Tenía unos vendajes blancos en la pierna derecha, un poco rojo por la sangre, pero no era una herida crítica, ni siquiera grave la que había sufrido en el momento de ser apresado.

P: ¿Cuándo Guevara fue capturado, apresado por las fuerzas bolivianas, estaba impedido de seguir luchando?

R: Tenía un balazo en una pierna que por supuesto le dificultaba caminar, pero en el momento en que lo apresaron lo estaba tratando de ayudar a escapar el boliviano Simón Cubas. En ese momento estaban intentando de salir del cerco militar porque estaban rodeados y si se quedaban allí podían ser aniquilados; intentando romper el cerco fue cuando le capturaron nuestras fuerzas.

En aquellos días el gobierno de Cuba no quería admitir que Guevara había sido capturado herido y conmemoraba la muerte del "Che" el 8 de octubre como si hubiese caído en combate ese día. Sin embargo, posteriormente, cuando salió mi libro ya no podían decirle al mundo que había muerto combatiendo, como proclamaban al principio.

La propaganda del régimen cubano que era que había muerto combatiendo, que nunca se había entregado, tuvo que cambiar y nos les quedó más remedio que aceptar que había caído preso con vida, después de eso conmemoran el 9 de octubre como el día de su muerte, pero eso lo empezaron a hacer muchos años después.

P: ¿Cómo eran las relaciones entre los insurgentes, incluyendo a Guevara?

R: Con un solo ejemplo creo que le doy respuesta a esa pregunta. José Castillo Chávez, "Paco", fue el sobreviviente de la Quebrada del Yuro donde murió el comandante cubano Juan Vitalio Acuña Núñez y prácticamente todo el grupo guerrillero que dirigía, en manos del capitán Mario Vargas. En ese momento habían capturado a dos insurgentes, "Paco" y Maimura.

Maimura se puso dispararle al ejército y lo eliminaron. Nosotros teníamos alguna información sobre "Paco" por los interrogatorios que se le habían hecho a Regis Debray y al periodista Busto. Ellos nos habían dicho que "Paco" se quería ir de la guerrilla porque no estaba realmente preparado para la guerra de guerrillas. El individuo era un ideólogo comunista. Era muy inteligente aunque no lo aparentaba, una inteligencia verdaderamente extraordinaria y una memoria mas extraordinaria todavía. El tipo te podía hablar de reuniones que habían tenido lugar 6 meses antes. Darte la dirección de lugar y hasta el nombre de todas las personas que habían participado.

A "Paco" le habían dicho que iba a viajar a Cuba y a la Unión Soviética y él partió para donde le dijeron creyendo que iba a viajar a esos países, por eso cuando lo llevaron al lugar donde creía que iban a darle documentos y a abordar una avioneta que lo iba a sacar clandestinamente del país, y le dijeron: "No, no estás en una guerrilla y le dan de inmediato un fusil".

Desde ese momento "Paco" empezó a protestar, a decir que no era guerrillero y le dijo al "Che" que se quería ir de la guerrilla, que no quería continuar en esas actividades.

Guevara lo sacó de su unidad y lo mandó con el grupo de Juan Vitalio Acuña Núñez, con la idea de que cuando se presentara una oportunidad sacarlo de la zona de operaciones. Mira si era así que "Paco' no estaba armado en el momento en que fue apresado, a 'Paco' lo ponían a cargar las municiones y la comida de la tropa y es por eso que yo me empeciné en salvarle la vida y se la salvé.

Cuando llegó a Valle Grande, también llegué yo en compañía del mayor Salcedo y nos entrevistamos con el general David La Fuente que era el jefe del ejército. El coronel Selich[132] le

132 Andrés Selich Chop, fue asesinado en 1973 en la casa de Alfredo Arce Carpio, Ministro del Interior del presidente Hugo Banzer.

estaba diciendo a La Fuente que “Paco” no sabía nada y que le habían dicho a la prensa que el guerrillero estaba gravemente herido y que lo iban a eliminar, cuando escuché aquello le pedí al general La Fuente que me entregara al prisionero y que si la información que conseguíamos no resultaba importante, no le pedía un prisionero más.

El general miró para el coronel y le dijo: **“Entréguele el prisionero al joven”.** Antes de este suceso yo había conocido al general La Fuente, habíamos estado en una comida, tipo barbecue, pero al estilo cubano, en el campo de entrenamiento de las fuerzas especiales, en donde había estado el general Porter que era el jefe del Comando Sur de los Estados Unidos. El tenía una tarjeta del presidente Barrientos y del general Ovando para que me dieran toda la colaboración que yo solicitara y que le fuese posible. Es por eso que me entregaron a “Paco”.

P: ¿Qué le dijo “Paco” de Guevara?

R: “Paco” estaba totalmente desencantado de la guerrilla y quería abandonarla. Eso era lo que quería hacer. Primero que todo, lo habían engañado y esa también fue una falta de Guevara. Tú no puedes llevar a la guerrilla a un individuo engañado porque más pronto que tarde va querer desertar. Todo lo que hizo Guevara en Bolivia, desde el principio hasta el final, fue un desastre total y terminó como tenía que terminar, con su derrota y muerte. Fracasó en Bolivia como en todo lo que intentó.

Oficiales del Ejército Cubano que fueron entrenados en Cuba, invadieron Bolivia con Ernesto Guevara y perdieron la vida durante la lucha guerrillera en ese país.

Juan Vitalio Acuña Núñez
Joaquín o Vilo
(1925-1967)
Carlos Coello
Tuma o Tumaini
(1940-1967)
Octavio de la Concepción de la Pedraja
Moro, Morogoro, Muganga o Médico
(1935-1967)
Alberto Fernández Montes de Oca
Pacho o Pachungo
(1935-1967)
Manuel Hernández Osorio
Miguel o Manuel
(1931-1967)
Gustavo Machín Hoed de Beche
Alejandro
(1937-1967)
Gustavo Machín Hoed de Beche
Alejandro
(1937-1967)
José María Martínez Tamayo
Ricardo, Chinchu o Papi
(1936-1967)
René Martínez Tamayo
Arturo
(1941-1967)
Orlando Pantoja Tamayo
Antonio u Olo

(1933-1967)
Eliseo Reyes Rodríguez
Rolando o San Luis
(1940-1967
Israel Reyes Zayas
Braulio
(1933-1967)
Antonio Sánchez Díaz
Marcos o Pinares
(1927-1967).
Jesús Suárez Gayol
Félix o el Rubio
(1936-1967)

Apéndices

1 Presidente de Chile de 1946-1952.
2 Gobernante peruano. 1948-1956
3 Presidente de Perú de 1945-1948
4 Dirigente político peruano, creo un proyecto político y social de carácter continental
5 **Alianza Popular Revolucionaria Americana**, también conocida como APRA un movimiento continental, de centro izquierda, fundado por Víctor Raúl Haya de la Torre
6 Un grupo de combatientes al mando de Fidel Castro atacan el Cuartel Moncada en Santiago de Cuba.
7 Bajo la presidencia de Víctor Paz Estensoro el gobierno de Bolivia emprendió un amplio programa de reformas económicas, decretó la nacionalización de las minas y el monopolio en la exportación del estaño.
8 **Paz Estensoro** fue cuatro veces Presidente de la República de Bolivia, líder histórico de la Revolución Nacional de 1952.
9 Fidel Castro comanda un ataque al Cuartel Moncada en la ciudad de Santiago de Cuba, provincia de Oriente. La acción militar fracasa con el resultado de decenas de muertos.
10 Guatemala, presidida por Jacobo Arbenz Guzmán, 1951-1954, está enfrentando un proceso político muy particular. Las reformas de Arbenz, a quien se acusaba de estar bajo control de los comunistas, genera una crisis de carácter nacional que desestabiliza el estado, lo que termina con un golpe militar encabezado por oficiales de la derecha política.
11 La **United Fruit Company (UFC)**, una multinacional estadounidense que se destacó en la producción y el comercio de frutas tropicales en plantaciones en Latinoamérica. Sus intereses comerciales abarcaban grandes extensiones de Centroamérica y el Caribe, donde la empresa era conocida como *Mamá Yunay*.
12 **Carlos Castillo de Armas.** Militar y político guatemalteco. Presidente del 8 de julio de 1954 hasta su asesinato en Julio de 1957. Fue conocido por liderar el movimiento contra Jacobo Arbenz en 1954
13 (1895-1974), militar y político argentino, presidente de la República (1946-1955; 1973-1974), fundador del peronismo y una de las figuras latinoamericanas más destacadas del siglo. Influyó decisivamente en la historia política de Argentina.
14 Hilda Gadea. Primera esposa de Ernesto Guevara. Militante del APRA había buscado refugio en el exterior después del golpe militar de Manuel Odria. Conoció a Guevara en Guatemala en los días del gobierno de Jacobo

Arbenz.

15 Ciudad de la provincia más oriental de Cuba. Fue atacada por miembros del 26 de Julio cuando tenía lugar el Asalto al Cuartel Moncada. Los líderes de esta acción disintieron del liderazgo de Fidel Castro aun antes del triunfo de la Revolución.

16 Miguel Sánchez, apodado "El Coreano" por haber participado en la Guerra de Corea. Cubano de nacimiento fue el primer entrenador militar que tuvieron los expedicionarios del Granma.

17 Alberto Bayo Giroud, 1892-1971, militar y aviador hispano cubano que participó en la Guerra Civil de España y posteriormente, en la insurrección que llevó a Fidel Castro al poder.

18 Revista oficial del Ejército Rebelde. Guevara publicó en estos medios varios artículos y relatos.

19 Periodista argentino. Visitó Cuba en el período insurreccional, fue fundador de Prensa Latina y cayó en combate dirigiendo una guerrilla en su país.

20 **Prensa Latina** cuyo nombre legal es **Agencia de Noticias Latinoamericana S. A.** es una agencia de noticias cubana fundada en 1959 poco después del triunfo de la revolución cubana. Jorge Ricardo Masseti fue su primer director.

21 Importante confrontación de la Guerra fría entre Estados Unidos y la Unión de Repúblicas Socialistas Soviéticas, por instalaciones de misiles nucleares proporcionadas por los soviéticos a Cuba a solicitud de Fidel Castro. Guevara y Raúl Castro cumplieron rol importante en el establecimiento de las bases y los cohetes con capacidad nuclear.

22 Periodista cubano. Estuvo en las guerrillas de la Sierra Maestra con Fidel Castro y fue director del primer periódico oficial de la Revolución. Se asiló años después del triunfo de la Revolución.

23 **Carlos Rafael Rodríguez** (1913-1997), político cubano, dirigente del Partido Socialista Popular (Comunista). En 1944, fue ministro sin cartera del gobierno de Fulgencio Batista. Estuvo en la Sierra Maestra con el 26 de Julio. Ocupó altas posiciones en el gobierno revolucionario.

24 Montañas en el oriente de Cuba donde operó el Movimiento 26 de Julio comandado por Fidel Castro.

25 **Ferdinand Lassalle** (1825-1864), político y pensador alemán cuyos escritos constituyen la base de la filosofía política conocida como socialismo de Estado. Nació en Breslau (actual Wroc∏aw, Polonia). En 1848, colaboró en Alemania con Karl Marx y Friedrich Engels en la organización de actividades revolucionarias y actos propagandísticos, por lo que fue encarcelado durante un breve período. Posteriormente, elaboró una doctrina socioeconómica que difería de la elaborada por Marx y Engels en muchos aspectos.

26 Presidente nominal de Cuba desde 1959-1976. Cometió suicidio en 1983.
27 Segundo Seminario Económico de Solidaridad Afroasiática de Argel. Conferencia internacional en Argel, capital de Argelia. El 25 de febrero, el Che ataca duramente a la Unión Soviética en un discurso por estar en total desacuerdo con su visión del socialismo.

28 Viaja clandestinamente al Congo encabezando a un grupo de cubanos para apoyar al Movimiento de Liberación del Congo. El 19 de abril llegó bajo la identidad falsa de Ramón Benítez a la ciudad de Dar es Salaam en Tanzania presidida entonces por el líder anticolonialista Julios Nyerere es de donde se organizaría el apoyo cubano a los rebeldes congoleños. Fidel Castro había decidido apoyar la lucha del Comité Nacional de Liberación (CNL) del Congo. Guevara mantuvo contacto directo con Laurent Desire Kabila por entonces un líder militar de segundo rango. En diciembre, luego del fracaso del movimiento congolés, viaja a Europa del Este.
29 El libro recoge entrevistas a varios generales cubanos que participaron en las contiendas militares auspiciadas por el castrismo.
30 Laurente Desiré Kabila. Presidente de la República Democrática del Congo durante el período de 1997 a 2001. Murió asesinado. Guevara tenía una mala opinión de Kabila sin embargo éste conquistó el poder después de décadas de lucha y Guevara fracasó en todos sus intentos.
31 En el Congo fue un área de intensos conflictos durante la década de 1960. Allí operaron efectivos cubanos que estaban a favor del comunismo y otros numerosos cubanos que rechazaban esa ideología. También actuaron muchos soldados de fortuna que hacían la guerra en condición de mercenarios, uno de los más renombrados fue el irlandés Mike Hoare.
32 Conoció a Guevara en las montañas del Escambray en 1958. Posteriormente se casaron.
33 Emilio Aragones. Dirigente comunista cubano, uno de los miembros del secretariado del Partido Unido de la revolución Socialista de Cuba.
34 Dos militantes del comunismo boliviano que se incorporaron a la guerrilla de Guevara. Coco Peredo murió en 1967 con la guerrilla de Guevara, Inti sobrevivió hasta 1969 cuando cayó en un enfrentamiento con las fuerzas policiales.
35 Autor de numerosos libros, entre ellos el manual Revolución en la Revolución. Fue arrestado en Bolivia. Participó en el movimiento guerrillero que encabezo Ernesto Guevara en ese país.
36 Presidente constitucional. 1948/1952. Depuesto el 10 de marzo de 1952 por el golpe militar que dirigió Fulgencio Batista y Zaldívar.
37 Jefe del Ejército Libertador de Cuba en la lucha por la independencia. Nació en Santo Domingo. . .

38 Lugarteniente general del Ejército Libertador. La historia de Cuba lo identifica como el Titán de Bronce.
39 Expedición dirigida por la Organización Auténtica y que comandó Calixto Sánchez. Veinte de los expedicionarios fueron asesinados por las fuerzas del régimen de Fulgencio Batista.
40 Fuerza irregular fundada por Fidel Castro que tomó el nombre de la fecha del ataque al Cuartel Moncada.
41 Organización de la lucha clandestina en Cuba fundada por Aureliano Sanchez Arango
42 Agrupación política vinculada al Partido Auténtico, la fuerza partidaria más importante de Cuba en el período republicano.
43 Organización clandestina que luchó contra todos los gobiernos de fuerza en Cuba. Básicamente integrada por estudiantes. El primer Directorio Revolucionario se fundó en la década del 20 del pasado siglo.
44 Tres veces presidente de Costa Rica.
45 Ex prisionero político del régimen totalitario. Fundador junto a Ricardo Bofil, del Comité Cubano Pro Derechos Humanos.
46 Comandante del Ejército Rebelde. Prisionero del régimen totalitario por 21 años.
47 Revolucionario. Dirigente del Partido Auténtico. Enfrentó al régimen de Batista y fusilado por Fidel Castro en abril de 1961.
48 Primer enfrentamiento entre las fuerzas del régimen de Batista y los expedicionarios del Granma.
49 Eutimio Guerra.
50 Servicio de Inteligencia Militar. Organismo vinculado a las Fuerzas Armadas de Cuba.
51 Reinol González. Revista Cuba Encuentro. El juicio fue celebrado en la Ciudad Deportiva, radiado y televisado en cadena nacional,en presencia de 15. 000 espectadores que, a todo pulmón, gritaban ¡Paredón!, ¡Paredón!, y aderezado con concesiones de puestos de venta de helados, refrescos y perros calientes, como si fuera una más de las habituales peleas de boxeo que se celebraban allí.
52 Huber Matos transportó hasta la Sierra Maestra un gran alijo de armas en un avión que fue piloteado por Pedro Luis Díaz Lanz, primer jefe de la Fuerza Aérea del gobierno revolucionario y uno de los primeros comandantes que se opuso al establecimiento en Cuba de un régimen totalitario.
53 Uno de los oficiales del Ejército de la República que enfrentó a las fuerzas del Movimiento 26 de Julio en la Sierra Maestra.
54 Fortaleza Militar cubana que comandó Ernesto Guevara después del triunfo de la Revolución y donde fueron ejecutadas más de un centenar de personas bajo su autoridad.

55 Rolando Masferrer. Abogado. Ex miembro del Partido Socialista Popular. Participó en la Guerra Civil española por la parte republicana. Jefe de un grupo paramilitar conocido como los Tigres de Masferrer.
56 Comandante del Ejército Rebelde. Fusilado en La Cabaña en abril de 1961.
57 Campamento que instaló Guevara en la Sierra del Escambray.
58 Antonio Sánchez Díaz.
59 Instituto Nacional de la Reforma Agraria.
60 Miembro del Partido Socialista Popular. Implementó el Plan Escambray y estableció la política de expulsar de la región del mismo nombre a todos los campesinos que no se sumaron incondicionalmente a la Revolución.
61 Sierra montañosa situada al sur de la parte central de la isla de Cuba.
62 Jesús Castaño Quevedo. Fue ejecutado por orden directa de Ernesto Guevara. Diversas informaciones afirma que el propio Guevara le asesinó en su despacho. Otras refieren ejecución en la prisión de La Cabaña.
63 Buró de Represión de Actividades Comunistas.
64 Cuerpo militar de la República de Cuba.
65 Comandante del Ejército Rebelde. Primer presidente de una organización de jóvenes de carácter paramilitar creada por el gobierno de Fidel Castro que después se transformó en la Unión de Jóvenes Comunistas.
66 Acusar, delatar una persona.
67 Ingeniero. Coordinador provincial del Movimiento 26 de Julio en Las Villas. Ocupó importantes cargos en el gobierno revolucionario.
68 Al triunfo de la Revolución fue nombrado por Guevara, gobernador de la provincial de Las Villas.
69 El 25 de enero, llegó al puerto de La Habana el acorazado Maine, de la armada de Estados Unidos de 6,682 toneladas de desplazamiento. Poco después de las 21:40, el buque fue destruido por una enorme explosión que destruye la porción delantera. De una tripulación de 350 a bordo esa noche, 225 muertos o desaparecidos. Ocho más morirían en La Habana en los siguientes días. Este hecho afectó seriamente las ya precarias relaciones entre Madrid y Washington.
70 Fundador del Partido Auténtico. Presidente de Cuba en dos ocasiones. 1933-1934. 1944-1948.
71 Canciller cubano. Rector de la Universidad de La Habana. Murió exiliado en Puerto Rico
72 Primer jefe del Gobierno Revolucionario. Presidió el Consejo Revolucionario Cubano durante el desembarco de Playa Girón. Murió en el exilio.
73 Ministro de Hacienda del Gobierno Revolucionario. Murió en el exilio.
74 Directo colaborador de Ernesto Guevara. Responsable de los Tribunales

Revolucionarios de La Cabaña.
75 Alto oficial de la policía del régimen de Batista. Se le atribuyen numerosos asesinatos bajo el régimen de Fulgencio Batista.
76 Emblemática emisora de la radio y televisión de Cuba.
77 Pelayo Fernández. Presidió los tribunales revolucionarios de La Habana por varios años. Se le atribuyen numerosas condenas a muerte por lo que se le conoció entre los procesados como "Pelayo Paredón".
78 Político del Partido Auténtico. Presidente del Senado de la República de Cuba.
79 Político Cubano. Enfrentó la dictadura del general Gerardo Machado. Presidente del Banco Nacional de Cuba.
80 Identificación de la Brigada de expedicionarios que desembarcó en Cuba el 17 de abril de 1961.
81 Frente guerrillero que comandó Raúl Castro durante la lucha contra el régimen de Fulgencio Batista.
82 Comandó varios pelotones de fusilamiento. Se le atribuyen numerosas ejecuciones.
83 Campesino cubano.
84 Dirigente del Partido Socialista Popular, formó parte del sector mas violento de esa organización. Uno de los organizadores de la Seguridad del Estado. Sindicado de ser uno de los implicados en el supuesto asesinato del comandante Camilo Cienfuegos. Murió en un confuso accidente aéreo en 1961 cuando su avioneta fue derribada por un supuesto error de una batería antiaérea.
85 Al crearse en 1955 el BRAC, (Buró de Represión para las Actividades Comunistas), bajo la Jefatura del General Martín Díaz Tamayo, Castaño fue nombrado Jefe de Operaciones de dicho organismo, siendo ratificado posteriormente en su cargo por los distintos Directores del BRAC, General Martín Díaz Tamayo, y Coroneles Aquilino Guerra, Mariano Faget y Leopoldo Perez Coujil.
86 Ocupó importantes posiciones en el gobierno totalitario.
87 Mariano Faget Díaz. Murió en el exilio.
88 Jefe de la llamada Conspiración de los Puros. Militares de la República que enfrentaron al régimen de Batista, porque éste había violentado la Constitución de 1940. Los conspiradores fueron apresados y enviados a Isla de Pinos con los prisioneros del Movimiento 26 de Julio. Murió en el exilio.
89 Comandante del Ejército Rebelde, miembro del Segundo Frente Nacional del Escambray. Ejecutado el 11 de marzo de 1961.
90 Celia Sánchez Manduley. Persona de extrema confianza de Fidel Castro. Algunos historiados señalan que fue la persona que más influencia ejerció

sobre el dictador cubano. Falleció en 1980.
91 Estadounidense por nacimiento. Se alzó en las montañas del Escambray y llegó a ser comandante del Ejército Rebelde. Sirvió en el Segundo Frente Nacional del Escambray. Fue ejecutado junto al también comandante Jesús Carrera el 11 de marzo de 1961.
92 Jorge "Papito" Serguera. Abogado, fiscal de la Revolución. Comandante del Ejército Rebelde, disfrutaba de la confianza de Fidel Castro. Participó en las denominadas misiones internacionalistas.
93 Expresión cubana que significa proteger una persona que ha cometido una falta o delito. Impedir que pague las consecuencias de sus actos.
94 El Directorio Revolucionario Estudiantil en los primeros días de enero de 1959 trató de conservar las armas almacenadas en el cuartel como medio para ejercer influencia o presión sobre los líderes del Movimiento 26 de Julio.
95 Miembro de la Brigada 2506, murió frente al paredón de fusilamiento en 1961.
96 Ocupó la jefatura de los alzados en armas del Escambray entre 1961-62. Murió en combate.
97 Médico, comandante del Ejército Rebelde, muy próximo a Fidel Castro. Fue jefe de operaciones en el Escambray en la lucha contra los alzados. Perdió la vida en un confuso incidente el 29 de noviembre de 1960.
98 Teniente del Ejército Rebelde. Fue uno de los jefes guerrilleros más importante en la lucha contra el totalitarismo. Pudo salir de Cuba clandestinamente en 1961
99 Construcción militar de la época colonial. Fue usada como prisión por los gobiernos de la República y también por el régimen totalitario. En el "Príncipe" falleció el mártir Pedro Luis Boitel
100 Alfredo Hornedo y Suárez. Fundó varios periódicos en Cuba y fue senador de la República.
101 Comentarista radial cubano. Muy próximo a Fidel Castro en el período insurreccional y en los primeros años del triunfo revolucionario. Fue hasta su exilio, un firme defensor de los actos de la Revolución.
102 Ramón Villena Morales, presidente de Honduras de 1957-1963.
103 Ocupó importantes cargos en el Gobierno Revolucionario. Falleció en un accidente aéreo en Perú.
104 Fue uno de los miembros de la delegación cubana a la Conferencia de Bretton Woods (1944) . Sirvió de 1946 a 1949 como jefe del Departamento de Hemisferio Occidental y como Director Asistente del Departamento de Investigaciones del FMI. Pazos fue el fundador del Banco Nacional de Cuba y su primer presidente entre 1950 y 1952. Cargo al que renuncia con el golpe de estado de Batista, regresando a ese puesto en 1959 con la caída de Batista y la llegada de Fidel Castro al poder. Rompió con el gobierno de Fidel

Castro, en el exilio fue un alto funcionario de la Alianza para el Progreso y ocupó importantes posiciones en la economía venezolana, donde falleció en febrero de 2001.

105 Militante del Movimiento 26 de Julio, jefe de la Resistencia Cívica en la provincia de La Habana, ministro de Obras Públicas del primer gobierno revolucionario y líder del Movimiento Revolucionario del Pueblo (MRP), agrupación que organizo en la primavera de 1960 para enfrentar el incipiente totalitarismo. En el exilio organizó otra agrupación contraria al régimen cubano, el JURE, Junta Revolucionaria Cubana.

106 Universidad católica, fundada en 1946, fue cerrada por el régimen cubano en 1961 cuando se privatizó la enseñanza en Cuba. El último rector de la Universidad fue el arzobispo coadjutor de La Habana, Monseñor Eduardo Boza Masvilal, expulsado de Cuba con otros 135 sacerdotes el 17 de septiembre de 18961.

107 En agosto de 1959, una expedición organizada en República Dominicana desembarcó en Trinidad, Cuba, con el propósito de derrocar al régimen de Fidel Castro.

108 Principal organizador del Movimiento 26 de Julio, fue el jefe de la lucha clandestina en Cuba, de esa organización.

109 Empresa minera, originalmente de capital estadounidense. Fue nacionalizada por el gobierno revolucionario en 1960. Actualmente es explotada por el gobierno de Cuba y una empresa canadiense, anteriormente había sido explotada por la URSS.

110 Industria Nacional Productora de Utensilios Domésticos.

111 La base militar más importante de Cuba durante el período republicano.

112 El Movimiento de Países No Alineados tiene su antecedente originario en la Conferencia de Bandung, Indonesia en 1955. Se reunieron 29 Jefes de Estado para valorar los problemas mundiales del momento a fin de desarrollar políticas conjuntas en las relaciones internacionales. La II Conferencia Cumbre se celebró en El Cairo entre los días 5 y 10 de Octubre de 1964. En esta ocasión participan 47 países miembros, 10 observadores y 30 representantes de denominados Comités de Liberación de países que aún no habían alcanzado su independencia.

113 Líder político argelino, fue presidente del país.

114 Eliseo Reyes Rodríguez

115 Antonio Sánchez Díaz

116 Juan Vitalio Acuña Núñez

117 El 17 de abril de 1961 desembarcó en Cuba un grupo de expedicionarios que integraban la Brigada 2506. Esta fuerza militar que fue preparada por Estados Unidos entrenó a un grupo de cubanos que tuvieron la misión de ingresar clandestinamente a Cuba y desarrollar allí labor de

inteligencia, organización y actos de sabotaje. La Brigada 2506 combatió por tres días en las playas del sur de la provincia de Las Villas.

118 Pintor. Operó con los grupos clandestinos que subvirtieron Argentina en la década del 60. Trabajó directamente con Jorge Ricardo Massetti con el Ejército Guerrillero de Pueblo. De una condena a 30 años de cárcel solo cumplió cuatro.

119 General de la Fuerza Aérea de Bolivia. En 1964 fue elegido Vicepresidente de la República y presidente Víctor Paz Estensoro. Dirigió un golpe militar que derrocó a Paz. Presidio una junta militar de de (1964-1965 y dirigió el país juntos al también general Alfredo Ovando. En 1966 fue elegido Presidente de la República. Llevó adelante un gobierno de desarrollismo económico, se acercó a los campesinos y se enfrentó a los obreros y mineros. Promulgó la Constitución de 1966 considerada muy importante en la historia de su país. Murió en un confuso accidente en el helicóptero que lo transportaba.

120 Relacionado con el líder comunista chino Mao Tse Tung.

121 Fundador en la década del 50 del Partido Comunista de Bolivia. Y posteriormente su secretario general. Monje y otros militantes recibieron preparación militar en Cuba pero rechazaba una acción guerrillera en su país. En diciembre de 1966 Guevara y Monje sostuvieron una reunión en un campamento guerrillero en la que Monje reafirmó su idea de no permitir que personas extranjeras estuvieran al mando de un ejército guerrillero en su país a lo que Guevara se opuso terminantemente.

122 Comandante del Ejército Rebelde. Miembro del Comité Central del Partido Comunista de Cuba.

123 Mario Vargas Salina, llegó a general del Ejército de Bolivia y fue quien reveló el lugar donde supuestamente estaba sepultado Ernesto Guevara.

124 Combatió con Guevara en Cuba. Jefe de la vanguardia en la guerrilla boliviana.

125 El Coronel Joaquín Centeno Anaya, murió víctima de un atentado en París en 1975. Varias fuentes atribuyen el asesinato a partidarios de Guevara y del régimen cubano.

126 General en condición de retiro. Alto dirigente del Movimiento de Izquierda Revolucionaria. Herido por la espalda cuando intentaba controlar un intento de golpe militar.

127 Ostentó el cargo de general del ejército. Presidente de fausto de Bolivia entre 1981-1982

128 Guido Álvaro Peredo Leigue. Uno de los líderes boliviano de la guerrilla. Sobrevivió a Guevara. Murió en un enfrentamiento con las autoridades en 1969

129 Roberto Peredo Leigue, líder boliviano de la guerrilla, murió en

septiembre de 1967.

130 En entrevista concedida a la agencia AP y publicada por el Nuevo Día de Puerto Rico el general retirado dijo que Guevara le confesó sentirse traicionado por Fidel Castro. "Yo fui probablemente una de las últimas personas que conversó largamente con el Che", dijo el ex piloto que trasladó en helicóptero el cuerpo del guerrillero hasta la pista del aeródromo del poblado de Vallegrande.

EPILOGO

Por: Alejandro Ríos

Ahora que Ernesto Guevara regresa a la gran pantalla de la mano de un prestigioso director norteamericano, Steven Soderbergh e interpretado por una luminaria no menos reconocida, Benicio del Toro, en una pareja de filmes que suman un total de cuatro horas y media de duración, vale la pena apuntar, sin embargo, que un joven y apenas conocido realizador cubano ha logrado perpetrar lo que pudiera llamarse el epílogo de la fracasada épica revolucionaria acontecida en Bolivia en 1968, mediante un documental de apenas 15 minutos titulado XXXX años después (las cuatro equis se refieren a la cifra cuarenta).

Aram Vidal (La Habana 1981) viene precedido de bien merecida fama en la isla por su documental De-Generación, donde retrata, de cuerpo entero, la indolencia y procacidad del llamado "hombre nuevo", pergeñado por Guevara en los albores del ensayo social castrista que alguna vez lo tuvo entre sus ideólogos.

Vidal viajó a Bolivia como parte del documental colectivo La dimensión de las palabras, donde jóvenes directores cubanos fueron emplazados a filmar historias en cinco países latinoamericanos sobre el proyecto de alfabetización y adoctrinamiento de la nueva izquierda continental: Yo sí puedo.

A Vallegrande y La Higuera llegó con un equipo de realización sucinto y se dio a la tarea, según cartel que figura al final del video, de entrevistar, al azar, a diversos pobladores de las mencionadas comunidades, representativos de varias generaciones y distintos estratos sociales.

Lo que Vidal trajo de vuelta al país cuyo gobierno ha dedicado tantas loas al irascible guerrillero, le valió alguna que otra reprimenda de cierta crítica cinematográfica habanera, quejosa de su punto de vista pesimista sobre los meses finales del Che y sobre la presunta manipulación y parcialización de sus preguntas a los sosegados bolivianos que encontraba a su paso.

Lo cierto es que cuatro décadas después, con escasas excepciones, el recuerdo de Guevara es nebuloso en unos casos, olvidadizo en otros, o rechazado con ímpetu por personas contrarias a su intromisión e ideario.

Al comienzo del documental el director incluye un breve texto que no revela autoría y sugiere una suerte de maleficio: "Quienes olvidan la historia están condenados a repetirla una y otra vez". La escuelita de La Higuera, donde el Che fue ultimado, sigue siendo un museo, hay un busto de su efigie en las cercanías, graffiti con frases alegóricas a su ideario y algo parecido a lápidas improvisadas donde sus restos fueron enterrados de manera secreta.

Toda esta parafernalia y el apoyo de la administración del presidente Evo Morales a la figura de un hombre que quiso subvertir la estabilidad constitucional de su país y del continente, tomando a Bolivia como base de operaciones pudiera ser, afortunadamente, el único modo que la historia se está duplicando.

Hay, incluso, un marcado contraste entre los testimonios elogiosos y los que condenan o desacreditan a Guevara en el documental de Vidal. Los primeros aparecen impostados, con discursos como aprendidos en el catecismo revolucionario de los años sesenta. Son tan pueriles como la indiferencia que provoca ya la repetición mercantil de su korda-imagen. Mientras, las otras voces, sin rebuscamientos intelectuales, integran un coro de coincidencias muy curiosas: Como la de que fue traicionado y nunca recibió el apoyo de los locales. Que deseaba imponer el comunismo, lo cual rechazan en varias ocasiones. Que debía haber regresado y que sólo fue noticia cuando sus restos aparecieron y terminaron repatriados a Cuba.

Casi al final de XXXX años después aparece el testimonio excepcional de un barbado joven militante, al parecer de Argentina, que se queja con amargura, de como el capitalismo ha desvirtuado el legado de Guevara lo cual provoca que los jóvenes no lo conozcan, aunque vistan su foto, ni en Vallegrande, donde perdió la batalla para siempre, ni en Rosario, Argentina, donde nació.

Ciertamente, resulta paradójico que un muchacho que debió encarnar el llamado hombre nuevo, procedente del país que tanto el Che contribuyera a lesionar con su prédica extremista de odio y violencia, se haya ocupado mediante el arte cinematográfico, de colocar en su justo lugar el ocaso deslucido de Ernesto Guevara. Todos los recursos que ahora mismo se ponen en función de idolatrar el mito en bancarrota, no podrán competir, justamente, con la indiscreción y la astucia que convocan esta cita implacable con la historia.

INDICE

Una tarea para el futuro ... 5
Enrique Ros. Historiador ... 11
Miguel Sánchez. "El Coreano". Luchó en la Guerra de Corea. Entrenó en México a las fuerzas irregulares que comandó Fidel Castro. ... 40
Orlando de Cárdenas. Periodista. Escritor. ... 50
Lázaro Guerra. Expedicionario del Corinthia ... 55
Jaime Acosta. Comandante del Ejército Rebelde. Miembro del Movimiento 26 de Julio. Atacante al Cuartel Moncada y Expedicionario del Granma. ... 60
Luciano Medina. Alzado en la Sierra Maestra. Capitán del Ejército Rebelde. ... 80
Profesor Huber Matos. Miembro del Movimiento 26 de Julio. Comandante del Ejército Rebelde. ... 83
Agustín Alles Soberon. Periodista. ... 93
Carlos M. Lazo Cuba. Sub-Oficial de la Fuerza Aérea de la República de Cuba. ... 100
Roberto Bissmark. Dirigente del Directorio Estudiantil. Capitán del Ejército Rebelde. ... 106
Joaquín Argüelles. Contador. Coordinador de Finanzas del Movimiento 26 de Julio. Provincia de Las Villas. ... 109
Roberto Estopiñan. Premio Nacional de Arte de Cuba. Escultor ... 116
Dr. José Vilasuso. Funcionario de la Comisión Depuradora. Abogado. ... 119
Napoleón Vilaboa. Periodista. Integrante de la Comisión Depuradora de La Cabaña ... 143
Jaime Pérez Singla. Agente del Buró de Represiones Anticomunista. Asistente del teniente José de Jesús Castaño ... 148
Rolando Castaño. Hijo del Teniente del Ejército de la República, José de Jesús Castaño ... 154
Beatriz Castaño Hodgson. Hija del Teniente del Ejército de la República José de Jesús Castaño. ... 156
Eduardo Pérez. Teniente del Ejército Rebelde. Oficial de la Columna No. 8 que comandaba Ernesto Guevara de la Serna. ... 163

Dr. Armando Fleites. Dirigente del Segundo Frente Nacional del Escambray. Comandante del Ejército Rebelde. Médico. 171
Dr. Lázaro Asencio. Abogado. Periodista. Dirigente del Segundo Frente Nacional del Escambray. Comandante del Ejército Rebelde 184
Olga Morgan. Ex Presa Política. Vda. del Comandante William Morgan 193
Elías Nazario Sargent. Capitán del Ejército Rebelde 199
Margot Menéndez. Hermana de Rafael García Muñiz. Fusilado por orden de Ernesto "Che" Guevara. 208
Sergio García. Hermano de Rafael García Muñiz. Fusilado por orden de Ernesto "Che" Guevara. 213
Carmina Benguria Rodríguez. Poetisa y Declamadora. Premio "Alfonso El Sabio". 218
José M. Illán y González. Economista. Viceministro de Hacienda del primer gobierno revolucionario. 221
Nicolás Quintana. Arquitecto. 228
Dr. José Ignacio Rasco. Fundador del Movimiento Demócrata Cristiano de Cuba. Miembro del Directorio del Consejo Revolucionario Democrático. Periodista. Abogado. 233
Roberto Martín Pérez. Ex Prisionero Político. Conspiración de Trinidad. Agosto de 1959. 236
José "Pepín" Pujol. Práctico de Puerto. Trabajó con Ernesto Guevara de la Serna. 239
Fernando Arias. Ingeniero. Ex Prisionero Político 245
Dariel Alarcón, BENIGNO. Oficial del Ejército Rebelde. Sobreviviente de la Guerrilla de Bolivia. También participó con Guevara en la aventura del Congo. 253
Félix Rodríguez. Expedicionario de la Brigada 2506. Agente de la CIA. 269
Oficiales del Ejército Cubano que fueron entrenados en Cuba, invadieron Bolivia con Ernesto Guevara y perdieron la vida durante la lucha guerrillera en ese país. 290
Apéndices 292
Epílogo 302

Obras producidas por el Instituto de la Memoria Histórica Cubana contra el Totalitarismo

El Instituto de la Memoria Histórica Cubana contra el Totalitarismo es un organismo que tiene como fin recuperar, investigar y divulgar todas las actividades realizadas por un amplio sector del pueblo de Cuba contra un régimen que conculca los más elementales derechos humanos, atentando así contra la dignidad del hombre.

Es derecho y deber de la Memoria Colectiva de la Nación Cubana recoger estas historias de hombres y mujeres que, en condiciones adversas y en base a sus convicciones, con diversas estrategias enfrentaron y enfrentan el totalitarismo.

Tenemos la certeza de que sólo el conocimiento apropiado del pasado es la mejor fórmula para impedir nuevas tiranías.

Publicaciones del Instituto de la Memoria Histórica Cubana contra el Totalitarismo.

30 aniversario del Presidio Político de Isla de Pinos.
Comisión 30 Aniversario. 2000.

Una compilación de testimonios de presos políticos que estuvieron encerrados en el Reclusorio Nacional de Isla de Pinos. La conmemoración de la clausura del reclusorio fue la base sobre la que se estructuró el Instituto de la Memoria Histórica Cubana contra el Totalitarismo.

Luces entre sombras.
Ediciones Memoria. 2001.
Autor: Ángel Cuadra.
Instituto de la Memoria Histórica Cubana contra el Totalitarismo.

El ensayo está sustentado en una conferencia que ofreció el autor en la ciudad de West Miami en el año 1996. En su charla enfoca la importancia de la creación literaria en la prisión, en particular la poseía. Enfatiza la voluntad de crear en la libertad del espíritu aunque el cuerpo estuviese encarcelado.

Las motivaciones de Pedro Luis Boitel.
Ediciones Memoria. 2001.
Autor: Ángel Cuadra.
Instituto de la Memoria Histórica Cubana contra el Totalitarismo.

Un apretado ensayo en que el autor, laureado poeta y ex prisionero político, sintetiza en la persona del mártir Pedro Luis Boitel el martirologio de la juventud cubana en la lucha contra la dictadura castrista. No se trata de una biografía sino el enfoque de un momento particular de la historia de Cuba y el rol que cumplió la juventud de esa época.

Calendario Histórico Cubano.
Ediciones Memoria. 2003.
Comisión Presidida por Ramiro Gómez Barrueco.
Instituto de la Memoria Histórica Cubana contra el Totalitarismo.

Un novedoso calendario que recoge efemérides de la lucha contra el régimen totalitario. En cada día del año está señalada una gesta del pueblo contra la opresión. Cada mes está identificado con una o varias fotografías que evocan acontecimientos magnos o una serie de sucesos de particular trascendencia.

Calendario Negro del Totalitarismo Cubano.
Ediciones Memoria 2005.
Presidente Comisión: Ramiro Gómez Barrueco. Integrantes. Carmen Toro de Gómez, Fermín M. Amador Chamizo, Enrique Ruano, Francisco Lorenzo.
Instituto de la Memoria Histórica Cubana contra el Totalitarismo.

Un calendario que recoge efemérides de muchos de los crímenes cometidos por el régimen totalitario. En cada día del año está señalado un crimen contra el pueblo. Cada mes está identificado con una o varias fotografías que evocan acontecimientos magnos o una serie de sucesos de particular trascendencia.

Cuba, Cronología de la Lucha contra el Totalitarismo.
Ediciones Memoria. 2003.
Autor: Pedro Corzo.
Instituto de la Memoria Histórica Cubana contra el Totalitarismo.

En este libro encontrará el lector, en una secuencia cronológica, las acciones y actividades que, contra el régimen totalitario castro comunista, llevaron a cabo los cubanos desde el inicio del año 1959 hasta mediados del 2003: tanto en la lucha frontal ya dentro de Cuba, como desde el exterior, como en la etapa posterior de la lucha cívica no violenta, hombres y mujeres que se dieron en sacrificio, y también en martirologio, en aras de su patria. Sus nombres reclaman un espacio en la historia verdadera que se hará en la Cuba del futuro. Para ese momento, y desde ahora, este libro los salva y, para la historia, los consagra.

Cuba, Cronología de la Lucha contra el Totalitarismo. 2da Edición.
Ediciones Memoria. 2007.
Autor: Pedro Corzo.
Instituto de la Memoria Histórica Cubana contra el Totalitarismo.

En este libro encontrará el lector, en una secuencia cronológica, las acciones y actividades que, contra el régimen totalitario castro comunista, llevaron a cabo los cubanos desde el inicio del año 1959 hasta mediados del 2006: tanto en la lucha frontal ya dentro de Cuba, como desde el exterior, como en la etapa posterior de la lucha cívica no violenta, hombres y mujeres que se dieron en sacrificio, y también en martirologio, en aras de su patria. Sus nombres reclaman un espacio en la historia verdadera que se hará en la Cuba del futuro. Para ese momento, y desde ahora, este libro los salva y, para la historia, los consagra.

Cuba: Clamor del Silencio.
Ediciones Memorias. 2005.
Autor: Amado Rodríguez.
Instituto de la Memoria Histórica Cubana contra el Totalitarismo.

Este libro es el recuento del presidio político cubano bajo el totalitarismo castro comunista. En él aparecen testimonios y hechos desde los primeros presos políticos en 1959, hasta los relatos y las experiencias vividas, y que hoy mismo, año 2005, están teniendo los actuales presos políticos.
Están también los relatos de los familiares de presos políticos que visitaban a éstos en las cárceles; y los testimonios de mujeres que pasaron por las prisiones políticas en Cuba, y dejan aquí constancia de sus dramáticas memorias. Testimonios imprescindibles para la historia de este proceso.

Cuba. Perfiles del Poder.
Ediciones Memoria. 2007.
Autor: Pedro Corzo.
Instituto de la Memoria Histórica Cubana contra el Totalitarismo.

Perfiles del Poder es la monografía política de cinco jerarcas del proceso cubano y de la Revolución. El libro presenta aspectos de la vida de estos individuos que demuestras su verdadero carácter e intenciones.

La obra es el resultado de investigaciones y también de entrevistas con individuos que conocieron a los cinco personajes: Fidel Castro, Raúl Castro, Ramiro Valdés, Ernesto Guevara y Camilo Cienfuegos.

Cuba y Castrismo. Huelgas de hambre en el Presidio Político.
Ediciones Memoria. 2007.
Autor: José Antonio Albertini.
Instituto de la Memoria Histórica Cubana contra el Totalitarismo.

Este libro es un documento que recoge por medio de entrevistas realizadas por el autor, testimonios de quince ex prisionero políticos que rememoran sus experiencias en las huelgas de hambre en las que participaron, en las cuales muchos de ellos estuvieron muy cerca de perder la vida, al extremo que uno de los entrevistados que estuvo 23 años encarcelados le confeso al autor, "Me alimenté con el espíritu".

Mártires del Escambray.
Ediciones Memoria. 2007.
Autor: Pedro Corzo.
Instituto de la Memoria Histórica Cubana contra el Totalitarismo.

Testimonios de compañeros y familiares de los cinco mártires del 12 de octubre de 1960. El libro describe en una apretada síntesis el proceso de ejecución de Porfirio Ramírez, Sinecio Walsh, Plinio Prieto, José Palomino Colón y José Rodríguez del Sol.

Escambray. La historia que el totalitarismo trató de sepultar.
Ediciones Memoria. 2008.
Autor: Idolidia Darias.
Instituto de la Memoria Histórica Cubana contra el Totalitarismo.

Trata sobre el proceso de lucha contra el régimen cubano en el área campesina del Escambray a principio de los años sesenta. Las consecuencias de este proceso con la expulsión de sus tierras al extremo occidental de Cuba de miles de campesinos que no estaban identificados con la Revolución o que habían estado en prisión. Este desplazamiento forzoso dio lugar a los denominados pueblos cautivos.

En preparación:

Confrontación: La porfía de la razón

Cuba: Una lucha contra la desesperanza.

Documentales

Al Filo del Machete.
Director: Pedro Suárez "Tin Tin".
Productor: Luis Díaz.
Productor Ejecutivo: Pedro Corzo.
Guión: Enrique Encinosa.
Instituto de la Memoria Histórica Cubana contra el Totalitarismo. 2001.

Este documental, el primero del Instituto de la Memoria Histórica Cubana contra el Totalitarismo, recoge testimonios de personas que enfrentaron en los primeros años de la década del 60 al régimen totalitario. Estos hombres y mujeres al ver que sus derechos ciudadanos eran conculcados asumieron su responsabilidad y demandaron, fiel a la tradición de los mambises, con las armas en la mano, sus derechos.

Yo los he visto Partir.
Director: Luis Guardia.
Productor: Pedro Corzo.
Instituto de la Memoria Histórica Cubana contra el Totalitarismo y Caimán Production. 2003.

Dejar el testimonio de los últimos recuerdos e imágenes que quedaron en la visión y en los oídos de los compañeros de la prisión política cubana, cuando despidieron a aquéllos que los sacaban de las galeras y que no volverían a ver más, esa misión patética la cumple este documental que tiene como música de fondo la canción del preso político Manuel Villanueva "Yo los he visto partir". El régimen castro comunista les había impuesto la condena de "asesinato por fusilamiento".

Tributo a Papá.
Director: Luis Guardia.
Productor: Pedro Corzo.
Instituto de la Memoria Histórica Cubana contra el Totalitarismo y Caimán Production. 2004.

Este documental auspiciado por el Instituto de la Memoria Histórica Cubana contra el Totalitarismo, contiene los testimonios de diez mujeres cubanas, huérfanas de padre, al que no pudieron conocer, ya porque eran muy pequeñas o porque estaban al nacer cuando sus padres fueron asesinados por el régimen castro comunista impuesto en Cuba. Ese vacío de sus vidas lo han llenado con la idealización de sus "papás" que se asoman en el documental en las voces de sus hijas que los rescatan de la ausencia para la vida y la historia.

Ernesto Guevara. "Anatomía de un Mito".
Director: Luis Guardia.
Productor: Pedro Corzo.
Coordinador general. Francisco "Paco" Lorenzo.
Instituto de la Memoria Histórica Cubana contra el Totalitarismo y Caimán Production. 2005.

El documental Ernesto Guevara, "Anatomía de un Mito", muestra un individuo audaz, disciplinado e inteligente pero sin la plasticidad y creatividad de un verdadero conductor. Los testimonios de personas que lo conocieron en diferentes etapas de su vida son exponentes de su carácter cruel, despótico e irreverente y de una total intolerancia hacia aquéllos que fueran adversarios de sus postulados. Una reflexión sobre su vida permite apreciar que fracasó en todos sus intentos y que sus fracasos han sido convertidos en victoria por la colusión de intereses políticos y de mercado.

¿Asesinaron los Castro a Camilo?
Director: Luis Guardia.
Productor: Pedro Corzo.
Coordinador general. Enrique Ruano.
Instituto de la Memoria Histórica Cubana contra el Totalitarismo y Caimán Production. 2007.

El documental recoge testimonios de personas que conocieron al Comandante Camilo Cienfuegos y que por experiencias directas y propias investigaciones, concluyen que el alto oficial fue ejecutado por los hermanos Castro.

Porfirio.
Director: Daniel Urdanivia.
Productor: Pedro Corzo.
Coordinador general. Enrique Ruano.
Instituto de la Memoria Histórica Cubana contra el Totalitarismo. 2007.

Compañeros, amigos y familiares de Porfirio Ramírez, Sinecio Walsh y Plinio Prieto relatan sus experiencias en la lucha en las montañas cubanas contra el régimen totalitario y el apresamiento y ejecución de los mártires del 12 de octubre de 1960.

Un Presidio Plantado.
Director: Luis Guardia.
Productor: Pedro Corzo.
Coordinador general. Enrique Ruano
Instituto de la Memoria Histórica Cubana contra el Totalitarismo.
2008.

Prisioneros políticos del denominado Presidio Modelo describen sus vivencias en circulares y pabellones bajo el régimen totalitario cubano. El presidio de Isla de Pinos es considerado por muchos analistas y estudiosos de la historia reciente de Cuba, como la cárcel emblemática que testimonia la extrema crueldad de que ha sido capaz el régimen de los Castro.

En preparación:

Boitel.

Mujeres por la Libertad.

Cuba Prensa Presa.

www.ingramcontent.com/pod-product-compliance
Lightning Source LLC
Chambersburg PA
CBHW070628290526
45790CB00001B/42
* 9 7 8 1 5 0 8 4 6 5 1 9 5 *